迟云飞·著

改革、革命与社会裂变 1901-1911

中国大百科全书出版社

图书在版编目（CIP）数据

晚清大变局：改革、革命与社会裂变：1901-1911 / 迟云飞著 . —北京：中国大百科全书出版社，2020.3

ISBN 978-7-5202-0623-5

Ⅰ. ①晚… Ⅱ . ①迟… Ⅲ . ①社会发展史—中国—清后期—文集 Ⅳ . ① K252.07-53

中国版本图书馆 CIP 数据核字（2019）第 293755 号

策 划 人 曾 辉
责任编辑 姚 萱
责任印制 常晓迪
装帧设计 今亮后声 HOPESOUND pankouyugu@163.com
出版发行 中国大百科全书出版社
地　　址 北京阜成门北大街 17 号　　**邮政编码** 100037
电　　话 010-88390636
网　　址 http://www.ecph.com.cn
印　　刷 北京中科印刷有限公司
开　　本 787 毫米 × 1092 毫米　1/16
印　　张 25
字　　数 320 千字
印　　次 2020 年 3 月第 1 版　2020 年 3 月第 1 次印刷
书　　号 ISBN 978-7-5202-0623-5
定　　价 88.00 元

自序

我1978年初上大学，大二时对中国近代史发生了浓厚的兴趣。1982年初到湖南师范大学读硕士，在林增平、王永康等老师的指导下，正式开始研读中国近代史。专攻方向便是辛亥革命史。读研期间，我对清末预备立宪抱有兴趣，并了解中国第一历史档案馆藏有“端方档”，我用一个多月时间仔细查阅端方档，而后写成硕士论文“端方与清末宪政”，从此走上学术之路。毕业以后留在高校工作，主攻方向一直是晚清与民初政治变革与发展。

近20年来，社会史、文化史（包括社会文化史）、区域史、乡村史、城市史、环境史等研究异军突起，面向下层、面向社会的风气之下，近代政治史的研究颇不景气，以前曾是热门的辛亥革命研究，虽难说变成冷门，确是研究者尤其是年轻的研究者不多。而我仍在做晚清民初政治史研究，颇有同道零落之感。窃以为政治是人类的基本活动之一，它对经济社会文化乃至日常生活的影响是不言而喻的。所以，我觉得，在历史学家的目光深入社会深入基层的同时，不应忽略政治史的研究。大家都做政治史不好，但没有人研究政治史也不好。

但是，怎样进行政治史研究，却是非常值得探讨的问题。在我看来，至少有两个问题值得思考，一个是研究什么问题，一个是怎样进行研究。

20 世纪 50 年代至 80 年代末，就中国近代史来说，中国大陆学者致力的主要是重大政治事件和人物的研究。这些研究中又有两个特点，一是人物事件的评价，二是注重革命和阶级斗争。所以，彼时的近代史研究，几乎等同于革命史研究。而研究的内容主要就是革命，方法就是阶级分析、人物事件评价。而基层民众、社会心理等等，基本没有纳入学界的视野。

20 世纪 90 年代以后，随着社会史文化史的活跃，政治史的研究也有了不小的变化。内容方面，统治者的改革、制度的演进、过去被视为反动的人物及群体，都纳入研究视野，有的还成为热门。尤其是大众被纳入政治史研究范围，有人直称为中国的“新政治史”。即使是革命斗争包括共产党人的革命，也有了不同于过去的视角的成果。方法上，学界也不满足阶级分析方法。有的特别强调实证，傅斯年先生那句“只是要把材料整理好，则事实自然显明了。一分材料出一分货，十分材料出十分货，没有材料便不出货……材料之内使他发见无余，材料之外我们一点也不越过去说”得到不少人的认同。有的则特别强调问题意识、理论、方法、框架。同时，政治学、法学、社会学、人类学、心理学等学科的理论、方法也为史学家努力学习。当然，在史学变革中，域外的影响不容忽视。

在我看来，在政治史研究中，关注上层，或放眼下层、普通民众，是政治史的不同选择。无论是重大或突发政治事件，还是长时段的缓慢变革，都是两者互相影响、互相渗透、共同参与的结果。一般来说，在平常年代，由于上层和精英所具有的优势，其思想、行为会更多地影响到普罗大众。但是，在动荡的特殊年代，普通民众的愿望、要求就会比较突出地显现出来。而精英阶层为了动员民众，更会提出一些迎合下层社会的口号，中国历代王朝末期的造反者大都如此。因此，一方面是政府及其官员、重要政治人物及其思想、精英，一方面是普通民众，两者都要研究。要认识中国的政治史，两者缺一不可，缺了哪一个都不完全。所以，虽然近 20 年史学界兴趣和趋重有极大改变，但研究政府、上层、精英，仍有不可替代的价值。

我的兴趣，就一直是精英和上层，或政府的改革。从宋教仁到清末的新政与预备立宪，都未离社会上层和精英。我从这个角度观察、认识历史，认识那个“数千年来未有之变局”（李鸿章语）。虽然如此，我最惧思想落后于时代，那对于一个学者——一个希望给人类知识宝库哪怕增加一点点内容的学者——是很悲哀的。所以这些年来我努力与时俱进，研究过程中，我不断地努力学习政治学、社会学、法学的知识，希望能有助于我的研究。我感觉这些阅读和学习给我的研究带来了一些变化，开阔了视野，但也多少有些心有余而力不足。与此同时，我逐渐放弃了传统的阶级分析方法。

传统的阶级分析方法把社会分为两大阶级，在“奴隶社会”是奴隶与奴隶主，在“封建社会”是农民和地主，等等，并且认为正是阶级斗争推动了历史的发展，这样就把阶级和阶级斗争绝对化了。窃以为，人类社会自脱离茹毛饮血的原始时代以后，确实存在不同的社会阶层，但不一定就是那么两个阶级。而各阶层的社会地位、生存状况、生活水准、利益诉求、自我意识等等，确实存在差异。有时候，不同阶层之间会发生剧烈冲突，以致流血、战争，但大多数情况下还是“和平共处”的，或者说，虽有矛盾、冲突但还能妥协。人类的科学技术乃至整个文化社会以及生活水准，正是在和平发展的年代得以提高的。军事的需求也可造成技术的发展，但毕竟是个别的，而战争的巨大破坏则是人所共见。如果总是斗争、冲突甚至战争，人类可能灭绝，至少不会发展到现在的样子。所以，人类社会，和平、妥协是常态，冲突、战争是非常态。这是我这 20 年来思想的大变化，对我的具体研究发生了巨大的影响。

当然，我研究的清末民初，确实是一个大动荡、大变革的时代，前面借用李鸿章的话是“变局”，但敏锐的李还是没有料到他过世后十余年间所发生的变化，竟至于“天崩地解”。我就是研究这大变局——帝制终结、新时代到来却不能建成全新的社会，以及其原因。

笔者的基本观点是：

自西力东渐，清政府在屡次外患打击下，不得不进行改革，以适应“数千年未有之变局”，而拖沓、被动、缓慢、枝节，所谓“千呼万唤始出来，犹抱琵琶半遮面”，显示老大帝国转型的困难。但自 1900 年庚子事变后，清廷终于知晓中国已不可能回到闭关时代，欲自存于世界，必须改弦更张。因此，清廷在 1901 年以后努力推行新政，并取得相当成效，许多方面可圈可点。1905 年以后，在日俄战争刺激下，又实行预备立宪。但恰恰是改革加速了革命的到来，最终革命爆发，清帝退位。

传统帝制终结后，如何建立新的国家，中国有互相斗争的两个模式：一个是袁世凯的集权模式，建设强有力政府，类似开明专制。此种模式支持者较多。二是直接实行民主宪政，重视法治，限制最高领导人权力，实行责任内阁、政党政治、政党轮替。宋教仁为此种模式代表。此种模式声浪虽高，实际支持者较少。其结果，无论是袁世凯模式还是宋教仁模式，其实都没有真正实现，20世纪初的中国精英，破坏了旧世界，却没能建设新国家。笔者较多围绕宋教仁思想、活动展开讨论。

本书收入本人关于晚清改革（主要是预备立宪改革）与革命的论文20余篇，大致成一体系。所收论文，大多已在报刊公开发表。

本书的出版，得到首都师范大学中国近现代史北京市重点学科的经费资助，衷心感谢本学科全体同仁的支持和帮助。十多年来，我们学科同仁思想上互相交流，德行则互相砥砺，学问则一起切磋进步。与贤者智者聚，日有所获。我有幸在这个小团体工作，真是人生一大幸事。

论文集编辑出版的过程中，得到中国大百科全书出版社朱杰军先生、郭银星女士等朋友的鼎力支持，责任编辑李玉莲女士为书稿质量的提高付出了辛勤劳动，在此一并致以谢忱。

我1985年初开始在高校任教，本书出版之时，我已执教30年，也算作给自己学术经历的一个小结吧。

2014年暑期，序于北京花园村之陋室

目录

新政改革与晚清政府再认识

革命再解

新政改革与晚清政府再认识

列强的冲击与清政府的衰亡[①]

与外界完全隔绝曾是保存旧中国的首要条件，而当这种隔绝状态在英国的努力之下被暴力打破的时候，接踵而来的必然是解体的过程，正如小心保存在密闭棺木里的木乃伊一接触新鲜空气便必然要解体一样。

——马克思《中国革命和欧洲革命》，1853 年

一、问题的提起

近 20 年来在西方特别是美国史学界[②]，近十年来在中国史学界，都有一种否定西方人的东来给中国带来的影响的倾向。这些学者认为，鸦片战争以后，中国仍然按照自己的历史惯性变革和发展，西方人的影响微乎其微。这是一个严肃的当然也是不容易解决和回答的问题。笔者以为，把冲击—反应的模式像标准公式一样到处套用固然不合适，但显然抛开西方的影响，是无法谈中国近代史的，就如同抛开中国传统的影响也不能谈中国近代史一样。

换一个角度，工业革命之后，当火车轮船的通行、电报电话的应用

① 列强对近代中国的冲击是多层面的，本文一般就军事冲击即列强的军事侵略及不平等条约的冲击而展开探讨，对于文化的等更复杂的冲击暂不多涉及。

② 参见柯文著，林同奇译：《在中国发现历史——中国中心观在美国的兴起》，中华书局 1989 年版。

将世界逐渐连为一个整体的时候，各个国家特别是落后的国家还能否完全或主要按照自己国家原有的运行轨道继续发展？我认为，不能。

那么，列强的到来究竟怎样影响了中国，影响到什么程度？这种影响又与中国原来的历史轨迹怎样交互起作用？这是历史学界需要花大气力去认真研究的问题。本文不是全面解决这个难点，而是试图通过对清王朝灭亡的探讨，从一个侧面讨论这个问题。

笔者认为，1840 年以来列强的侵略和冲击，以及这种侵略和冲击给中国社会带来的直接间接的变化，大大加速了清王朝的衰落速度，从而使其在 1912 年初宣告退出历史舞台。如果没有列强的侵略，清朝的统治可能会延续更长的时间。

二、两次鸦片战争，衰征初现

我们首先简单讨论鸦片战争前的清朝。

清朝是少数民族建立的政权。相对于同样是少数民族建立的元朝来说，它的统治政策是比较成功的。所以武力强大的元朝统治全中国的时间不到一百年，而清代仅从入关到 1840 年鸦片战争时，就已经有两百年的历史。[①] 的确，1840 年以前，中国已面临一定程度的社会危机，清王朝也已经从康、雍、乾鼎盛时期跌落了下来。但是，所谓百足之虫，死而不僵，从它走下坡路到灭亡，还要经历相当长的时间。清朝统治相对稳固的原因不仅是社会经济的恢复发展和百姓生活的安定，更重要的是经过上百年的磨合，中国社会的精英分子——士大夫已经认同清朝的统

---

① 清朝初建时武力自然也是十分强盛，但比之几乎征服整个亚洲及部分欧洲的蒙古帝国，毕竟逊色得多。

治[1]。在这些士大夫的眼里，大清王朝和历史上的汉唐宋明并没有什么大的区别。社会精英认同清朝统治，一定程度补偿了清朝武力下降对它的统治的影响。嘉庆白莲教造反曾给清政府造成了不小的麻烦，但白莲教对清王朝的打击，比不上黄巾造反之于东汉，比不上安史之乱之于唐朝，也比不上后来的太平天国对清朝的打击。嘉庆之后进入道光朝，除了西北的张格尔叛乱外，好像又是一个四海承平的时代。

然而，1840 年，也是道光皇帝执政 20 年之时发生的第一次鸦片战争，揭开了清王朝加速衰落的序幕。

众所周知，在断断续续的两年鸦片战争中，清朝的军队几乎没有打过一次胜仗，甚至像样的势均力敌伤亡相当的仗都没有打过，道光帝只好以屈辱的和约结束了战争。不能完全说清政府不努力，至少不能说所有的官员都不努力，因为在战争过程中，阵亡的和殉国的官员就有一位钦差大臣两江总督、两位提督、三位总兵，一位副都统，一位副将。比较差不多一百年后的八年抗战，中国阵亡的级别最高的军官是集团军司令张自忠将军，抵不上级别相当于今日政治局委员的两江总督裕谦。清朝以强盛的武力建朝立国，这样的失败是空前的，甚至道光帝都觉得脸面丢尽。以致他留下遗嘱，不准他的儿孙在他的墓地造像他的祖辈墓地那样的“圣神功德碑”。然而外患并没有到此为止，第一次鸦片战争之后不到 20 年，就在清王朝与太平天国进行殊死搏斗的时候，英法联军又发动了战争，并且占领了首都北京，这不仅沉重打击了清政府，而且延缓了它对太平天国及其他造反者的镇压。

战争首先暴露的是清王朝的军事体制问题。

众所周知，近代以前，清王朝的基本武力是八旗和绿营。满清初入关时，八旗兵铁骑曾横行天下，几无敌手。但是，随着和平年代的

---

① “曾胡左李”为首的湘军、淮军崛起并维护清朝统治，便可以说是士大夫拥护清朝的一个见证。

第一次鸦片战争，至少暴露了清政府军队的问题。图为海战中，清军水师战船被英军轻易击沉。

延续，八旗兵已经完全失去了其祖先的赫赫威风。由于清政府长期不让满族人民从事生产劳动，满族青壮不仅不能打仗，甚至像普通人一样的生活能力都渐渐丧失。到鸦片战争爆发的时候，八旗兵已经完全成了不中用的摆设[①]。

在清朝的历史上，绿营兵在征讨西北等地的叛乱中，也曾立下赫赫战功。但是，到道光时绿营兵也与八旗兵一样不堪一战。

军队缺乏战斗力的原因是多方面的，一种是武器方面的，即面临工业革命以后西方主要用热兵器装备的部队，八旗绿营的基本装备是冷兵器[②]。另一种更严重的是体制方面的。绿营兵驻地极为分散，相当多的士兵承担警察职能甚至各种各样的杂务；官不熟悉兵，兵不熟悉官；基本上不进行军事训练；临到战争，军队从各处零散抽调拼凑而来，最高指挥官不知道哪部分军队善攻，哪部分军队善守，哪部分军队战斗力强，哪部分军队战斗力弱，所以只能是凭感觉、瞎指挥。败不相救，胜则争功。这种状况不是偶然的，是因为清朝的军队是用于弹压国内动乱的，几乎没有对外的功能，它不是真正的近代常备军[③]。其实不仅清朝如此，在没有“边患”的历朝历代莫不如此，这是为防止军人威胁中央统治而采取的措施，可以说是君主专制与生俱来的痼疾。第一次鸦片战争的失败，仅就军事上来讲，有多方面的原因，直至今日，一般人甚至许多学者也只注意英军的船坚炮利，也就是武器和技术的差距；注意某些官员和皇帝的无能以及妥协方针，而忽视中国军队体制方面和战略战术思想方面的原因。随着以后的历史变幻，清朝军队体制的问题使它吃尽了苦头。因为按照绿营的体制，对付小规模的造反、骚乱和

---

① 八旗兵失去战斗力有许多原因，我以为最重要的就是不准满族人民从事生产从而使满族人民整体衰落。

② 中国军队装备有部分火器，但比之用现代工业制造的枪炮，相差甚远。

③ 参见茅海建：《天朝的崩溃——鸦片战争再研究》，三联书店 1995 年版，第 48—58 页。

土匪确实实用甚至很有效，但是对付强大的外敌却全然不行，甚至对付组织坚强、战斗力也强如太平天国这样的造反者，也会完全失灵。

无论是应付内乱还是外患，清政府非改变军事体制不可，否则就会灭亡。

就在这种情况下，曾国藩创办了湘军。他用儒生为将，以乡农为兵，成为一支与绿营完全不同的军队。虽说湘军的体制造成了军队中的私人隶属关系，但毕竟给摇摇欲坠的清王朝注入了一支强心剂。太平天国战争以后，湘军、从湘军中分离出来的淮军就成为清政府真正的正规军。而军队体制的改变，说明清王朝还有一定更新能力。不过，湘军也好、淮军也好，都还存在相当大的问题，特别是体制问题，这一点，我们下面再谈。

两次鸦片战争加剧了清政府的财政困难。

一个政府的生存，必须有良好的财政，保证它的日常开支，同时在特殊情况需要增加支出时，财政体制能够提供支持。

第一次鸦片战争以前，清政府的财政能够正常维持。有学者研究，康熙、雍正、乾隆年间，除却个别战争时段外，户部常有积存，最高年份乾隆四十二年（1777）有白银8000多万两。嘉庆以后由于镇压白莲教造反，库存下降，但到道光前期，每年平均库存仍有2000余万两。道光三十九年（1859）一年财政节余达1000万两[①]。

第一次鸦片战争及其以后，清政府的财政出现了两个问题，一是财政开始困难；一个是随着太平天国造反而导致财权下移，中央政府对财政的控制能力大大降低。

第一次鸦片战争发生后，战费、赔款等费用，立即使财政捉襟见

---

① 周育民:《晚清财政与社会变迁》，上海人民出版社2000年版，第39—41页。

肘。鸦片战争清政府战争开支约2500万两，民间捐输500万两[①]，赔款2100万元约合银1470万两，总计约4500万两。这一数字远远超过一年的财政收入（约三四千万两），对清政府的财政压力可想而知。正因为如此，道光二十一年（1841）至道光二十九年（1849）九年中，只有一年即道光二十七年（1847）有财政盈余，其他年份均为赤字，总赤字达1000万两，而户部的库存只有100余万两[②]。

由于这种情形，太平天国爆发以后，清政府发生了严重的财政危机，并使清政府对太平天国的镇压能力大大降低。地方官员们想出了征收厘金的办法，总算勉强承担起了镇压太平天国所需要的军费。

太平天国造反的发生主要是由于国内自身社会矛盾的积累，还是鸦片战争及其结果的冲击造成的，是个有争议的问题，我们暂时不讨论。但正如前文所说，英法发动的第二次鸦片战争延缓了清政府对太平天国的镇压。如果没有第二次鸦片战争使清政府无法兼顾，太平天国的灭亡至少不会拖到1864年，那样中国的历史就要重写。

除了上面所说的以外，两次鸦片战争特别是英法联军占领北京，严重打击了清政府的威望；沙俄趁机蚕食中国的领土，也使清政府的威望受损。这些都不是致命的，但却是个开端，随着时间的推移和列强侵略的深入，这些事情对清政府的损害就会逐渐显现。

三、改革迟滞，种覆亡之因

两次鸦片战争的失败所表明的，决不仅仅是大清朝君臣的无能，不

---

① 《天朝的崩溃——鸦片战争再研究》第420—421页。

② 《晚清财政与社会变迁》第67、71页。

仅仅是官员和军人不努力，更重要的是中国现有的传统的体制适应不了新的形势。中国传统政治体制，学术界一般称之为君主专制制度。也有人换个角度称之为大一统的体制。在这种体制下，全国好比一个大家族，君主就是这个家族的家长，全家族的人供养君主，君主负责家族的安全与稳定。所以政治理论追求的是和谐、稳定、安居乐业而不是发展和竞争。当然，这也与中原王朝的经济、文化发展水平远高于周边民族，体制上中原王朝没有竞争者（武力上有竞争）有关。政府中的政治权力虽然相当集中，但这种体制的社会动员能力却又非常之低，当严重的外患发生时，它不能发动全社会成员来应付。

鸦片战争以后，中国面临的是全新的世界格局，一个争强争胜激烈角逐的世界格局。李鸿章多次强调的“数千年未有之变局”，部分表达了对这种格局的认识。这种格局，要求中国特别是领导中国的政府做出较大的调整和改革，才能适应这种格局。

做出什么调整呢？

今天看来，要求清政府在两次鸦片战争之后立即做出较大的政治体制的改革——即人们常说的改变君主专制制度，建立立宪君主制，是不可能、不现实的。而且对于落后国家来说，政治的民主化未必立即导致经济的迅速发展①。1949 年以后中国大陆史学界常常指责洋务运动时清政府（或洋务派）不从根本上进行改革，不改变封建专制制度，实在是强人所难。事实上，还没有哪个非西方的国家一接触西方就有如此大力度的改革。即便是对外界的反应极为灵活，善于变通、学习和效仿的日本也是 1868 年（黑船事件之后的 15 年）才开始较全面的现代化计划，又过了 20 多年才实行君主立宪制度。而日本真正实现了民主

---

① 笔者相信，比较专制制度，民主化更有利于经济发展，但那是较长时间过程的事情，而不一定立竿见影。

宪政，已是第二次世界大战之后。

但是，在当时严酷的国际环境下，却有两件事情必须做：

第一，改变政府的职能。

第二，改变固定的、僵化的思维，或思想。

先说第一条。按传统的政治体制和政治理念，政府的功用只是求得全国局势的稳定与和谐，百姓安居乐业，最好是“人人平均，人人饱暖”。反过来，百姓对现存政权给予支持，或至少是默认。这样就可以保证皇权的稳固，当然间接也是保证社会的稳定。至于社会和经济的进步与发展（不是传统范围内的发展），与别的国家进行经济的以至全面的综合国力的竞争，以求得国家的生存和进步，基本上与政府无关。就这一点来说，传统的政府实是处在一种“无为”的状态。

但是，鸦片战争后列强的进逼，要求中国的政府改变过去那种不作为的做法，将只是求稳定和谐的政府体制改为进取竞争、能够促进迅速现代化的体制。或者说，要由政府领导进行迅速有效的现代化运动。只有这样才能保证中国不受列强的欺辱和侵略，保证国家的主权和领土完整。换一个思维角度看，列强带给清政府的绝不仅是冲击，还有机会。如果把握好这个机会，成功使中国现代化，便可能避免中国自古以来的一治一乱、朝代更替的循环，也可解决传统农业经济水平之下无法解决的人口膨胀带来的社会问题。

前面说过，我们不能指望清政府在两次鸦片战争之后就改革政治体制，因为那是苛求前人。但是，今天我们作事后诸葛亮式的探讨和评论，有些事情清政府是可以做的，也是应该做的，甚至是必须做的：

1. 建立现代国防军。使军队体制现代化，改变军官的成分，学习和掌握现代军事理论和思想、战略战术，而不仅仅单纯应用新式枪炮轮船和练一点洋操。

2. 全面经济现代化的计划。鼓励私营企业的发展，同时在某些必需的行业发展国营企业，建立现代银行系统，建立现代交通体系。

3. 发展现代教育，建立国民教育体系，建立自己的科技体系，在国内暂时还不能培养高级人才时，可以视财力派留学生。

4. 对政府机构作适当的调整，设立新形势所需要的新机构，废去无用的旧衙门，废去冗官冗员。提拔了解世界大势、有新知识又勇于任事的人充实官员队伍。

这些事情并不是要在一两年做完，而是可以在三四十年里逐步做好。这些改革都不会直接触动皇权，而且如果做好了，在短时间内对维持皇权甚至会有很大的好处。当然，有人会说，这些事情也是难以做到的，提出来是否也是苛求前人。我认为，要真的想图强御侮，真的使中国能够在当时弱肉强食的世界立足，这些事情都是必须做的，就像明治维新的日本。因为严酷的国际环境不允许政府只作点滴的改良，或头痛医头脚痛医脚式的改革。

再说第二条，要作上述的幅度比较大的改革，需要改变传统思维。这需要克服以往的夜郎自大和天朝上国意识、文化优越意识，克服只能用夏变夷、不能用夷变夏的陈腐观念，克服以往的天不变道亦不变的惰性心理。甚至需要改变科举制笼罩下中国人的知识体系，即由以往的传统经典为主体的旧知识体系转向以现代科技和人文社会科学为核心的现代知识体系。

但是清政府是怎样做的呢？

第一次鸦片战争结束，随着《南京条约》的签订，好像一切危机都已经过去，对于大多数中国人以及清王朝来说，又是一片歌舞升平的世界，几乎所有的人仍沉浸于天朝上国的旧梦中，很少人认真总结战败的教训，认真研究西方列强，研究中国应该采取的对策。第二次鸦片战争之后，有了京师被占，圆明园被烧的惨痛经历，才有部分人开始寻求学习西方的某些方面以图能够抗衡列强，这就是所谓的自强新政，也就是大陆史学家常称的洋务运动。30年的自强运动，并没有真正达到“自强”目标，究其原因，还是清政府的现代化改革是局部的、片面的、随意的。试看笔者前列的四条清政府是怎样做的：

1. 自强新政期间的军事改革基本上只限于应用新式武器和新式操法，军队的体制、军官的构成、军事理论和军事思想都没有多少变化。要知道，一支仍然是传统体制、军官完全不懂近代战争的军队，即便拥有了新式武器，人人都练成神枪手，仍然是乌合之众。而军队完全仿效西方现代化是1901年以后才努力实行的。

2. 鼓励私营企业是甲午战后才开始的，而真正实施是在1901年以后的新政中；中国第一家银行，迟至1897年才开办，而那时日本已有上千家银行；而真正算得上现代银行系统，有自己的真正意义上的中央银行，是在国民党统治时期才实现的；现代交通，只有轮船航运算是在1872年创办起来，至于铁路，甲午战争前只有300多公里，而日本1890年就达2733公里，1896年达4031公里，中国尚不及日本的零头。至于全面的经济现代化的计划，恐怕1927年以后的国民政府时期才谈得上。

3. 现代教育体系也是晚清新政期间建立的，派留学生也是如此，这都比日本晚了几十年。

4. 机构改革因为戊戌变法失败而没有实现，比较大的改革迟到晚清新政期间才实施。

如果是在平和的国际环境中，本可以从容改革；如果没有列强压境，不改革也许不会发生大的问题。但现实是严酷的：清政府领导不好中国，中国就会不要它。第一次鸦片战争之后20年是个机会，错过了；第二次鸦片战争和镇压了太平天国之后，又是一次机会，清政府没有好好利用；甲午战争后是最后一次还算好的机会，清政府又没有把握好。结果，改革的迟滞，眼光的狭隘，使清政府败于甲午战争，败于

1898 年戊戌政变后被杀害的六君子之一的谭嗣同。慈禧太后镇压维新派，终止改革，不仅使中国失去了一次转弱为强的机会，也使清政府失去了一次延续自己统治的机会。13 年后，武昌起义爆发，清朝垮台。

庚子战争，随后又在日俄战争中束手无策——它已经无力保证中国的领土完整，更不用说尊严。而1900年八国联军侵华事件后，清政府成功改革的空间就不大了。随后便是失去对中国的统治。

除非中国永远不兴起现代民族主义，或者分崩离析而被列强瓜分，或像印度一样沦为某一国的殖民地，一旦中国兴起民族主义，试图摆脱列强的控制和受欺辱的局面，其矛头必然指向无能的、没有有效抵御列强侵略的政府。

晚清革命宣传家陈天华的倾诉，直接道出了20世纪初新知识青年人的不满和革命的起因：

> 恨呀！恨呀！恨呀！恨的是满洲政府不早变法。你看洋人这么样强，这么样富，难道生来就是这么样吗？他们都是从近二百年来做出来的。莫讲欧美各国，如今单说那日本国，三十年前，没一事不和中国一样，自从明治初年变法以来，那国势就蒸蒸日上起来了。到了如今，不但没有瓜分之祸，并且还要来瓜分我中国哩！论他的土地人口，不及中国十分之一。他因为能够变法，尚能如此强雄。倘若中国也和日本一样变起法来，莫说是小小日本不足道，就是那英、俄、美、德各大国恐怕也要推中国做盟主了。可恨满洲政府抱定一个“汉人强满人亡”的宗旨，死死不肯变法。到了戊戌年才有新机，又把新政推翻，把那些维新的志士杀的杀，逐的逐，只要保全他满人的势力，全不管汉人的死活。及到庚子年闹出了弥天的大祸，才晓得一味守旧万万不可，稍稍行了些皮毛新政。其实何曾行过，不过借此掩饰国民的耳目，讨讨洋人的喜欢罢了。不但没有放了一线的光明，那黑暗倒反加了几倍。

到了今日，中国的病遂成了不治之症[①]。

上帝是公平的，他给了清政府很多机会，但上帝并不偏爱，对于不会利用机会的人，或者说不会利用机会的政府，上帝最终会收回机会。所以，清政府改革的迟滞，不但是失去了使中国转弱为强的机会，也是失去了延续它的统治的机会。

清政府是宣统年间灭亡的，但是其远因却在几十年前就已种下。

四、民族危机，衰弱与怀疑的双重增长

如前所述，正是由于清政府改革的迟滞，中国没有能够转弱为强。甲午战后，中国面临的局势已不是一般的遭受侵略欺辱，不是一般的戴着不平等条约的枷锁，而是民族的生存遇到了危机。就在这种严酷的局势下，中国兴起了现代民族主义，而就在民族主义兴起的过程中，清政府渐渐失去了其存在的合法性[②]和统治基础。就这样，一面是衰弱的急剧加速，一面是怀疑与不满情绪迅速增长，所以尽管表面上还有个偌大的架子，但是实际上清政府的处境已经到了覆亡的边缘。

甲午战争和八国联军侵华战争，对于清政府的命运，有直接的后果，也有间接的后果。直接的结果有两个：击溃其军队，使其无武力；击毁其财政。间接的后果也有两个：人们怀疑满族贵族的政府能否带领国家走出困境；进而从根本上怀疑君主专制制度能否应付挑战。

---

① 刘晴波、彭国兴编校：《陈天华集》，湖南人民出版社 1982 年版，第 61 页。

② 所谓统治的合法性，中外很不同。现代西方强调民意，由合法选举产生的、得到民意支持的政府方为合法，而中国传统的合法性一般是所谓“得民心者得天下，失民心者失天下”。所以，失去民众和社会精英阶层的默认，就等于失去了统治的合法性。

先说军事问题。

前面说过，独立于原正规军绿营系统之外的湘军淮军，虽然有着一定的离心倾向，但是统率湘淮军的曾国藩、李鸿章毕竟是忠于大清朝的臣子，所以湘淮军还是效忠清王朝，而反过来19世纪60年代以后湘淮军也事实上为清政府所依赖。然而甲午战争基本击溃了湘淮军，以后淮军也好、湘军也好，兴盛的时代一去不复返，剩下的只是些残余力量[①]。这以后，由于京师附近空虚，荣禄想方设法拼凑了一支“武卫军”（分为武卫前、后、左、右、中五军。左军宋庆、右军袁世凯、前军聂士成、后军董福祥，中军荣禄自统）。武卫军完全受清廷（荣禄直接指挥，与从前汉族官员曾国藩、李鸿章等直接指挥不同）控制，自太平天国造反以来，这算是清廷最信得过的军队。这几支军队的组成并不容易。其中宋庆部源自镇压太平天国时的团练，聂士成部是前淮军，袁世凯部是甲午战争时才开始编练的新军，中军更完全是拼凑起来而没有多少战斗力可言，而董福祥竟是从前的叛乱首领。即便如此，经过八国联军侵华一役，除了袁世凯的武卫右军外，其他几支都被八国联军击溃。

八国联军侵华战争之后，放眼中华大地，清政府手中竟无一支可以信赖的、直接指挥的、能够有效维持其统治的军队，这比甲午战后更令清廷尴尬。在此情况下，清政府不得不大力创办和发展新军。但是满族贵族中缺少能够训练和指挥新军的人才，所以与湘淮军由曾国藩和李鸿章统率一样，新军的创办和统率就落到了野心勃勃的袁世凯手中。尽管北洋新军完全是以中央政府的名义创办的，但是军队忠于清王朝的时代已经一去不复返了。

再说财政问题。

甲午战争的失败，使清政府的财政立即陷入困境。巨额的赔款

---

① 淮军系统聂士成军有所发展且战斗力较强。

1902 年，袁世凯的武卫军护送两宫回銮。

（赔款 20000 万两白银，“赎辽费”3000 万两，合计 23000 万两），相当于当时清政府年财政收入三倍还多，清政府不堪承受，于是只好向列强借款（甲午战后有三次大借款），但是借款必须还，总额超过三亿两的借款仍然要由财政负担。然而更为严重的还在后面。《辛丑条约》规定赔款 45000 万两，本息合计 98000 多万两。如此重的赔款和外债，经济不发达的中国怎能承受？如何筹得如此巨额款项，实为清政府之一大难题。我们且看 1901 年 9 月清政府的决定的办法：

一为节流，二为开源。节流有：裁减光绪二十五年（1899）添加之虎神营、骁骑营、护军营、神机营、步军营经费；停支满汉官员及八旗兵丁米折；裁汰军队及沿海沿江防费。增加收入者有：开办房间捐输；地丁收钱，酌提盈余；在原盐斤加价基础上再加价；增加鸦片税、茶糖烟酒税。赔款中中央朝廷只能筹措小部分，不足者每年 1800 余万两，摊派于各省：江苏 250 万两；四川 220 万两；广东 200 万两；浙江 140 万两；江西 140 万两；湖北 120 万两；安徽 100 万两；山东 90 万两；河南 90 万两；山西 90 万两；福建 80 万两；直隶 80 万两；湖南 70 万两；陕西 60 万两；新疆 40 万两；甘肃 30 万两；广西 30 万两；云南 30 万两；贵州 20 万两[①]。

按照此一决定，当时比较偏远、财政收入不高的省份如甘肃、广西、云南、贵州甚至新疆都要摊派赔款，可见庚子赔款给清政府造成的困难，可谓雪上加霜。

再说社会对清政府及君主制度的不满和怀疑。

本来太平天国及捻军失败以后，清朝的统治一度稳定下来，所谓“同治中兴”虽有些回光返照的味道，但如果清政府经营得好，也许能

---

① 参见戴逸、李文海主编，迟云飞编：《清通鉴》（光绪二十七年八月十六日记事），山西人民出版社 2000 年版。

够将它的统治较长时间地延续下去。然而甲午一战，却大大暴露了清政府的无能，导致社会的不满迅速增长。这种不满体现为两种要求：一种要求实行君主立宪制度。甲午战争以前，君主立宪、君民共主还只是少数人谈论的事情，甲午以后则正式成为一种有一定声势的要求，尽管提出这一要求的人对君主立宪的理解与西方真正的君主立宪理论有非常大的差异，但对现存的君主专制体制已经有所怀疑却是真切的。另一种是直截了当要求推翻这个政府。这便是康梁的维新运动和孙中山杨衢云的革命运动。

维新运动在 1898 年被保守派粉碎，而孙中山杨衢云也在 1895 年起义失败后被迫流亡海外，这显示清政府还有力量粉碎对它的权力地位的挑战。但是中国面临的问题并没有解决，反而因为改革没能推行下去而更加严重。庚子（1900）这一年，清廷中的保守派先是企图利用义和团向反对慈禧太后废立阴谋的列强泄愤，同时企图利用义和团的力量实现废立的阴谋。清廷曾在煌煌上谕中称义和团为“义民”，并发给给养。但是，待到八国联军进北京，清廷便下令镇压义和团，使义和团民众大量牺牲在清政府和联军双重的屠刀之下。

而首都被占，帝后出亡，庚子事件对国人的震撼是极其强烈的，不可低估，而伴随着这种震撼的，更是清政府威信的大降。而且整个庚子年清政府出尔反尔的举动，使清廷的威信进一步降低：排外让有新思想的人士不满，镇压义和团又令民众失望。及至庚子以后，改革要求不仅已无法压制，连慈禧太后自己也明白不改革不行了；而革命运动更是迅速发展。

孙中山有一段回忆，反映了他从事革命的遭遇：

> 经此失败（指 1900 年兴中会反清起义）而后，回顾中国之人心，已觉与前有别矣。当初次之失败也（指 1895 年兴中会起

义失败），举国舆论莫不目予辈为乱臣贼子、大逆不道，咒诅谩骂之声，不绝于耳；吾人足迹所到，凡认识者，几视为毒蛇猛兽，而莫敢与吾人交游也。惟庚子失败之后，则鲜闻一般人之恶声相加，而有识之士且多为吾人扼腕叹惜，恨其事之不成矣。前后相较，差若天渊。吾人睹此情形，中心快慰，不可言状，知国人之迷梦已有渐醒之兆。加以八国联军之破北京，清后、帝之出走，议和之赔款九万万两而后，则清廷之威信已扫地无余，而人民之生计从此日蹙。国势危急，岌岌不可终日。有志之士，多起救国之思，而革命风潮自此萌芽矣。①

所以，庚子事件对于清政府来说，实在是它的命运的最大转折点。经此事件，清政府挽救自己覆亡命运的机会不多了。晚清和民国初时任袁世凯幕僚的张一麐在回忆录中写道："清之亡实亡于庚子（1900）而非亡于辛亥。"② 实为历史当事人的切身体会。

我们以往讨论清政府的灭亡，总是直接讨论革命的发生，却忽略了庚子事变的影响。可以这样说，甲午战争以后庚子事变以前，清政府挽救自己命运的机会还有百分之五十，而庚子事变以后，这种机会就不到百分之二十了。

五、最后十年，改革与总崩溃

前面说过，自中国的大门被列强以坚船利炮打开后，清政府也曾做

---

① 《建国方略之一·有志竟成》，见中山大学历史系孙中山研究室编《孙中山全集》第六卷，中华书局 1985 年版，第 235 页。

② 张一麐：《古红梅阁笔记》之《五十年来国事丛谈》，上海书店出版社 1998 年版，第 52 页。

过一些努力，做过若干改革。但是，其力度和效果远不足以使中国摆脱被动挨打的局面，民族危机反倒步步加深。然而，1900 年八国联军侵华之役，迫使清政府再一次开始了比以往规模更大、涉及面更广、更加深入、影响也更为深远的改革，即新政。

新政是列强侵略刺激和冲击的产物。

自 1898 年慈禧太后镇压了维新派之后，清政府的内政更逐步向保守倾斜。及至“已亥建储”以后，形成了以端郡王载漪为首的亲贵集团，他们昧于世界大势，思想极端保守，力图重新闭关锁国以恢复往日天朝上国的旧梦。他们围绕在慈禧太后周围，把持朝政，排斥异己，结党营私，骄横不可一世。甚至不同意废黜光绪帝、反对与列强开仗的洋务派都遭到他们的排斥和打击。

但是，在庚子到辛丑年间的一系列事件中，发生了如下几件重大的变化：

1. 人事的巨大变动。在战争和所谓“惩办祸首”的过程中，保守派人士如载漪、载澜、刚毅、英年、徐桐、启秀、徐承煜等或死或监禁或罢免。那个一心一意想取代光绪皇帝登上皇帝宝座的大阿哥，也在回銮途中被废去。载漪集团崩溃，改革的反对力量大大减小了。

2. 与载漪集团的崩溃相反，曾主张镇压义和团的官员、参与东南互保的主要官员，其地位都得到提高。

两江总督刘坤一、湖广总督张之洞、山东巡抚袁世凯等实行东南互保，实际上等于违抗朝旨，但是事后清廷不仅不予追究，反而嘉奖他们“共保东南疆土，尽心筹划，均属卓著勋劳”。刘坤一得到太子太保衔，张之洞、袁世凯得到太子少保衔，另一个参与东南互保的重要人物盛宣怀也得到太子少保衔。这些人在政府中的影响大大加强了。清政府发布新政诏书后，他们立即成了新政的热心推动者，袁世凯率先上奏提出十条建议，刘坤一和张之洞的“江楚会奏变法三折”更成了新政的总纲。不仅洋务派重新得势，而且他们的思想在1900年前后的一系列巨变中也发生了变化。他们原来不能认可的某些比当年洋务新政更深层次的改革，现在可以同意甚至带头主张了。

3. 与此同时，经过这番沉重的打击，痛定思痛，慈禧太后也终于有了一定的省悟，明白了闭关锁国那一套再也行不通了，中国应该有所改变，应该适应世界的发展潮流。1901年1月29日发布的新政上谕中说道："近数十年积弊相仍，因循粉饰，以致酿成大衅"，"惩前事之失，乃可作后事之师。"可以说就是这种反省的产物。因为近数十年执政的不是别人，正是慈禧太后自己。慈禧太后在谈到决定与列强开战和仓皇出逃的情形时，对吴永说："我总是当家负责的人，现在闹到如此，总是我的错头；上对不起祖宗，下对不起人民，满腔心事，更向何处诉说呢？"[①] 慈禧太后对别的大臣也许难以拉下脸来认错，但对吴永这样的亲近小臣却可以说真话。这也说明残酷的现实终于让慈禧太后明白了改革是必要的。

清末新政就是这样发端的。

这正如马克思和恩格斯在《共产党宣言》中说的：

> 资产阶级，由于一切生产工具的迅速改进，由于交通的及其便利，把一切民族甚至最野蛮的民族都卷到文明中来了……它迫使一切民族——如果它们不想灭亡的话——采用资产阶级的生产方式；它迫使它们在自己那里推行所谓文明制度，即变成资产者。

前面说，改革和反应的迟缓，使近代中国的社会问题渐渐积累，尤

① 吴永口述：《庚子西狩丛谈》，岳麓书社1985年版，第89页。

其是无力对付西方不断深入的侵略。但是，新政的大力推行又引发了新的社会问题和矛盾，最终造成了清王朝的灭亡。

新政引起了哪些问题呢?

第一是引起了社会结构的重大变动。

中国传统社会结构，大体上是士农工商，再加上既得利益的官员和皇亲贵族。各个阶层有区别但又可以互相流动（一个朝代内皇族不能流动）。这种社会结构支撑着传统的以皇权为核心的政治体制。但是新政期间，产生了从前所没有的新知识分子；士绅阶层也发生了分化，产生了不同于旧士绅的新的绅士阶层；产生了附和新绅士的新兴工商业者阶层。清政府无力控驭这一新的社会①。

第二是加剧了统治者的内部矛盾。

庚子以后，朝野各方大都看出中国不能回到闭关锁国的老路，也不能维持现状，必须改革。但改革是“各唱各的调”，各方都借改革之机为自己谋取利益。

从戊戌到庚子，清廷权力有戏剧性的消长。戊戌政变后被杀头和被免职的，多为汉族官员；而八国联军侵华事件中死亡或丢官的，则多为满族王公官员。满汉势力一消一长。新政中，由于满族贵族人才的贫乏，那些办新政最有成效，同时通过新政大大加强或者说是养成了自己势力的，是汉族地方督抚，特别是直隶总督北洋大臣袁世凯。袁世凯不仅有自己的私人军队，而且有一批拥护他的在政府中担任要职的政治军事经济甚至外交人才。因此，在能够有效控驭袁世凯的慈禧太后去世后，清廷亲贵与袁世凯的矛盾迅速激化，导致袁世凯被清廷罢免。但清廷此举既加深了统治集团中其他汉族官员的不满，也加深了社会上的满汉矛盾。清廷想借新政和立宪之机加强中央的权力，而地方督抚

---

① 有关晚清社会结构的变化，笔者将另文论述，此处不赘述。

也趁机固守和扩大自己的权力。满族亲贵对某些汉族官员不放心，而汉族官员对清廷的不满则逐渐加深。宣统年间，清政府内部中央与地方的矛盾、满与汉的矛盾、载沣为首的少壮亲贵与奕劻为首的老一代权臣之间的矛盾都极为尖锐。这些矛盾致使本来已经十分衰弱的清王朝几乎处于分崩离析的状态。

第三是加重了财政的困难。

前面说过，由于巨额的赔款，清政府的财政实已濒临崩溃边缘。而大力推行新政，又进一步加剧了财政的困难。新政为财政带来的压力第一为军费。为保卫国家，当然也为加强统治，清政府大力办新军，但新军比较旧军需要的经费多得多，旧军裁撤又慢，导致军费激增。除办新军外，其他新政措施，如巡警、学校、地方自治、司法改革、奖励实业等，无一不需要增加开支。再加上赔款负担，可以说财政问题是清政府无法解开的死结。

按照度支部制定的宣统三年（1911）预算原案，总计年财政收入29696万两，支出38135.7万两，赤字达7000余万两，相当于全年财政收入的四分之一。可见问题的严重。

为了弥补财政赤字，清政府从中央到地方，都想了很多办法。当时的财政收入来自几大项：海关关税、田赋、厘金、盐税、鸦片税、其他杂税。这里面，限于康熙朝今后滋生人丁永不加税的祖训，田赋不能大量增加；海关关税税率因有关税协定条款，关税只能随着中外贸易的增长逐渐增加而不能大幅增加；厘金早已为中外人士指责，也不能再大量增加；鸦片税反而由于严厉的禁烟措施而减少。清政府只好在盐税和各种杂税上打主意。但杂税的增加和各种摊派，却招致从一般民众到新兴商人的广泛不满。

晚清最后十年，不仅财政极为困难，混乱也达到了极点。自咸丰以来的财权下移过程仍在持续，中央政府对财政的控制能力大大降低，各省在财政上有更大的自主权，主管中央财政的户部（后为度支部）无从干涉。清廷试图通过新政收回财权，各省却希望扩大已有的权力，以致各省和中央常闹矛盾。

在中国，几乎每一代王朝的末期都伴随有财政危机，财政危机使政府更加衰弱，为解决财政危机而采取的加强向人民搜刮的措施，又引起更多的不满和反抗，从而导致一代王朝的灭亡，清末也是如此。但是清末财政危机的原因与历代王朝有很大的不同，它不仅有王朝末世的腐败、官僚队伍庞大等因素；还有历代王朝所没有的战争赔款、外债以及新政改革的耗费，因此，它的程度也就比历代王朝来得严重。

第四是加重了民众的不满。

不仅清政府无力应付新的变局让人们不满，它的新政加重了人民的负担，也加剧了这种不满情绪。太平天国和捻军被镇压以后，各地的骚乱、造反和公开反抗官府的行动本已大大减少，但是晚清最后十年又呈大大增加之势，大小规模的抗粮、抗捐风潮遍地都是，虽然没有酿成太大规模的反抗运动，但已预示着更大规模反抗的来临，所谓“山雨欲来风满楼”，清末社会正是如此[①]。一个专制政权的存在，获得人民的支持固然很难做到，但起码需要人民默认和容忍它的统治，当多数人民不能容忍它的统治的时候，这个专制政府末路也就来临了。

六、简短结语

到此我们可以说，在相当程度上，是列强的到来毁坏了中国的旧世界或旧社会，它大大加速了清王朝的灭亡，促成了以君权专制为核心的

---

① 参见章开沅、林增平主编:《辛亥革命史》中册，人民出版社 1980 年版，第 319—364 页。

传统政治体制的解体。

按照中国以往的规律，清王朝灭亡之后，应该建立起新的一代王朝，可是事实上没有——任何一个政治强人都没有能力没有办法建立王朝政治，袁世凯如此，张勋就更不行了。其中的一个原因就是，在西方列强（后来当然包括日本）的反复侵略冲击下，君主制被视为无能的腐败的象征，近代中国的屈辱遭遇，至少一半以上要由君主制负责。就这一点来说，抛开西方的影响，不能谈中国近代史。放眼世界，当西方殖民者开始全球扩张之后，亚洲、非洲的绝大多数国家，原有的社会发展进程被打乱，在经过一系列的征服、独立、改革、革命、叛乱、动荡之后，传统的政治体制或模式都会瓦解。中国只是其中的一个例子而已。

但是，西方的冲击没有也不可能让中国建立一个新社会，而非西方的国家中至今还有许多没有建立一个稳固的社会政治体制——既适应其本国传统又符合世界潮流，而且能够顺利推进现代化的社会政治体制。这一点，笔者将另文探讨。

原载《北京档案史料》2003 年第 1 期

清季政府及其覆亡论析

辛亥革命的第一个目标是推翻清政府，革命爆发后，这个目标实现了，也只有这个目标实现了。那么，这个被推翻的政府是个什么样的政府？在它存在的最后十年，它实行了什么样的政策，有过什么样的变化？它为什么会在1911年被推翻？显然，这是个值得人们研究而恰恰研究得太少的问题。

一、一个谋求有限改革的政府

1901年1月29日，准备返回北京的太后和皇帝在西安发布了一道上谕，其中说："自播迁以来，皇太后宵旰焦劳，朕尤痛自刻责。深念近数十年积弊相仍，因循粉饰，以致酿成大衅。懿训以为取外国之长，乃可去中国之短，惩前事之失，乃可作后事之师。"针对推行了几十年的洋务新政，上谕还指出："晚近之学西法者，语言、文字、制造、器械而已。此西艺之皮毛而非西学之本源也。居上宽，临下简，言必信，行必果，服往圣之遗训，即西人富强之始基。中国不此之务，徒学其一言一话一技一能，而佐以瞻徇情面，肥利身家之积习，舍其本源而不学，学其皮毛而又不精，天下安得富强耶？总之，法令不更，锢习不破。欲求振作，须议更张。"[①] 总之，这份上谕的核心是"取外国之长"，"去中国之短"。

① 朱寿朋编：《光绪朝东华录》第四册，中华书局1958年版，总第4601—4602页。

它可以说是一个施政总纲，也是遭受了沉重打击的慈禧对执政几十年的反省和总结。

新政上谕发布后不到三个月，清政府于4月21日成立了督办政务处，奕劻、李鸿章、荣禄、昆冈、王文韶、鹿传霖为督办政务大臣（不久又增派瞿鸿禨），刘坤一、张之洞、袁世凯遥为参预。他们都是最有权势的官员，这使督办政务处成为新政的总汇机关。

清廷决心推行新政是有来由的。1898年9月，慈禧太后发动政变，残酷地镇压维新派，扼杀了维新改革。这以后两年，围绕在太后周围左右朝局的，多为那些昧于世界大势，力图重新闭关锁国以恢复往日天朝上国旧梦的保守分子。但是，在庚子到辛丑的一系列事变中，这些人如载漪、载澜、刚毅、英年、徐桐等，或死或监或撤职，那个一心想取代光绪帝登上皇帝宝座的大阿哥，也在回銮途中废去。顽固保守派一蹶不振，闭关锁国和天朝上国的梦再也做不成了。与此同时，经过这番沉重的打击，痛定思痛，慈禧太后也终于有了一定的省悟。在西安尚未回銮的时候，慈禧在与吴永的谈话中也说："我总是当家负责的人，现在闹到如此，总是我的错头。上对不起祖宗，下对不起人民，满腔心事，更向何处诉说呢？"[①]对高级官员难以拉下面子，但对吴永这样的亲近小臣，却可以坦率认错。与保守派阵营溃散相反，洋务派再度得势。刘坤一、张之洞、李鸿章、袁世凯等人参加"东南互保"，保存了实力。战争以后，他们非但没有受到责罚，其地位和权势反倒进一步上升，并成为清廷的支柱。洋务派和顽固派几十年的摩擦和斗争，以洋务派的胜利而告终。权力结构的这种改组也给朝廷政策的转变以巨大的推动力。地方上的新洋务派与朝廷的荣禄、奕劻等人互相呼应，在政治上发挥了重要作用，成了清政府推行新政的中坚。如果与上个

---

① 吴永口述，刘治襄笔记:《庚子西狩丛谈》卷四，台湾文海出版社影印本，第105页。

世纪末的维新运动相比较，不难发现，至少在新政改革的开始阶段，没有康有为、梁启超那样的在野人士的鼓动、宣传和呼吁，新政改革是自上而下的，是来自上层的近代化运动。

清末新政改革的范围是相当广泛的，它在以下几个方面取得了较大的成就，并且使中国社会发生了巨大的变化。

新式军队。列强林立争雄，没有强大的军队就难以在世界上生存。因此，建立新式军队是清政府最重视的。由于财政困难，清政府力不从心，尽管如此，到清廷灭亡前，已编成新军兵力有十五六万人，主干即为北洋六镇。新军的素质、战斗力、军官和士兵的教育程度、现代军事知识等等，都较旧军大大提高。它是中国新式军队发展的重要一环。

新式教育。1901 年 9 月，清政府令各省广设大中小学堂；1904 年初（光绪二十九年底），清政府颁布了全国统一的“癸卯学制”；1905 年，清政府设立了学部，这一年，延续了千余年的科举制度也终于下令废除。在政府的倡导下，中小学堂和各种专门学堂大量涌现，众多的官费、自费留学生到海外求学。清季十年是中国近代教育史上的大变革时代，中国古老的旧式教育终结了，仿效西方的新式教育体系建立起来。

振兴实业。甲午战争以后，清政府开始提倡民办企业，但是真正鼓励民办企业还是在 1901 年以后。1903 年，商部设立，此后清政府实行了一系列振兴工商业的措施，如制定商律、鼓励投资、倡导设立商会、向公司借贷官款、举办劝业会（商品展销会）、鼓励商人参加外国博览会等等。一些有成就的较大的企业家如张謇、祝大椿、庞元济、许鼎霖、张振勋等人获得各种各样的荣誉头衔和特权。这些措施取得了一定的成效，一定程度上保护和扶持了民族工商业。

法律的改革比较复杂，遇到的阻力也比较大，但清政府还是派沈家本主持编纂和修改法律，中国传统的与世界潮流太相违背的苛刑如凌迟、枭首、戮尸以及连坐、刺字、严刑拷问等，都被革除了。警察（巡警）制度的创办，也取得了一定的成效，中国有警察自清末始（租界除外）。中国历来行政与司法不分，司法行政与审判更是混在一处，清末开始初步分离，在各省省城及通商口岸，专门审理民刑案件的审判厅大量设立，同时中国有了第一批职业法官。1906 年到 1911 年，卓有成效的禁烟运动使大部分省份基本禁绝了鸦片。此外，清政府还实行了一些消除满汉畛域的措施如满汉通婚、取消一些满族的特权等等。

自 1901 年起，清政府设立了外务部、商部、巡警部（后改民政部）、学部、度支部、陆军部、法部、邮传部等新机构，裁撤了詹事府、通政使司、太常寺、光禄寺、鸿胪寺、河东河道总督、督抚同城的巡抚等机构和官职，中央设立资政院，地方设谘议局。清末官制改革还谈不到像西方国家那样的三权分立，但它使国家机构的设置趋于合理和科学，更合乎世界潮流。

1905 年，清廷派五大臣出洋考察政治。1906 年宣示预备立宪，1908 年颁布了《钦定宪法大纲》。之后又设立了类似议院的资政院和谘议局，并开始建立专门的审判厅。在国家体制的近代化亦即宪政方面，比较其他新政项目要迟缓、犹豫和矛盾，但毕竟还是有所进步。宪法大纲规定了人民的某些民主权利，对舆论的控制大大放松。清末最后几年，报刊以远超 19 世纪末维新运动时期的速度和规模增长，并且越来越敢于放言批评政府。

比起 19 世纪 60 年代以迄 90 年代的洋务运动，清末新政改革的深度和广度，都是前者所远远不及的，所取得的成效也要大得多。百日维新期间维新派所要实行的措施，在清末新政中基本实行了，不少地方还超过了百日维新。如百日维新中废八股改试策论，而清末新政中彻底废除了科举；百日维新中的设学堂、派留学生、练新军、奖励实业等，都是在清末新政中得以实现的。可以说，清政府在推行新政改革上是相当认真的。

写到这里，我们不能不说，比起康雍乾文字狱时代，比起戊戌政变后两年的黑暗时代，最后十年清政府的政策在向好的方向发展，它是一个推行了一定程度的改革的政府。换句话说，革命是在清政府的政策转好的情况下爆发的。笔者绝不是为被推翻的清王朝惋惜，更无意贬低革命。新政改革是合 理的，革命的爆发也是合理的。新政改革是特定历史条件的产物，而革命的爆发也是各种各样的因素和矛盾促成的。那么，清政府为什么会在宣统三年被推翻呢？这一点，笔者将在下面进一步论述。

另一方面，清末新政改革也不是无所保留的。至少在三个方面它是不彻底的：专制皇权、腐败、满族政治上的特权。事实上，这些问题造成的矛盾也是清政府覆亡的原因之一（下面再详论）。因此，笔者称之为“有限的改革”。

二、新政改革与清廷的覆亡

前面说过，为什么清政府会在它向好转的时候灭亡，笔者认为，其中的一个重要原因，就是改革本身。

社会的震荡和瓦解

新政改革需要社会的稳定，但改革本身恰恰又会给社会带来不稳定因素。清末急剧的变革使社会动荡不安，直至传统的社会结构和体制崩溃瓦解，导致了清王朝的灭亡。

不容否认的是，清廷的改革来得太晚了。如果在洋务运动时期推行全面的改革，则可以改变中国贫困落后的地位；如果 1898 年的戊戌变法能够进行下去，则至少可以避免义和团和八国联军事件的打击。现在，这个“千呼万唤始出来”的改革终于来了，但它又进行得太迅速、太猛烈，本来应该30年、50年甚至更长时间完成的措施，清廷都把它挤在这十年内完成。新军、教育、实业、司法、官制、宪政，一个接着一个。由于改革来得太晚，使许多矛盾积压起来，改革进行得太快，又使长期积压的矛盾在短时间内爆发，从而使本已屡受重创软弱衰败的清政府无法承受。

社会的急剧变革造成了思想的两极分化。一方面，新兴社会力量迫不及待地要求更迅速地推进改革，如立宪派一再请愿召开国会。他们对改革的期望值太高，似乎各项改革措施一实行，国会一召开，就会立即产生强国御侮的效果。他们向政府施加压力，一旦他们的要求不能实现，他们就会对政府失望并转向对立面。但是另一方面，下层民众以及传统势力却对改革不能认同，新政改革动摇了他们不愿意改变的传统生活方式，因此他们常常激烈反对。清末民众和旧绅士阻挠新政的事件经常发生，而各省民变中，学堂、医院、巡警局被捣毁的事件更是层出不穷。这里举癸卯闰五月廿二日《湖南官报》刊载的一件事为例，赵尔巽任湖南巡抚期间，常德府租用寺院房屋建中学堂，“忽有无知棍徒，率领僧众从而阻挠”，“愚民无知，动指学堂为洋学堂，学生装操衣即指为洋人装”。他们还逼迫这个寺院的僧人自杀，以致巡抚不得不出面干涉。不容否认，清末新政改革常有急功近利、不切实际和好大喜功的情况。其中最明显的是编练新军，这是清政府最重视的自强措施，但是，强盛的军队不是凭空而来的，必须有起码的经济力量和工业基础与之相适应。在巨额赔款压得财政几乎喘不过气来的时候，再不顾客观条件大办新军，不能不使财政无法承受。其他如办教育、办巡警、办自治等，样样需钱。捐税的增加必然造成更广泛的不满和反抗。下层民众之所以反对新政，这也是一个重要原因。

改革的停滞，会招致要求改革势力的不满；而剧烈的变革，又会导致下层民众等传统势力的反对。这两种人又都会把不满指向清廷。

在清廷最后十年，传统的社会体制和结构崩毁了、瓦解了。1853年，马克思在《中国革命和欧洲革命》一文中写道："清王朝的声威一遇到不列颠的枪炮就扫地以尽，天朝帝国万世长存的迷信受到了致命的打击，野蛮的、闭关自守的、与文明世界隔绝的状态被打破了"，"与外界完全隔绝曾是保存旧中国的首要条件，而当这种隔绝状态在英国的努力之下被暴力所打破的时候，接踵而来的必然是解体的过程，正如小心保存在封闭棺木里的木乃伊一接触新鲜空气便必然要解体一样。"马克思的预见是天才的，但是传统社会的解体不仅是由于外来的冲击，还有内部的变革，尤其是清末十年的急剧变革。

鸦片战争以前，中国的社会结构基本上是这样一个三角形：皇帝高高在上，他依靠大大小小的官吏来统治全国；有功名的绅士和无功名的旧八股知识分子维护朝廷统治，是联系政府官吏和下层民众（农工商）的重要环节。但是，自鸦片战争以来，这种社会结构逐渐改变，在清政府存在的最后十年，由于急速的新政改革，变动大大加快，从而形成了一种新的还处在变动中的社会结构。

作为皇帝专制制度基础之一的绅士阶层已经不复存在，他们中的一部分加入新绅士的行列；另一部分旧绅士曾领导民众反对新政，但他们日趋没落，除了在反对新政的过程中增加下层民众对朝廷的不满外，他们已起不到什么维护现存传统的作用。由于科举制废除，书院改为学堂，旧知识分子作为一个社会阶层也已不复存在；同时，科举制的废除也使旧的官员选拔制度彻底改变。下层民众中没了工商，只剩下一个农民。新绅士、新知识分子、工商资本家和军人是这十年新产生的社会阶层（军人过去虽有，但只是战争的工具，地位极低，没有政治意识）。立宪派、改革派、军阀势力把这些新的阶层分别联结在一起。在这样一个社会中，每个阶层都有自己不同的目标和利益要求：官员（主要是地方官员）要扩大自己的权势，从而巩固和扩大内轻外重的局面，皇帝（最高统治者）要集权，立宪派和军阀势力要分享政权，革命党要推翻清政府，农民反对苛捐杂税和新政——清廷最高统治者要在几个方向上作战，它没有能力控驭这样一个变动中的社会，因此，某种程度上可以说，它是这十年变革的牺牲品。

无法克服的矛盾

剧烈的变革导致社会的震荡和瓦解，这是问题的一个方面。另一方面，改革的不彻底和局限也加剧了社会矛盾，成为清廷覆亡的原因之一。

近代政府与皇权政府的矛盾。按照新政改革本身的逻辑规定，它的方向和重要方面是要把清政府自身改造成为一个有效率的政府，一个更有能力领导中国与列强竞争的政府，总之是近代化政府。政府的近代化无疑是要实行西方式的三权分立制度，这意味着对皇权的限制。但是，清廷在进行新政改革时，却还有一个念念不忘的目标：强固皇权，强固皇权政府。这使得这一目标与其他改革目标发生了难以调和的矛盾。清廷一方面要保持和加强皇权，另一方面它的许多改革措施却不断破坏皇权赖以存在的基础。假如皇帝是汉族，这一矛盾也许会小些，皇帝是满族这一事实使得这一矛盾更为尖锐。显然，要停止新政改革是不可能的，削弱皇权它又不愿意，这就使得这一矛盾无法解脱，结果只好以政府的垮台来解决。

第二个是取消满族特权和加强满人权力的矛盾。在新政改革中，清廷取消了不少满族的特权，如准许满汉通婚、准许汉人担任过去只有满人才能担任的将军、都统等职位，满族自谋生计等等。但是，为了加强皇权，清朝最高统治者往往又力图把重要的政治军事职位控制在满人手里，宣统年间尤其如此。这样做的结果，不仅增加了社会上的反满情绪，甚至汉族官僚也日益不满。

第三个矛盾是政策改善而腐败犹昔。清季十年，自最高统治者以至大小官员无不贪财纳贿。慈禧太后的喜财纳贿是有名的。1904 年因日俄战争爆发，清政府加快了练新军的步伐，慈禧“于练兵一事非常着意，因筹款事几至寝食皆废”，因此，曾一度下令停止她的七十岁祝寿活动，臣下免送礼物。仿佛真有点励精图治的样子。可是不久当官僚们的礼物送到时，她却照收不误。于是内外官员争相奉献，“始而督抚中不过袁（世凯）、岑（春煊）、端（方）三帅，旋即有周（馥）玉帅、陆（元鼎）春帅、如吕（海寰）大臣，莫不争先恐后”。吏部尚书世续还别出心裁，“写了一万两零星银票，约数百张，用黄封封呈，奏云‘此乃奴才代爷预备零赏之需’”。因此“颇得慈欢”[①]。从1903 年起成为军机首领的奕劻，更是招财纳贿的能手，有人记载“庆亲王奕劻，继恭王当国，不问政事，专事货贿，各官皆有价目，非贿不得尝”[②]。曾在政务处任职的清遗老金梁记述：奕劻“用人行政，非货不成，有馈献者必手受——实虑为左右所欺，非亲授受常无效。且必手自检点，虽万千不惮其烦也”[③]。其他大小官员，亦是贪者多，极少数清廉的，在官场甚至引为怪事。在有关清季历史的资料中，关于官场的黑暗、结党营私、互相倾轧、贿赂公行的记述，可以说比比皆是。

其实新政改革中的矛盾并不止这三重，这些矛盾的存在以及解决措施的不善，不仅大大减低了新政改革的效果，而且大大加深了社会的不满。

---

① 均见陈旭麓等主编:《辛亥革命前后——盛宣怀档案资料选辑之一》，上海人民出版社 1979 年版，第 14—19 页。

② 魏元旷:《光宣佥载》，民国年间印行，国家图书馆藏，第 4 页。

③ 金梁:《四朝佚闻》，民国年间印行，国家图书馆藏，第 12 页。

三、一个衰弱得无法自存的政府

19世纪中叶，湘、淮军镇压了太平天国和捻军，为清政府取得了一个难得的“中兴”，但是好景不长，随着甲午战败和瓜分狂潮的掀起，清政府重又衰落下去。接着庚子年八国联军的入侵，给这个久患重病的人再狠狠地一击，此后它一日不如一日，一年不如一年。因此，清廷在宣统三年的覆亡，不仅与改革引起的种种问题有关，也是它长期衰落的一个归结。

财政的崩溃

在中国，几乎每一代王朝的末期都伴随有财政危机，财政危机使政府更加衰弱，为解决财政危机而采取的加强向人民搜括的措施，又引起更多的不满和反抗，从而导致一代王朝的灭亡，清末也是如此。

早在甲午战后，战费、赔款已使财政极为困难，支出激增，赤字连年。庚子以后财政支出大幅增加，1906年以后更多。导致这种情况的原因大体有三项：一为赔款和偿还外债。辛丑条约规定赔款四亿五千万两，本息合计九亿八千万两；甲午战后清廷曾有三次大借款，总额超过三亿两。如此重的赔款和外债是经济不发达的中国所无法承受的。二为军费，新军需要巨额经费，旧军裁撤又慢，致使军费激增。三是其他新政，如巡警、学校、自治、司法改革、奖励实业等等。支出在激增，有的收入却减少了。由于雷厉风行的禁烟，鸦片税大为减少，也影响了财政收入。

在财政极为困难的情况下，严重的浪费和贪污中饱不仅没有减少，反而与日俱增。在清末，“以挥霍为固然，视公帑若私物”的记载，可以说是不绝于书。

为了弥补财政赤字，朝廷只好让地方官设法搜刮。四川清理财政局一位官员在给总督的报告中说："民间除正课税契外，其日用所需，无论油、酒、肉、糖，负担已重，即下至竹木果实之微，春贴酒席之类，亦几于无物不税，无地无捐。"[①] 即使这样也还要再增加税收。这样做的结果，招致从一般民众到新兴商人广泛的不满，几于怨声载道。应该指出，清末财政不仅困难到了极点，而且混乱到了极点。从湘淮军以后，各省在财政上有更大的自主权，主管中央财政的户部（后为度支部）常闹矛盾。清廷存在最后十年，各省又滥铸铜圆、滥发纸币，造成币制紊乱通货膨胀，民怨沸腾。

前面说过，中国历代王朝灭亡前也常有财政危机，财政危机引起或加速王朝的衰落，从而导致它的灭亡。但是清末财政危机的原因与历代王朝有很大的不同，它不仅有王朝末世的腐败、官僚队伍庞大等原因；还有历代王朝所没有的赔款、外债以及新政改革的耗费，因此，它的程度也就比历代王朝来得严重。清末财政危机不仅使政府软弱无力，还直接造成革命爆发后，清政府无钱提供战费。革命中清政府曾命发内帑和让亲贵捐款，收获亦不大。在外国，英国 17 世纪和法国大革命之前，旧王朝政府也都有过严重的财政危机，解决危机的措施导致政府与资产阶级矛盾激化，成为革命的导火线。中国的情况与此也多少有些类似。

政府的四分五裂和统治核心的丧失

1898 年的戊戌政变，使慈禧重揽一切大权，帝党基本上不复存在。但是在慈禧之下，高层官员中仍然存在着尖锐的矛盾和斗争。庚子以后，庆亲王奕劻继荣禄为军机首领，他与直隶总督袁世凯互相勾结，成为政府中最有实力的一派。另两位有相当实力的军机大臣瞿鸿禨和总

① 中国第一历史档案馆藏《赵尔巽全宗档案》第 404 卷。

督岑春煊与奕、袁不合。1907 年，奕、袁合谋指称瞿、岑与康梁勾结，致使二人在两月之内被罢免，这就是有名的“丁未政潮”[①]。丁未政潮使奕劻和袁世凯权势更大，慈禧太后活着的时候，二人惟命是听，但是老太婆没有计划好她死后谁能控制这两个人。

1908 年 11 月，光绪和慈禧先后死去，三岁小儿溥仪即位，载沣摄政，清末政局自此发生新的转折。载泽、善耆、载洵、载涛、疏朗等人，迅速集结在摄政王载沣周围，成为一个少壮亲贵集团，与以奕劻和袁世凯为首的元老派和实力派相对抗。经过一番策划，少壮亲贵们于 1909 年 1 月 2 日罢了袁世凯的官，这是他们取得的一个胜利。但是，少壮亲贵们远远没有排除袁的党羽，更无法搬掉皇族元老奕劻，造成“世凯虽家居，而奕劻在政府，政无大小毕报，北洋官吏布满京外，惟世凯意旨是瞻，摄政王毫无布置，惟知任用亲贵”[②]。这样，最高统治阶层就一直分裂为两派。

在宣统政局中，一个不可忽视的问题是：清廷没有一个统治核心和权力中枢，摄政王载沣名义上是清廷最高统治者，但是，他性格忠厚，遇事多犹豫，不能很好控驭局势。清末任军谘大臣的载涛回忆道：“载沣是我的胞兄，他的秉性为人，我知道的比较清楚。他遇事优柔寡断，人都说他忠厚，实则忠厚即无用之别名。他做一个承平时代的王爵尚可，若仰仗他来主持国政，应付事变，则决难胜利。”[③]载润也认为：“载沣生性懦弱，其在受命监国摄政时间，里边常有隆裕掣肘，外边又有奕劻、那桐等人挟制，他的地位虽为监国摄政王，然并没有任何作为的余

① 参见迟云飞：《预备立宪与清末政潮》，《北方论丛》1985 年第 5 期。

② 赵炳麟：《赵柏岩集 · 宣统大事汇鉴》（卷一），台湾文海出版社 1969 年影印本，第 5 页。

③ 载涛：《载沣与袁世凯的矛盾》，见中国人民政治协商会议全国委员会文史资料研究委员会编《晚清宫廷生活见闻》，文史资料出版社 1982 年版，第 79 页。

左起：载涛、载沣、载洵。

地”。[1] 关于载沣的这种记载是相当多的，他的作风和慈禧的大权独揽、独断独行形成了鲜明的对照。所以，权力中枢呈空白状态。当一个政府比较稳定的时候，这种状况也许可以平缓地度过，但当它的统治面临危机的时候，这种缺乏统治中枢的情况就危险了。

对国家控制能力的丧失

清廷的衰落最终归结为：它已经丧失了对国家的控制能力，一旦发生重大打击，它就会立刻土崩瓦解。

第一个问题是军队。清季八旗、绿营都已不中用，继起的湘军、淮军有一定战斗力，但它们的离心倾向却在逐步增长。清廷存在的最后十年，南方新军成了革命党竭力争取的对象，北洋新军成了袁世凯的半私人军队，关键时刻都不会为清廷卖命，军队是国家机器的要素之一，在专制社会里它的作用更为突出。现在，将士不用命，对于一个已失去人民信任的政权来说，没有比这个更可悲和危险的了。

第二是政府已失去对人民的控制和影响能力。孙中山曾回忆，他1895年发动广州起义失败后，人都把他看作乱臣贼子，可是1900年以后，支持和同情他的却很多，“前后相较，差若天渊”（《有志竟成》）。孙中山所说的变化，应该主要是指与他接触较多的留学生、华侨、会党等，但一般百姓也何尝不是如此。清政府最后存在的几年，抗捐抗粮和抢米风潮几乎无省不有，无月不有，这充分显示了民众不满情绪的增长，政府已无力控制民众。

第三是朝廷对地方官员的控制力也在迅速下降。1900年东南各省督抚拒不服从“大张挞伐”的宣战令，与洋人缔结“东南互保”之约，这件事意味着朝廷和地方的关系出现了前所未有的危机。此后十

---

① 载润：《隆裕与载沣的矛盾》，见《晚清宫廷生活见闻》，第77页。

年，清廷几次想缩小自湘淮军以来逐渐增加的督抚权力，结果不但没有效果，反倒使中央和地方的关系更加紧张，出事时少有为朝廷死力卖命者。人心已散，大厦将倾。太平天国时，与太平军作战而亡的总督、巡抚、将军有十余人；而辛亥革命时真正战死的清方高级官员只有闽浙总督松寿、山西巡抚陆钟琦两人，督抚不卖命，显然是清亡的原因之一。

最后十年的清政府是一个复杂矛盾的集合体。在庚子事件之后，由于各种各样的原因，它不能不推行一系列的改革，但是过于急剧的变革引发了严重的社会矛盾，旧社会解体，同时它自身也已衰弱到无法存在的地步。辛亥革命就是在这种情况下猛烈一击而取得成功的。

原载刘泱泱主编《辛亥革命新论》，湖南出版社 1996 年版。

晚清社会的裂变与各阶层分析

——兼论清王朝的覆亡（1901—1911）

自鸦片战争以后，中国社会结构开始发生变化，而在清朝存在的最后十年迅速加剧。在这十年中，随着新政的展开，产生了新知识分子、从旧绅士阶层分化出来的新绅士以及统治阶层中分化出的袁世凯为首的北洋政治军事利益集团。传统社会结构发生巨大裂变，士农工商的旧格局不复存在。在这个新的社会里，每一个阶层都有自己的利益和政治诉求：新绅士希望参与政权；地方督抚希望保有甚至扩大已经获得的权力；商人阶层在政治上紧随新绅士，在政治上对清政府造成一定的压力；新知识分子公开反满；而下层民众则反对新政进而反对清政府。清政府适应不了（或无力控驭）这一变化了的社会，只好退出历史舞台。

李鸿章常常说他的时代是“数千年来未有之变局”。李鸿章的原意应是指中国面临的国际环境发生的巨大变化，但如果我们把这句话用来描述自鸦片战争以来中国自身所发生的变化，也完全可以成立。本文所要描述和讨论的，就是清政府存在的最后十年社会结构所发生的巨大的变化，以及这种变化给社会和政治带来的冲击。

在进入本文的正题之前，笔者想要申明两点：

其一，尽管费正清先生的“冲击与反应”模式已经受到许多西方以及中国学者的批评，但我坚持认为，如果我们不是把近代中国发生的所有事情都用这个模式像标准公式一样套用的话，那么这一模式还是大体符合中国近代历史的事实的。如果从哲学的角度说，就是外力的作用可以改变某一事物。本文所要探讨的晚清最后十年的社会裂变，虽然有中国内在的自身的发展变革的因素在内，但总的说来，主要是西方的冲击——自鸦片战争以来几十年不间断地冲击造成的。这种冲击造成了中国传统社会结构的裂变，导致传统社会的解体和君主政治体制的崩溃。

其二，晚清社会裂变有两种情况：第一，在社会转型中社会结构所发生的带有根本性的变化，即旧的社会结构分解和原有的社会阶层消逝，新的社会阶层产生，这种变化具有不可逆转的特点。旧绅士阶层的逐渐消亡和新知识分子的产生就属于这种情况。第二，在特定的历史时期产生的某些利益集团性的阶层，这种变化具有暂时性，随着时间的推移和条件的变化，这些利益集团可能消失。袁世凯的北洋派就属于这种利益集团。

一、新绅士

绅士是传统中国社会的精英。一般来说，他们也是中国旧的知识阶层。

许多学者都已指出，他们有着显赫的地位，对民众有着非常大的影响。他们的威望和影响一方面来自他们权威性的知识，一方面来自他们对地方事务的参与。中国传统的地方行政机构常常过于简单，尤其是县以下的事务，有许多今天看来是本应由政府承担的功能，在当时地方政府却无力承当，这些事自然就落到了绅士的头上。特别是，清代实行回避制度，担任地方官的都是外省外地人，他们在一地任职不过两三年，在他们对地方情形不甚了解的情况下，就要在很大程度上依赖绅士。在传统的中国，或至少在清代，绅士是沟通政府与民众的桥梁，他们维护清政府的统治，或者说他们是清政府统治的基石。

自湘淮军兴起镇压太平天国以来，绅士的地位大大提高。在很多地方，尤其是湖南那样的绅权特别大的地方，如果没有绅士的合作，地方官的行政活动很难进行。戊戌变法时期，湖南的绅士们与巡抚陈宝箴、学政江标及徐仁铸、署按察使黄遵宪等合作推行各项改革措施。但后来绅士发生了分裂，以熊希龄、谭嗣同为首的新派绅士和王先谦为首的老派绅士意见分歧，熊希龄等激进而王先谦等持重，而王先谦等势力较大，甚至陈宝箴也要对王先谦等妥协以换取其支持。

清末新政时期，绅士阶层发生了巨大的变化。

这种变化分作两个方面。第一个方面，一般来说，作为传统社会的精英，绅士的地位与科举制密切相关，或者说，绅士依存于科举制。但是，1905 年科举制的废除，使传统绅士的队伍无法补充，依附于科举制的绅士将失去传统的社会精英地位，而且随着科举制的废除和社会的变化，他们原来引以为傲的旧知识将变得无用，他们的头上原来那耀眼的光环也将黯然失色，但是他们原有的威望和影响还没有马上消失。如果要维护其权威和地位，他们必须另寻出路，出路就在于下面所说的变化。第二个方面，就在新政的实施过程中，绅士也发生了悄悄的但却是十分巨大和重要的变化。经过义和团和八国联军事件的打击，许多绅士也像慈禧太后那样终于认识到闭关锁国再也不行了。因此，不少绅士致力于兴办新式学校、新式企业等新政措施，就像从前他们为修建道路、桥梁、水利设施等公益事业尽力一样。绅士们参与新政，是时代潮流所趋，也是日益严峻的外患的刺激，然而就在这一过程中，他们的思想观念逐渐发生了一定程度的转变，他们和新的事物联结在一起。其中有不少人出国考察、游览甚至留学，获得了新的知识。因此，在旧的绅士阶层没落之时，却从中分化出一批具有新色彩的绅士，笔者把他们称为新绅士。

在清政府实施新政改革以前，绅士在地方有着相当大的影响，他们是地方事务的活跃分子，地方官一定程度依赖他们并对他们礼让三分。新政改革实施后，他们在地方上的活动范围比以前进一步增大。然而，他们是分散的，各自为政的，尽管他们有共同的经历、共同的思想，也可能有共同的政治利益。直到1905年，可以说在政治上，他们互相之间很少联络，在全国范围内，他们不能作为一个声音说话。但是，清政府的预备立宪，使他们发生了又一个重大的变化。清政府明令设立谘议局、资政院，以及推行地方自治，这给他们提供新的合法的活动场所，再加上报纸、杂志、电报等大众传播媒介和信息手段的迅速增加，轮船、火车提供的较以前大为便利的交通，就使新绅士形成全国性的集结。由于预备立宪，朝廷放松了对集会结社的限制，他们有机会成立立宪团体，一旦有了一致的政治要求，此处一声号召，全国立即呼应。这就是学术界常说的立宪派。换句话说，在绅士这个传统社会精英消亡前，他们有了一定的变化，而且他们的势力还因为新政特别是立宪增强了。

新绅士们对局势有着举足轻重的影响。因为他们是绅士，旧的绅士的威望还没有消失，他们对民众的影响和号召力非常大，如果他们抛弃一个旧政府，民众也往往会在他们的影响下跟着抛弃这个旧政府；因为他们一定程度接受了新事物，又有许多新知识人加入他们的行列，他们初步学会了新的参与政治的组织形式——组织政党，懂得运用报刊这种新的大众传播媒介来扩大自己的影响；由于他们许多人又是新型工商企业家，他们有足够的财力来伸张自己的政治目的。因此，新绅士——立宪派的政治倾向，对清政府的存亡至关重要。

有的学者认为绅士本质上是反动的、保守的，他们只是为了不失去他们往日辉煌的地位才参与新政，并借新政的机会为自己争取甚至从前都没能得到的好处和利益。他们反对革命，反对进步，辛亥革命的失败，这些人要负主要的责任[①]。虽然认识问题的角度不同，中国大陆20世纪80年代和中国台湾20世纪70年代以前，学术界有着类似的观点，即立宪派是反对革命破坏革命的罪魁祸首之一。这一见解忽视了绅士在新政期间自身的转变，即新意识逐步渗入到他们的思想中。另一种见解是把新绅士定位为新兴资产阶级，带着赞美的眼光欣赏他们，欣赏他们务实的倾向和较为温和的政治态度，甚至因为重视他们就贬低革命派，从而忘记了他们后面的绅士尾巴和他们比较保守的政治倾向。

应该说，新绅士——立宪派是个矛盾着的社会集团，由于他们多数是由旧绅士转化而来，因此毫无疑问他们也带有旧绅士的保守性。但是在新政时期，绅士又发生了重要的变化，再加上新式工商业者和部分新知识分子的加入，使立宪派又有着进取性。同时，由于利益和思想意念的驱使，他们既拥戴清政府又不相信清政府，从而使他们在政治上常常犹疑不决，左右摇摆[②]，但最后还是选择了抛弃清政府。

可以说，是新政和宪政改革培育了立宪派——新绅士，而立宪派最后又成了清政府的掘墓人之一。

二、新知识分子

晚清新政的最重要的内容之一，是推广新式教育。

1904年初，中国历史上第一个国民教育的学制——癸卯学制正式

① 参见（日）市古宙三著，迟云飞译：《乡绅与辛亥革命》，《国外中国近代史研究》第18期，中国社会科学出版社1991年版。

② 其中有些人有双重身份：既是立宪派，又是革命党。

颁行。1905 年，已在中国实行上千年的科举制被废除，这以后，新教育发展更快。与新教育迅速发展的同时，半是政府号召半是社会自发，青年学子纷纷到日本留学。

由于新学堂的设立和留学运动，产生了一个在晚清和民国初极为活跃的社会阶层，他们就是新学堂的学生和留学生。1905 年前后，留日学生人数竟有 8000 余人[①]。另外据清政府学部统计，1907 年全国共有新学堂 37888 所，教员 64470 人，学生 1024988 人[②]。就人数来说，他们在四万万人口的中国并不占很大比重，但是他们的活动能量远远大于一般人群。他们的活动给 20 世纪初的中国历史打上了深深的烙印。他们有的曾受过相当不错的传统教育，其中不少人曾考取秀才。进入 20 世纪初，在清政府致力新政、列强的侵略咄咄逼人的形势下，他们猛然抛弃了旧八股学问，而从事新知识的学习。他们受过传统的很大影响，但正在背离传统。与前文所分析的新绅士完全不同，新知识分子是中国社会以前没有的社会阶层。

新知识分子大多是 20 岁上下的年轻人。人数虽然不多，却是中国最活跃的一群。年轻人活跃、敏感、容易激动、容易接受新思想和新观念，他们掌握的新知识在中国社会的各种人群中是最多的。

1903—1905 年，新知识分子的思想和政治态度发生了急剧的变化。其转变的关键是影响深远的拒俄运动。在这以前，学生们大多是主张改革的梁启超的信徒，这以后，倾向革命的越来越多。中心人物是在日本的留学生和上海的新学堂里的教师、学生。

我们以湖南出身的黄兴、陈天华、宋教仁，浙江出身的蔡元培、章太炎和广东出身的汪精卫、胡汉民为例来分析这些倾向革命的新知识分

---

① 刘望龄：《1896—1906 年间中国留日学生人数补正》，见郭汉民、迟云飞编《中国近代史实正误》，湖南人民出版社 1989 年版。

② 国家图书馆藏《第一次教育统计图表》（光绪三十三年）。

清末部分留美中国学生与使馆官员在纽约的合影。

子骨干人物的特点。

第一，他们大多受过良好的传统教育，先学中学，后学西学，不少人曾中过秀才。这与民国以后的新知识分子有一定区别。第二，他们的知识结构较新，是新教育的产物，他们不同于旧式士大夫，也不同于新绅士，容易接受新事物。第三，他们来自全国各地，与社会各阶层有较广泛的联系，这一点有别于1900年以前的孙中山和兴中会成员。第四，比起新绅士，他们年纪较轻，就这一点来说，他们也容易选择革命即激进方式来解决中国面临的问题。

新知识分子是在庚子以后沉重的外患特别是庚子事变的刺激和新政这双重背景下成长起来的，由新教育而产生，是新政造就的新人。他们是新的社会精英——即将取代传统绅士阶级的新的社会精英。新知识分子的思想核心和奋斗目标是民族主义，他们是中国新民族主义兴起的载体。这民族主义是双重的：反对帝国主义侵略（当然不是用义和团的盲目排外的方式），希望中国摆脱落后和受欺辱的地位，进而反对以至试图推翻清朝的统治[①]。在他们的心目中，推翻了清王朝，由汉族人来领导国家，中国就可以转弱为强。其中一部分人认为，建立共和制国家是中国的唯一选择，但反帝反满也就是民族主义始终是他们的最主要特征。他们的成长，代表了中国民族主义兴起的一个阶段[②]，他们是中国人民族意识兴起的载体。他们成了革命的主动者。在国外，他们主要集结在日本；在国内，他们主要集结在新学堂和新军。

---

① 应该承认，新知识分子中，也有不少人不反对清王朝，他们参加到立宪派的行列，有些人甚至到清政府中任职。但是不能否认，他们的主流是民族主义，即反帝反满的双重民族主义。又，反对帝国主义和反满（也即反对现存统治）的关系，是尚未充分研究的问题。我认为，反满相当大程度来自反帝。也可以说，反帝强国是所有新知识分子的强烈愿望，而反满则是其中的大部分人的追求。

② 笔者以为，从整个近代中国看，中国人的民族意识，甲午战争以前还处于低级的或萌生的阶段，维新变法和辛亥革命时期是兴起阶段，北伐及大革命时代为成长阶段，抗日战争时期为高涨阶段。

新民族主义知识分子们不是资产阶级，与实业家们也没有多少联系。把黄兴、陈天华、宋教仁、胡汉民、汪精卫、邹容、杨毓麟等活跃新知识分子与上海有影响的资本家祝大椿、朱志尧、虞洽卿、严信厚、孙多森、王一亭、朱葆三、徐润、曾铸、沈缦云等相比，两者缺少共同点[①]。

新知识分子走上革命道路，不全是思想意识的原因。他们的反满，与他们自身的处境、利益有一定关系。但不是与资产阶级的共同利益。他们具备了社会精英的学识和能力，但他们大多没有绅士的资格，很难进入传统的上流社会。由于科举制的废除，政府也已不能通过给他们一个可能的仕宦前途的办法笼络他们或使他们为政府所用[②]。另一方面，晚清最后十年新教育和留学的发展极为迅速，但整个经济文化特别是现代经济部分的发展却没有给他们提供那么多相应的工作岗位。这一切，使新知识阶层很容易变成反现存体制的力量。

总之，八国联军侵华事件之后，清政府不能不推行新政；日俄战争之后，清政府不能不实行预备立宪。但是新政和立宪改革却带来了清政府决不希望的后果，那就是作为异己势力兴起的新绅士（多数人为立宪派）和新民族主义知识分子（相当多的人为革命党）。

写到这里，有人会问，就社会背景来说，新知识分子（革命党）与新绅士（立宪派）有什么共同点和区别？

确实，某种程度上可以说，革命派也是新政的产物，这也是革命派与立宪派最大的共同点。同时，两者都希望社会和政治的改良。他们都是某种意义上的持不同政见者。我以为，他们的不同之处有下面几个方面：第一，革命派有更多的新知识分子，主要是留学生和国内新学

---

① 沈缦云、王一亭在辛亥革命前夕加入同盟会并有所作为，但很难代表这整个阶层的动向。

② 学部、商部等新机构成立后，有部分新知识人进入这些部任职。

堂的学生（他们中间的部分人又加入新军），他们的知识结构比立宪派更新。或者说，革命党的主体不是“绅”，而是新型的“士”。第二，革命派中虽也有部分人有绅士身份，如蔡元培是进士，于右任是举人。但是相对来说，革命党人有绅士身份的人较少，因此一般说来他们较立宪派人的地位为低，也不像立宪派那样与政府有较多的联系。第三，立宪派人年纪较大，中年人较多，而革命党人则多为20岁左右的青年。这一切决定了革命党人比立宪派更容易接受激进的学说和思想，更愿意以激进的办法来改良社会和国家。

三、商人和新式企业家

1840年以前，中国还无所谓现代机器工业，也无所谓现代经济。但是由于国土广阔，再加上天然河流构成的便利交通，商业活动却相对比较发达。这种发达还导致了传统金融业——钱庄和票号的产生。在传统所谓士农工商的等级社会结构中，商人在理论上处于最下层，但其实际的实力和影响力并非如此之低。不过商人要获得较高的社会地位，一般须用他们的财力购买到官员的头衔、挤进绅士的行列才行[①]。商人自己既没有有足够影响的组织团体，也没有自己的政治意识，更无法向政府提出自己的利益要求。

进入近代社会以后，一个引人注目的现象是买办的兴起。在中外贸易领域，在通商口岸城市，他们是活跃的一群。应该说，过去学术界把他们的形象描写得太坏了[②]。实际上，正是这些买办率先投资创办中

① 笔者曾到山西乔家大院、王家大院、陈家大院等商人宅院参观，发现这些商人都捐有官衔，无一例外。这是这一情形的生动写照。

② 当然学术界的观点相当程度上来自政治家的概括。

国人自己的近代企业，同时服务于李鸿章等创办的洋务企业，他们为现代经济在中国的建立做出了卓越的贡献。有些买办还在与西方人接触的过程中产生了改革思想并向国人进行宣传，郑观应就是突出的一例。他的所谓“商战”是部分转为民族企业家的买办的真实心态。

自19世纪的六七十年代开始，陆续有私人投资于近代企业。但是由于清政府不鼓励甚至限制不在政府控制下的私人投资，所以私人拥有的近代企业的规模数量和影响都很小。其实经济上在农业以外的领域，实力雄厚影响大的不是新兴工业家，而是商人。相信今天到山西参观晋商宅院、到扬州参观盐商宅院的旅游者都会留下深刻的印象。而这些商人中，与现代新经济联系较多的是买办。而投资新式企业最踊跃的，也是这些买办。我们前面列举过祝大椿、朱志尧、虞洽卿、严信厚、孙多森、王一亭、朱葆三、徐润、曾铸、沈缦云，上述十人，除严信厚、孙多森、曾铸、沈缦云外，都是买办出身或至少当过买办。

及至甲午战败以后，清政府逐渐采取鼓励私人资本的政策。1901年以后，更出台了多项奖励私人投资的措施。所以1895—1898年，1905—1908年，私人投资有两度较明显的发展。随着私营企业的成长，在上海、天津、武汉、广州等地，商人阶层日益活跃。但是认真分析就可以发现，在这些活跃的商人中，真正的现代企业家并不多。这是因为直到清亡为止，现代经济成分在整个国民经济中仍占着很小的部分。1895年到1911年，整整16年中，国人创办的资本超过万元的近代民用企业只有490家，总投资额11131万元。而1910年一年的进出口总额，即达84400万海关两（进口46300万两，出口38100万两）[①]。需要说明的是，上述近代企业还包括了官方拥有和官方控制的企业在

① 张国辉:《辛亥革命前中国资本主义的发展》，中华书局编辑部编《纪念辛亥革命七十周年学术讨论会论文集》，中华书局1983年版。

内，如果只算私营企业，就更少了。我们再比较一下财政收支。宣统二年，清政府试办财政预算，经过资政院修正公布的宣统三年预算岁入为30191万余两，岁出为29844万两①。16年的总投资额尚远不及一年的财政收入，远不及一年的出口。当时的预算与实际财政运行状况有相当大的距离，但大体可以说明问题。这些数据说明现代经济只占全国经济的很小部分。

晚清新政时期，清政府鼓励各地商人创办商会，而受到清政府鼓励的商会成为新旧各类企业家的活动基地。有关晚清的商会，不少学者已做了相当深入的研究，本文不准备多谈。但是，应该指出，第一，商会的成立及其活跃不是近代企业家意识或资产阶级意识成长的自然结果，而是清政府为发展民族企业而有意鼓励促成的；第二，除个别地方外，在商会中担任领导职务的，大多不是工业家、银行家、新式矿主等真正的现代企业家，而是传统商人②。再加上政府对商会有相当程度的控制，所以，很难说商会是真正的或完全的资产阶级的团体。

总的来说，清末商人和新式企业家的力量有了很大的增长，尤其是在上海这样的通商口岸地区，但他们的力量还是很小，政治上更是幼稚，构不成一个真正的资产阶级。而由于他们与新绅士集团千丝万缕的关系，所以在政治上，他们只能做新绅士的尾巴。

四、北洋派及军人集团

与中国历史上大多数王朝一样，清朝以军事征服起家。清朝前期，

① 参见李文海主编，迟云飞撰：《清史编年》第十二卷，中国人民大学出版社2000年版，第565页。

② 参见朱英：《辛亥革命时期新式商人社团研究》，中国人民大学出版社1991年版，第74—77页（列表）。

武力十分强盛。但随着时间的推移，清政府所依赖的八旗、绿营渐渐衰落，到了道光咸丰以后，八旗绿营这些所谓国家正式军队不仅不能抗御外敌，甚至无力镇压国内的反抗，于是湘淮军应运而生。随着湘淮军领袖担任地方督抚等要职，地方势力大大增强，中央势力衰落，逐渐形成了历史上曾有过的所谓“内轻外重”局面。这种局面并非完全不可扭转，但是满族贵族的人才已远非清朝前期可比，所以，明知这种内轻外重局面对王朝的统治不利，但清廷仍不得不重用汉大臣，尤其在地方上。

咸丰、同治和光绪前期，湘淮军领袖虽然权势很大，但他们大多是科举出身，本身基本是传统的士大夫，忠君观念对他们有根深蒂固的影响。在他们的心目中，清王朝与中国历史上的汉唐宋明历朝并没有什么不同，所以他们对清朝并无异心，也不刻意培植自己的势力。而他们的存在，对清王朝的统治并不构成重大威胁。

但是，晚清最后十年的新政时期就不同了。

新政时期，围绕袁世凯形成了庞大的北洋政治军事集团，一个对清王朝可能有“异心”并构成一定威胁的集团。

前面说过，咸丰、同治以后，满族贵族人才已大为没落，而在清最后十年的新政时期，满族贵族的人才更为凋零。应该说，几乎每一代王朝的末期，统治阶层都会人才（或者忠于最高统治者的人才）凋零，这是世袭君主专制制度决定了的，并不只是清朝特有的现象。因此，清廷只能重用不那么可靠的汉大臣。自曾国藩先后出任两江总督和直隶总督以后，这两个职务几乎成了汉族官员的专利。晚清最后十年，地方高级官员之中，在新政上做出较大成绩的，也是汉族官员。袁世凯就是这样的“能臣”①。

---

① 此处不是对袁世凯的全面评价，但无可否认，袁世凯具有极为突出的行政能力。

袁世凯与北洋将领合影。

到 1906 年，袁世凯的职务有：直隶总督兼北洋大臣、参预政务大臣（督办政务处）、督办电政（电报）大臣、练兵处会办大臣、督办关内外铁路大臣、津镇铁路大臣、会办商约大臣、办理京旗练兵大臣、京汉铁路大臣。这些职务大多是有权有利的，并不是一般的虚衔。对于朝政，袁世凯的意见也举足轻重。如日俄战争时，清廷就是采纳了袁世凯的意见而宣布局外中立；废除科举，也是采纳袁世凯和张之洞等地方官员的建议。所以，袁世凯的权势、实力和影响，实已超过从前带兵的曾国藩和李鸿章。

谈到袁世凯集团，人们一言以蔽之曰："军阀。"这话虽然不错，但如果片面强调袁世凯军阀的性质，则容易使人们忽视其庞大的复杂的利益集团的性质。实际上，袁世凯的势力是包含了政治、经济、军事各方面实权人物及文人谋士在内的军阀官僚集团，进一步说，袁世凯为首的北洋系是在清末新政时期成长起来的对清政府具有离心趋向的利益集团。

我们对北洋派人物做一点初步的分析。

担任政府文职高级官员的有徐世昌、杨士骧、唐绍仪。

徐世昌与杨士骧都是进士出身，一个做到东三省总督，一个做到直隶总督，徐世昌甚至在袁世凯被罢免后还任职皇族内阁的协理大臣。唐绍仪的出身背景却大不一样，唐为容闳所带的留美幼童之一，由袁世凯逐渐提拔起来，由于熟悉国际和外交，可以协助袁世凯办理这些事务。但是唐在民国初年由于和同盟会接近而与袁世凯逐渐疏远。

文人谋士：杨士琦、杨度。

杨度中过举人，师事著名学者湘潭王闿运，研究"帝王之学"。后来却又成为留日学生中的佼佼者。杨度主张"金铁主义"，希望实行立宪。1907 年归国，次年袁世凯与张之洞荐之于清廷，清廷命在宪政编查馆行走，又在颐和园为清廷权贵讲解宪法。此后杨度渐为袁世凯谋士。

杨士琦，杨士骧之弟，举人。先在李鸿章手下任职，曾协助李鸿

杨士骧

杨度

梁士诒

赵秉钧

章与八国联军议和。李鸿章死后，袁世凯将杨氏兄弟请到北洋幕府。杨氏兄弟与庆亲王奕劻很熟，袁世凯与奕劻的联络和结盟，就得力于杨士琦的奔走联络。

理财和经济界：梁士诒、周学熙。

梁士诒，进士。科举出身的他却又于1903年参加清政府举行的经济特科考试，可见他有一定的新知识，据说梁士诒的成绩不错，但有人在慈禧太后面前说他是“梁头康足”，即与梁启超同姓，与康有为（康祖诒）同名，没有被录取。当时任天津海关道的唐绍仪把他介绍给袁世凯，从此成为袁世凯集团的一员，1907年梁士诒担任京汉、沪宁、正太、汴洛、道清五铁路提调，同年邮传部成立铁路总局，梁士诒为铁路总局局长，掌握了铁路大权，从而形成以梁士诒为首的交通系，成为袁世凯的经济支柱。

周学熙，两江总督周馥之子，举人。1902年，袁世凯委派周学熙筹办银元局，次年又让他办工艺局，从此开始了他的经济活动生涯，以后周学熙在直隶及北方地区办多家企业获得成功，以至时人将其与张謇并称为“南张北周”。

警察头子：赵秉钧。

赵秉钧，湘军出身，在直隶担任小吏。1902年袁世凯在保定创办巡警，命赵秉钧负责。以后袁世凯接收天津，警察事务也由赵负责。1905年清政府成立巡警部，徐世昌任尚书，袁世凯推荐赵秉钧担任右侍郎。北京的警政实际上由赵秉钧一手负责，他还建立了一张特务网，监视各色人物，搜集情报，为袁世凯服务。

军事骨干段祺瑞、冯国璋、王士珍、曹锟，都是李鸿章创办的天津北洋武备学堂学生，毕业后只任教习等职，未得重用，袁世凯小站练兵起成为袁的部下和亲信。其他有淮军旧将，有袁原来的部属。

从以上罗列的这些人物我们可以看出，袁世凯集团的骨干既有旧文

左起：赵秉钧、徐世昌、毓朗。

徐世昌（前排左三）光绪三十一年（1905）巡警部尚书任内与本部官员合影。

人，也有新留学生；武人既有军事学堂学生，也有旧军军官。从出身和教育背景来说，这些人有新也有旧，他们也同袁世凯一样，不新不旧，亦新亦旧。

北洋派不是新社会精英。他们是旧王朝衰落过程中产生的非新非旧的利益集团。这种利益集团和新的社会阶层是不同的，利益集团会随形势的变化而变化甚至消亡，新知识分子则不会。但是两者都不断削弱清政府，威胁它的存在。在中国历史上，王朝衰落的过程中常常会伴随着这种利益集团的发生和发展，而这种利益集团的发生和发展也是旧王朝衰落的重要原因。东汉末的军阀豪强割据，唐末的藩镇割据，都是这种情况。

就北洋派来说，他们既不是新社会的缔造者，也不是旧王朝（清）的继承人。

五、清朝的灭亡

我认为，上述晚清社会结构发生的变化是国家（政府）促成的，而国家促成此种变化的动因还是列强侵略的刺激。下面我想分析清末社会结构变化反过来对国家的影响——即清朝的灭亡和民国初年的政治形势。

一般说来，一个政权的存在，一种政治体制的存在，与社会的结构及各种政治利益集团的关系有着十分密切的关系，而当社会阶层和利益集团发生变化时，相应的，一个政权和政治体制也会发生变化。应该指出，清朝的灭亡不是一种因素作用的结果[①]，但是社会结构的变化确是

① 如清朝自乾隆以后的逐步衰落特别是太平天国爆发以后的衰落，由于无力抵抗列强侵略、主权丧失从而使清政府失去民心，新思想的输入使君主制失去法理的支撑等等因素。

主要的原因之一。

传统社会和政治体制依托的是士农工商的所谓四民社会结构。士是社会的精英和领导者，他们是传统政治的统治基础。农工商作为基本的社会成员，一般他们服从或默认现存统治，只要现存政权能够给他们一个起码的生存环境，他们别无所求。在皇权的统治下，各阶层的利益和要求都能得到起码的满足。所以，迄鸦片战争为止清朝的统治基本是稳固的。但是晚清新出现的阶层和集团的政治背景、利益和政治要求与以前的社会阶层大不相同。

如前所述，作为王朝统治基础之一的绅士阶层发生了巨大变化，新绅士阶层兴起，他们从清王朝的完全支持者变成了清王朝的准平等合作者，他们强烈要求扩张他们的权势，如果清政府不让他们参与政权、在政治上给他们一席之地，他们就会走向清朝的对立面。事实上，当新绅士——立宪派速开国会也就是直接参与政权的愿望没有得到满足的时候，特别是皇族内阁成立的时候，相当多的立宪派已因为失望而准备向革命靠拢。至于商人和新式企业家，在政治上是新绅士的附庸，他们的存在，加强了新绅士的力量。此外分散的旧派绅士，已日趋衰落，能量较小，已不能领导社会，而他们反对新政的一些活动只会削弱清政府的统治。

新知识分子大部分人企图推翻清政府，不必细说。

袁世凯为首的北洋集团是政治上举足轻重的利益集团，他们本应是清王朝统治力量的一部分，但为了自身利益，这一集团可以支持清王朝，也可以背叛清王朝，有条件的话甚至可以取而代之，就像许多朝代末期的利益集团那样。宣统年间他们与满族少壮亲贵的矛盾激化，及至革命爆发，他们终于采取了取清王朝而代之——也是对这一集团最有利的策略。

以上三个社会阶层和集团，是主导政治变化的力量，清末民初的政治变动，主要是这三种力量活动的结果。

我们再对其他阶层作简单的分析。

农民人数最多，是当时变化最少的阶层。一般来说，在承平的年代，农民满足于现存秩序和现状。在清朝统治的最后十年，继义和团失败之后，农民在政治上无大的表现。但是，晚清的战争赔款（甲午战争、庚子战争）以及新政所需的诸项经费大大加重他们的负担，所以他们的不满情绪自太平天国造反以来再次明显增大。他们反对新政，反对新政带来的苛捐杂税，反对新政可能改变他们的生活。清政府存在的最后十年，农民小规模的反抗事件十分频繁，这些反抗同样削弱清王朝的统治。农民缺少一个明确的政治目标，他们只是希望过一种平静的、小康的甚至只是简单维持生存的生活。对革命党的排满宣传，他们能够认同，但无论是同盟会——国民党的共和主义，还是新绅士——立宪派的君宪主义，他们都因为距离其的生活太远而几乎是漠不关心。

政府官员是既得利益者，他们本应全力支持这个维持他们利益的清王朝，就像太平天国造反时他们做的那样。但是，清王朝存在的最后十年，政府中满汉矛盾、中央与地方的矛盾已十分尖锐。尤其是宣统年间，除了袁世凯利益集团自成一体外，大多官员们对朝廷也已是离心离德，武昌起义爆发后，能够为清政府卖命抵抗革命至死的官员很少很少，甚至包括湖广总督瑞瀓等许多满族官员，与太平天国造反时形成了鲜明的对照。

在这个变化了的社会里，几乎每个阶层都有自己的政治诉求，而这些政治诉求又都不以清政府的必须存在为前提。清政府成了各方矛盾的焦点，它没有能力解决这些问题。社会结构的变化，再加上整个社会心态的变化（普遍对清政府失望、不满，迫切希望改变现状——中国落后和受欺辱的现状），足以使清政府垮台。可以说，清王朝是社会结构变化的最大的牺牲品。

但是，社会结构的这些变化又远不足以建立一个新社会。以往我们都说辛亥革命是资产阶级革命，其实以上这些社会阶层和利益集团都不能真正算是资产阶级，新绅士不是，新知识分子不是，北洋派及军人集团也不是。商人和新式企业家应该算是接近资产阶级了，可是他们的力量十分微弱，不足以构成一个真正的独立的阶级，他们不但不足以领导社会，连他们自己都要做别的阶层的尾巴。按照一般西方学者的说法，西方现代社会的中坚是中产阶级，而用中产阶级的标准衡量，上述新绅士、新知识分子、商人和新式企业家也远远不够。而且新绅士阶层明显是由旧社会的精英蜕变而来，在科举制不存的社会里他们将逐渐消亡。所有这几个阶层的理念、信仰[①]和行为方式、组织能力以及对社会的影响，还远不能与现代中产阶级相比。不仅如此，终 1949 年为止的近代中国社会，还是没有一个成熟的中产阶级。换句话说，是辛亥革命后中国没有一个稳固的社会精英层。民国初社会长期动荡不定，从这里可以找到其原因。

原载《史学集刊》2003 年第 4 期

① 晚清新知识分子的政治信仰就不够确定不够成熟。一旦反满的目标完成，甚至他们自己都发生很难调和的分歧：有的人信奉共和主义；有的人却更愿意在共和的名义下实行某种形式的独裁主义，民国初年，强有力政府论曾盛极一时，原因就在于此。

晚清改革与革命的互动

武昌起义于1911年10月10日爆发，次年2月12日，清廷就正式宣布退位，时间不过四个月。比起中国历史上很多王朝的末世，清朝的灭亡似乎都来得迅速。但是实际上革命和清朝的灭亡却是经历了一个很长时间的酝酿，王朝逐渐衰落，社会问题和矛盾逐渐积累，而最后阶段的新政改革带来的新问题，终使清朝覆亡。应该说，清王朝的灭亡，既是专制政治本身固有的缺陷所造成，也是自鸦片战争以来中国政治、军事、外交、文化思想、社会等等变动的结果。

一、改革迟滞失却统治基础

中国历代王朝的建立，大多凭借武力，但是要维持王朝的统治，却不能仅仅依靠武力。获得民众的支持是上选，最低限度也应该得到民众某种程度的默认或容忍，否则王朝很难维持统治。清王朝自是凭借武力而建立，士大夫阶层和民众也曾激烈反抗，中叶以后，士大夫阶层和民众逐渐认可了清的统治。但是鸦片战争以后，这种认可渐渐改观，原因是清朝因应新形势的失误。

自从第一次鸦片战争以来，中国备受列强的欺辱。这根本的原因，是中国已落后于西方一个时代。要摆脱这种局面，就是要学习西方，实行改革，富国强兵，也就是实现现代化。然而第一次鸦片战争以后，有整整20年的时间，清政府基本上无所作为，没有在了解西方上下工夫，更谈不上去学习。直到19世纪60年代以后，才有李鸿章等开始致力洋务新政。20年对于整个人类历史来说，只是一瞬而已，但是，时不我待，一个人的人生有几个20年？洋务新政也是个别人的局部的行为，清政府一直没有全盘的现代化的计划和措施，改革力度远远没有到位。甲午战败以后有了维新运动，却又被保守派粉碎。其结果，是中国仍然远远落后于西方，一再被动挨打，一次次签订屈辱的条约。

影响最大的是庚子（1900年）事变。这一年，清廷中的保守派先是企图利用义和团向反对慈禧太后废立阴谋的列强泄愤，同时企图利用义和团的力量实现废立的阴谋。清廷曾在煌煌上谕中称义和团为“义民”，并发给给养。但是，待到八国联军进北京，清廷便下令镇压义和团，使民众大量牺牲在清政府的屠刀之下。这出尔反尔的举动，更使清廷的威信大降：排外让有新思想的人士不满，镇压义和团又令民众失望。

清廷无力抵御列强的侵略，无力应付这变局，它在人民心中的威信也就日益降低。换句话说，民众从默认它的统治渐渐到无法容忍它的统治。因为人们觉得在它的统治下会亡国，不如推翻它，或许会有一个好的局面。所以，八国联军侵华事件以后，清政府就已经是日薄西山，气息奄奄了。

清政府反应的迟滞，有文化思想方面的原因，也有民族矛盾的因素，但更主要的是体制上的。君主专制体制的发生自有其根由，但这种体制的主要目标是政治和社会的稳定，或者说是所谓社稷的长治久安，它的缺点是缺少灵活性和面对新形势的适应性。清政府反应的迟钝与此有很大关系。事实上，直至20世纪上半叶，在非西方国家中，成功地实行变革，摆脱了被西方侵略局面的国家，只有一个日本。然而，清政府既然应付不了这新问题，必将被时代淘汰。换句话说，是君主专制体制经不起新变局的冲击。

第一次鸦片战争之后，清政府如果致力全面改革，它转弱为强、延续统治的机会有百分之九十；第二次鸦片战争和镇压太平天国之后实行全面改革，机会有百分之六七十；甲午战争后，机会还有百分之五十；可是1900年八国联军侵华之后再改革，机会恐怕不到百分之二十了。而晚清最后十年的新政，就是在不到百分之二十机会的条件下，迫不得已推行的。

二、新政本身的失误和问题

在已经极为不利条件下实行的新政，本身又存在很多问题。

第一是改革措施无主次。1901年以后，当清廷高层真的明白再也不能闭关锁国，必须改革时，就把设学堂、派游学、废科举、建新军、设商部、振兴实业、警察制度、新刑律等等中国有待改进的事情，一股脑推出。宣示预备立宪以后，又有地方自治、设审判厅、调查户口、简易识字学塾等等。但是我们今天回过头来思考，改革必须有先后、有主次。改革是为了救亡图存，提高国力是关键，而提高国力的关键又是经济发展和军事现代化，而军事现代化还是要有强大的经济做支撑。因此，发展经济应该是改革的核心和首要目标，并且需要长期不懈的努力。但是清政府在经济还没有显著发展国家财力十分薄弱的时候不分主次推出了那么多的措施，其结果是欲速而不达，甚至起到了相反的效果。不仅如此，在腐败官僚的操控下，有的措施实际是翻花样，做姿态，或新瓶装旧酒，则效果就更是难言了。

这样做的一个结果，就是改革加重了人民负担，导致下层民众广泛的不满，这是第二个问题。

甲午战败、庚子战败，合计赔款白银近七亿两，清政府的财政实已濒临崩溃。而大力推行新政，又进一步加剧了财政的困难。新政为财政带来的压力第一为军费，新军比较旧军需要的经费多得多，旧军裁撤又慢，导致军费激增。除办新军外，其他新政措施，如巡警、学校、地方自治、司法改革、奖励实业等，无一不需要增加开支。再加上赔款负担，可以说财政问题是清政府无法解开的死结。

为了弥补财政赤字，清政府从中央到地方，都想了很多办法，增盐税、增杂税、增摊派。但杂税的增加和各种摊派，却招致从一般民众到新兴商人的广泛不满。

太平天国和捻军被镇压以后，各地的骚乱、造反和公开反抗官府的行动本已大大减少，但是晚清最后十年又呈大大增加之势，大小规模的抗粮、抗捐风潮遍地都是，湖南抢米风潮、山东莱阳抗捐风潮，更是震动全国。这些风潮预示着更大规模反抗的来临，所谓“山雨欲来风满楼”，清末社会正是如此。一个专制政权的存在，获得人民的支持固然很难做到，但起码需要人民默认和容忍它的统治，当多数人民不能容忍它的统治的时候，这个专制政府末路也就来临了。

第三是改革缺乏坚强的领导，可以说是最不适合主持改革的人主持改革。

最高统治者慈禧太后有极高超的权力控驭能力，却对世界的状况缺少起码的了解，也缺乏她的满族祖先那样的进取心和开拓精神。她的改革，只是在形势压力下不得已的行为，并且绝对不能损害她的权力。1908 年慈禧太后和光绪帝去世后，摄政王载沣不能很好控驭局势，清廷内部矛盾重重，缺乏稳固的权力核心。而在清政权已大大衰落的情况下，最后几年掌权的少壮亲贵更不懂得与社会各方调整关系，以缓和社会矛盾。这都使改革很难顺利、有效推行，也使清廷很难处理突发的事件和应付日益变化的客观形势。

另一方面，清廷推行新政的时候，腐败也如同瘟疫一样蔓延开来，偌大官场，能够廉洁自律的寥寥可数。腐败加剧了社会的不满，腐败降低了清政府的统治效能，腐败也使新政改革的成就被大大抵消。腐败加上清政府内部的矛盾，可以说，清廷存在的最后几年，人心已散，大厦将倾，革命党人再奋力一击，自然顷刻瓦解。

三、新政带来的社会裂变

应该说，1901 年以后的新政改革，清政府还是比较卖力的。但是，新政的推行又带来了清政府始料不及的新问题。

第一是新政中产生了力图推翻清政府的革命派。

教育改革是新政较有成效的措施之一。因为清政府废科举，兴学堂、派游学，产生了一大批新型的知识分子。这些原本应准备科举考试的读书人在这十年里猛然放弃了旧学问，转而学习研究有用的新知识，前所未有的，他们的眼光放到了整个世界。他们反对列强侵略的民族主义感情十分强烈，这些 20 岁上下的青年人认为，中国的贫弱状况和屈辱地位，就是清政府造成的，只有推翻这个政府，中国才能振兴，才有希望。同时，社会一下子出现了这么多的新知识人，却没有给他们合适的地位，甚至没有给他们提供一个合适的职业，他们的不满因此更加强烈。革命派就是这样形成的，其主体就是留日学生和国内学堂的学生。这些读书人又有很多进入新军，于是南方新军几乎成了革命青年的天下。1905 年，同盟会成立，革命青年们有了一个统一的组织，从此革命风潮一日千里。

第二是新政中产生了与清廷分庭抗礼的立宪派。

绅士是社会精英，对社会有巨大影响的他们原本也是清政府统治的

1901 年，清政府诏令各省停办书院，改书院为学堂，并广设新式学堂。1902 年，广州知府龚心湛将越华书院改办为广州府中学堂。图为广州府中学堂第二期丙丁班毕业纪念合影。

基础，或某种意义上的合作者。绅士本来是保守的，但是1900年的八国联军侵略，使他们中的一些人也意识到中国必须变革。于是他们积极参与了地方上的新政，就在这一过程中，他们自身也发生了悄悄的但却是重大的转变：他们不再是维护传统的旧绅士，而是参与变革的新绅士。新绅士们虽然愿意维护清朝的统治，但他们的心中也悄悄滋生成长着不满情绪，尤其是1908年慈禧太后和光绪帝去世以后，一群少壮亲贵控制了政权，新绅士不相信这些纨绔子弟能带领国家走出危机，更谈不上富国强兵。因此，他们迫切希望参与甚至控制政权。1905年以前，绅士还是分散的，各自为政的。1906年以后，清政府宣布预备立宪，准许成立合法政党，成立准议会的机构省谘议局和中央的资政院。这给了新绅士一个机会，使他们形成全国性的集结。再加上报纸、杂志、电报等大众传播媒介和信息手段的迅速增加，新绅士成为全国性的举足轻重的政治势力。这就是立宪派。立宪派希望中国实行英国式的立宪君主制，立即召集国会并由他们控制国会，由国会产生责任内阁，他们相信在他们的领导下，通过渐进的方式，能够使中国走出危机，走向富强。而清政府则坚持当时日本或德国式的君主有更大的权力的君主立宪，为此立宪派人发动了四次国会大请愿，与清政府反复争执。当立宪派人参加政权的要求没有满足的时候，他们的不满也迅速增长。革命爆发以后，他们大多数站到了革命阵营，对各省脱离清政府独立起了重要的影响。

第三是新政中形成了政府内部的异己势力——袁世凯集团。

清政府存在的最后几十年里，由于长期养尊处优，满族贵族的人才已渐渐枯竭，清政府不得不更多仰仗汉族官员。在十年新政期间，袁世凯凭借自己的才干，使他任职的直隶成为新政的模范省，他一手训练起北洋军，成为军阀性的武装；又搜罗了一批人才在他的手下。因此，形成了以袁世凯为首的北洋政治军事集团。慈禧太后死后，袁世凯与少壮亲贵集团的矛盾公开化。待到武昌起义以后，北洋军不仅不愿为清廷卖命，而且还从内部逼迫清廷退位。

这三个新兴势力都是在新政中产生的，后来都成了清政府的对立面，并且在推翻清政府的过程中发挥了或主导或附从的作用。其实，说到底，是清政府现行的体制也是中国延续了两千年的体制已经控驭不了新的社会，它只好退出历史舞台。

最后，我想用马克思1853年写的《中国革命和欧洲革命》里的一段话结束本文："与外界完全隔绝曾是保存旧中国的首要条件，而当这种隔绝状态在英国的努力之下被暴力打破的时候，接踵而来的必然是解体的过程，正如小心保存在密闭棺木里的木乃伊一接触新鲜空气便必然要解体一样。"

原载《光明日报》(史学版) 2008年10月12日 (与刘文丽合作)

晚清新政与中国知识人知识体系的转换

自晚清以来，中国知识界的知识体系在短短一百多年里已发生革命性的变革。今天在校的学生所学习的内容，与晚清新教育兴起前的传统教育相比，已截然不同。一百多年来知识体系的变革深深地影响了中国社会的方方面面，值得学人进行深入的研究。而这一变革的真正发端，当数晚清最后十年的新政期间。

一、传统中国知识人知识体系的特点

何谓传统中国人的知识体系？这是非常复杂的一个问题，它与一些学者所讨论的学术体系、学术分科有一定的关系，但又不完全相同。简单来说，知识体系即一般读书人应该学习和具备哪些知识，属于较低的层次，而学术分科却是进入研究层次才遇到的问题。在西方，现代知识体系应该是自文艺复兴、启蒙运动和现代科学成长起来之后逐渐定型的。而在中国传统社会，自科举制度定型以后，读书人所学内容受到科举制的极大影响，其知识体系基本上囿于科举所规定的儒家经典以内。阅读面宽的，才会涉及先秦诸子学说和历代史书等内容。换句话说，当时学习知识就是学习传统经典。一般而言，我们现在所说的自然科学技术和许多专门之学是被排斥在外的，在传统知识人看来那只是工匠们做的事情。学子们入门的学习也好，进入研究程度的也好，都大体如此。

阅读面窄到极端的，则如梁启超所抨击的："自考官及多士，多有不识汉唐为何朝，贞观为何号者，至于中国之舆地不知，外国之名形不识，更不足责也。其能稍通古今者，郡邑或不得一人。其能通达中外，博达政教之故，及有专门之学者，更寡矣。"（《公车上书请变通科举折》）科举题名之后，有些人始用心治学，阅读研究的范围自然大些，但即便如此，其知识体系仍大体不会超出儒家经典、诸子百家和历史之类。

我们也可以从读书人的自我认定来思考传统知识体系的范围。清人姚鼐曾以义理、考据、词章为治学的门类，并认为三者不可偏废。义理主要为先秦儒家经典和宋明理学；考据为专门之学，但考的也主要是古代典籍；词章则不是专门学问，而是语文能力。实际上，当时人只要具备上述三者之一，就可以被视为读书人。学习桐城文体的曾国藩也曾在给诸弟的信中说："读经以研寻义理为本。自西汉以至于今，识字之儒约有三途，曰义理之学，曰考据之学，曰词章之学。各执一途，互相诋毁。兄之私意，以为义理之学最大，义理明则躬行有要，而经济有本，词章之学亦所以发挥义理者也。"①

清嘉庆、道光年间，经世思潮渐兴，至咸丰、同治年间而盛。所谓经世致用，主要就是研求与治理国家或与政务活动相关的知识。曾国藩后来也把经济作为一种专门学问，与义理、考据、词章并列。他认为，"天下之大事宜考究者凡十四宗：曰官制、曰财用、曰盐政、曰漕务、曰钱法、曰冠礼、曰婚礼、曰丧礼、曰祭礼、曰兵制、曰兵法、曰刑律、曰地舆、曰河渠"（《求阙斋日记》）。这些可以代表经世的学问。在曾国藩任京官的十年中，他对这些事务都下过工夫研究。黎庶昌在《曾国藩年谱》中说："其在工部，尤究心方舆之学，左图右书，钩校不倦，于山川险要、河漕水利诸大政详求折中。"这些学问，包括

① 邓云生整理：《曾国藩全集·家书（一）》，岳麓书社 1985 年版，第 55 页。

了我们今天说的官制、财经、军事、司法、地理、水利等多方面内容，多与政务有关，其中地舆、河渠近于今天的自然科学，虽然范围比义理、考据、词章宽得多，但它们受到重视其实还是因为与政务有关。

我们观察传统图书分类，也可大略了解国人对知识的看法。清代已经定型的经史子集的分类，说明经占最主要的地位，史主要是经世者研习的，其他所有学科，都放在子和集之内。

总之，传统的读书人虽各有偏好，但基本以研读儒家经典为主，兼及诸子百家学问，这也就是传统的知识体系。用我们今天的眼光来看，除了传统天文、医学等个别学科外，基本是文科方面的知识。清代杰出建筑家如主持清宫建筑的样式雷，在今天或许可以算是资深院士，可在当时，厕身士林者绝不会将他视为读书人，样式雷也不会以读书人自居。相反，如果某人饱读诗书，或进一步有著述传世，即便没有科举功名，也足够获得士大夫的尊重，因为他们具备了传统知识，能够与科举士人一起论道论政。

二、新政与新知识体系地位的上升

事实上，从鸦片战争开始，尤其是19世纪60年代洋务运动以后，新知识已经逐渐揳入中国人的知识体系之中，从李鸿章到张之洞所办的新学堂，就以学军事技术和各国语言为主。这种情况在传统士大夫身上也有所反映，曾国藩一度不让他的儿子学八股，而支持其研习数学，便反映了时代变化、知识体系变革的信息。不过，直到19世纪末，新知识还远不能与传统知识的强势相抗衡。孙中山在夏威夷接受启蒙教育，后来毕业于香港西医书院，尽管他学有专长，且手不释卷，但仍被那些饱读诗书的传统士大夫视为没有文化，就说明了这种情况。

1901年，清政府开始推行新政。举办新教育，是新政最重要的措施之一。按规定，新学堂里开设了大量的新学课程，虽然仍然规定了必需的读经课程，但是学子们研习的重点，显然已不是儒家经典，而是声光电化、西方政治和历史地理。1904年初，清政府颁布“癸卯学制”，使新学制度化。按“癸卯学制”的规定，小学课程设置有修身、读经讲经、中国文学、算术、历史、地理、格致、体操、图画、手工等，中学堂的课程有修身、读经讲经、中国文学、外国语、历史、地理、算术、博物、物理及化学、法制及理财、图画、体操等，虽然读经讲经仍作为重要课程，但已只是统治者控制思想的消极工具，不再是也不可能是读书人安身立命的根本了。至于癸卯学制规定的大学分科，有经学、政治、文学、格致、农业、工艺、商务、医术八科，经学只是其中之一，失去了以前的显赫地位。

1904年，一位官员在日记中忧心忡忡地写道：“近来中外学堂皆注重日本之学，弃四书五经若弁髦，即有编入课程者亦不过小作周旋，特不便昌言废之而已。不及十年，周孔道绝，犯上作乱，必致无所不为。其害终中于国家，其流毒且甚于祖龙焚坑之祸。南皮总督（指张之洞——引者）真吾道罪人也。”（《恽毓鼎日记》）恽毓鼎担心的，就是传统学问日益退化、新学问已占据主体地位的情况。这种变化的根本原因，则在于孔孟道统和讲求空泛道德修养的宋明理学，无以抵御洋枪大炮，无以挽救日益深重的民族危机。

三、废科举的巨大影响

事情的发展并没有到此为止。1905年，由于日俄战争的刺激，清政府在袁世凯、张之洞、端方等官员的要求下，宣布废除科举制。从此以后，除了特别的研究外，读书人不需要再读那些科举制必定要考的儒家经典了，因此，科举制的废除，使传统知识体系所赖以生存的最后一根支柱也倒塌了。

实际状况也确实如此。废科举仅仅两年，这种影响便已显现。1907年有位叫许珏的候补道向清廷上了一道条陈，说“学堂奏定章程，非不重四书五经，然大概多视为具文。盖办学之人既多尚新异，而教科太形糅杂，势亦相妨。上年在里，见十龄外幼童，入学堂已四五年，尚未读四书者，可为叹息”。这位候补官员要求“今宜申明奏定章程，凡十龄以前，必诵读孝经、四书；十龄以外，仿从前专经之例，许专读一经”（《光绪朝东华录》总第5669页）。显然，这位官员是位较为守旧的人士，他的上书道出了传统经典和传统知识命运变化的实情。

这一时期，习新学的读书人的处境也大大改善。不用说没有任何科举功名的孙中山被拥戴为同盟会的领袖，即便在清政府方面，也发生了巨大的变化。1901年以前，能够进入政权高层的读书人只能是传统型的、经过科举考试的，新政以后，掌握新学的读书人开始进入政府。留美幼童之一的唐绍仪就做到巡抚、尚书；留学英国的法律专家伍廷芳做到侍郎、修订法律大臣；更有大量的留日学生进入政府部门工作，在一些新部门发挥着不小的影响，有的甚至在几个部兼职。之所以能够如此，就是因为他们掌握了新的时代和社会发展所需要的新知识。

及至民国建立，教育总长蔡元培认为“尊孔与信教自由相违”，明令废止小学校读经课程，可以说给旧知识体系画上了一个句号。到了20世纪30年代，中国在许多新知识学科具备了自我研究和发展的能力，如地质、化学、物理等学科，且涌现了出色的科学家，新知识体系最终完全替代了旧知识体系。

原载《光明日报》（史学版）2008年4月20日

清末谁最早要求设议院？

19世纪后半，有不少文人学者谈论议院问题，这可以说是20世纪初立宪运动的先声。对此学界已有较充分的关注，但对官方人士的谈论，学界则注意不多。而直接向清廷提出设议院建言，世人皆以为是康有为，实则康有为之前，早有人建言设议院。

一、文祥率先肯定议院

据笔者迄今为止所见资料，清政府高层中较早论及议院的是文祥。光绪元年，也就是文祥临终前一年（1875），上《密陈大计疏》，其中先指出中国面临的困境："洋人为患中国，愈久愈深"，"俄人逼于西疆，法人计占越南，紧接滇、粤，英人谋由印度入藏及蜀，蠢蠢欲动之势，益不可遏。"文祥认为，"驭外之大本"，"所系者在人心"。就"人心"二字而言，似于较保守的倭仁等人同，但文祥说的内涵却与倭仁完全不同。那么，如何争取人心，什么样算是得"人心"呢？文祥举的例子是西洋各国的议院政治：

> 说者谓各国性近犬羊，未知政治，然其国中偶有动作，必由其国主付上议院议之，所谓谋及卿士也；付下议院议之，所谓谋及庶人也。议之可行则行，否则止，事事必合乎民情而

后决然行之。自治其国以此，其观他国之废兴成败亦以此。傥其国一切政治皆与民情相背，则各国始逞所欲为，取之恐后矣。

“谋及卿士”、“谋及庶人”，即比附中国古代思想家的说法主张，是那个年代的常用做法，重要的在于，文祥对这种制度给予了肯定和赞许，认为这种制度是合理的，并与西方的富强密切相关。文祥认为这样的制度，中国一时还不能实行，“中国天泽分严，外国上议院、下议院之设，势有难行”，但其“义可采取”。如何“采取”其“义”呢?

凡我用人行政，一举一动，揆之至理，度之民情，非人心所共惬，则急止勿为；事系人心所共快，则务期于成。崇节俭以裕帑需，遇事始能有备，纳谏诤以开言路，下情藉以上通。总期人心永结，大本永固，当各外国环伺之时，而使之无一间可乘，庶彼谋不能即遂，而在我亦堪自立。此为目前犹可及之计，亦为此时不能稍缓之图。若待其间之既开，而欲为斡旋补苴之法，则和与战俱不可恃。即使仍可苟安，而大局已不堪复问。[①]

用今天的话来说，就是施政要考虑民意，符合民意。文祥认为，如果仍与以前一样苟安，那么将来大局是不堪设想。文祥贵为大学士、军机大臣、总理衙门大臣，可谓清朝统治的核心成员，也是所谓“同治中兴”的关键人物，他的观念就是：羡慕议院政治，又认为中国国情不可行，只能师其义。而“师其义”的内涵，似又向中国传统回归。不

---

① 文祥奏折均见《清史稿·列传第173》，中华书局1977年版。

过考虑到文祥此折是在郭嵩焘出使的同一年（1875），那么他对议院制度的赞赏是相当大胆和超前的。也是第一次有人向最高统治者提出议院问题。但是文祥死后十年，在最高决策圈的官员中，笔者没有见到讨论此类问题的记录，文祥的奏折也没有见到反响。

二、张树声请设议院

如果说文祥还只是肯定议院，那么十年后的1884年，中法战争的炮火硝烟中，淮军宿将、两广总督张树声在遗折中直接提出仿效西方议院的要求。遗折指出中国面临的危急形势：

> 数十年来，俄罗斯侵轶于北方，日本窥伺于东海，英吉利于印度、缅甸以规滇藏，法兰西据西贡、海防而谋滇粤……而中国蹈常习故，衣冠而救焚，揖让而拯溺，其何以济耶？

然后指出：

> 近岁以来，士大夫渐明外交，言洋务、筹海防，中外同声矣。夫西人立国自有本末，虽礼乐教化远逊中华，然驯至富强，具有体用。育才于学堂，论政于议院，君民一体，上下一心，务实而戒虚，谋定而后动，此其体也；大炮、洋枪、水雷、铁路、电线，此其用也。中国遗其体而求其用，无论竭蹶步趋，常不相及，就令铁舰成行，铁路四达，果足恃欤？

中法战争，中国军舰惨败于马江，台湾告急，将见祸患更烈。张

张树声

树声沉重写道：“此微臣所以终夜感愤，虽与世长辞，终难瞑目者也。”他要求加大改革力度：

> 断自宸衷，通筹全局……采西人之体，以行其用，中外臣工，同心图治。勿以游移而误事，勿以浮议而隳功，尽穷变通久之宜，以奠国家灵长之业，则微臣虽死之日，犹生之年矣。①

在被一位临死犹念念不忘国事的官员感动的同时，我们试从有限的文字分析张的认识：

第一，加大改革力度，是为了应付列强侵辱的局面，也即李鸿章所说的“数千年未有之变局”，不是人民主权、保护人民权利或权力制衡等西方思想家的理念。张树声的要求，与李鸿章、曾国藩、左宗棠以及恭亲王奕䜣等致力的“自强”设施，其目的和出发点并无不同，不是来自社会内部变革发展的压力和要求，而是“自强”的需要。

第二，光是机械制造、洋枪大炮这些东西，要自强是不够的。因为西人立国自有其本身的“本末”，有其自己的“体用”。“中国遗其体而求其用”，是不能自强的原因。换句话说，“体”可能比“用”更为重要。

第三，西人的“体”是什么呢？是“育才于学堂”、“论政于议院”。张折将“学堂”与“议院”并列，而以议院为重心。

第四，议院的效果是“君民一体，上下一心”，其做法或能达到的效果还有“务实而戒虚，谋定而后动”，这才是自强的关键。

---

① 《张靖达公奏议》卷八《遗折》，见《近代中国史料丛刊》一编第23辑（222种），台湾文海出版社。据笔者阅读所及，最早指出张氏此奏及其重要性的是已故陈旭麓先生，见陈先生《论“中体西用”》（《历史研究》1982年第5期）。

第五，议院的权限和工作有哪些？张折给出的是“论政”。这一说法不够清晰。按张文中的说法，没有对君权的适当限制，没有关于宪法的说法，而是说“论政”能做到“君民一体，上下一心”。

显然，张树声生前不敢公开提出议院问题，也不敢激烈批评只在技术和经济的层次学西方的自强新政，而直至临死时才敢上这样一个遗折，说明当时在官员和朝廷中，主张设议院还是很难被接受甚至可能是“大逆不道”的问题。当时能够赞同张树声主张的，只有少数在野的我们后来称为“早期改良思想家”或“早期启蒙思想家”的人物。而且张树声的遗折在当时似乎也没有多大的反响。

如果说，张树声的遗折与在野人士有什么不同的话，就是在野人士多为议论，而张树声则在生命的最后时刻以沉重的心情直接提出了要求。

原载《光明日报》（史学版）2012年12月20日

重新审视晚清立宪派

一、立宪派不是真正的资产阶级

对于立宪派，很难下一个确切的定义，但一般指清末在野的主张立宪并且积极参与和推动宪政改革的人士。立宪派大体包括如下互有交叉的两部分人：清末立宪团体的参加者，特别是其中的组织者及活跃分子，谘议局和资政院的部分议员。

按照 1949 年以后中国大陆长期流行的说法，立宪派是资产阶级，具体说，他们是民族资产阶级的上层。他们的政治立场、社会活动，都能从这一阶级本质中找到它的原因，辛亥革命的走向，也因他们的阶级本性而受到影响。笔者原也同意这一说法，并曾多次试图找出立宪派是资产阶级的根据，这在笔者早期的一些论文中可以发现其痕迹。但 20 世纪 90 年代以来，我已经有了完全不同的认识。

在论述这个问题之前，我们必须讨论：什么是资产阶级？资产阶级包括哪些人？

在中国大陆历史学家中，资产阶级是一个非常模糊的概念。在从经济的角度分析问题时，资产阶级就是企业家。而从政治的角度分析问题时，资产阶级却可以包含极其广泛的成分。凡是晚清时期主张革命的、主张立宪的，以至在新学堂、新军、报馆等任职的人物，都是资产阶级。于是，立宪派被理所当然的当成了民族资产阶级的上层。

翻开马克思主义最权威的经典著作之一的《共产党宣言》，在第一章《资产者和无产者》下面，恩格斯加有一段注释："资产阶级是指占有社会生产资料并使用雇佣劳动的现代资本家阶级。"①

权威的《中国大百科全书》《经济学》卷对资产阶级的解释是"占有生产资料剥削雇佣劳动者以榨取剩余价值的阶级"；另一部许涤新主编的《政治经济学辞典》写的是"占有生产资料作为资本以榨取雇佣劳动者的剩余价值的资本家阶级"，两者基本相同，显然是来自马克思和恩格斯的论述。

这三个定义基本相同，那就是：只有拥有生产资料雇佣工人进行机器生产的近代企业家，才能算资产阶级。把现代社会的知识分子等成员算作资产阶级，实在是我们的误解。按照这一标准，显然晚清立宪派算不上资产阶级。

我们且举20位历史学界公认的有影响的立宪派人物为例。这20位是：梁启超、张謇、郑孝胥、汤寿潜、谭延闿、孙洪伊、蒲殿俊、汤化龙、梁善济、林长民、吴景濂、袁金铠、许鼎霖、雷奋、马良（马相伯）、张元济、罗纶、孟昭常、罗杰、谢远涵。这20人中，马相伯系天主教世家，不考科举；罗杰是附生，雷奋是秀才，袁金铠是贡生；其他16人都有举人以上的功名，占总数的80%；16人中，举人8人，进士8人。这些人士中，真正具有企业家身份的，不过是张謇、许鼎霖等寥寥数人。如张謇这样的人物，之所以有极大的社会影响，固然由于他办企业的成功，但更重要的在于他有状元这样一个身份。上海办企业成功的人多得很，但没有任何一个人能有张謇这样的地位和在立宪运动中的影响力，原因很简单：他们不是绅士。

当然，仅仅这20个人，有人会认为选取人物的标准有问题。据台湾学者张朋园先生的统计，各省谘议局的议长副议长，几乎都是进士举

① 《马克思恩格斯选集》第一卷，人民出版社1972年版，第250页。

人出身（《立宪派与辛亥革命》，台北 1983 年）。议长副议长也未必全是立宪派，但是这两项统计合起来，可以说明一个问题：立宪派的身份背景，不是资产阶级，而是绅士。

不能否认，上海广东这些近代企业家较多的地方，企业家们曾支持立宪。但他们从不是立宪运动的领导者，而是新绅士的追随者和尾巴。他们不但没有绅士的影响力和政治能量，也缺乏对政治的热情。

二、立宪派是新政和预备立宪的产物，是新绅士

绅士是传统社会的精英。他们有传统的科举功名，或曾担任过政府的官员。他们在地方社会有着显赫的地位，对民众有着非常大的影响。地方官对地方进行治理和统治，要相当程度依赖绅士，绅士们一般也乐于给予协助。绅士们维护清政府的统治，或者说他们是清政府统治的基石。另一方面，清政府也给予绅士种种特权，如减免赋税，可以出入官厅，审判上也有一些特权。因此，绅士和清政府可以说是一种互相支持、互相利用的关系。

一般来说，绅士是保守的，他们比较倾向维护传统的体制和意识形态，因为这与维护他们的地位和在地方的威望是一致的。

但是，清末新政时期，绅士阶层发生了巨大的变化。经过义和团和八国联军事件的打击，很多绅士也像清政府的大多数官员一样，终于认识到闭关锁国那一套再也不行了。因此，在新政的大背景下，不少绅士放弃了过去的保守观念，致力于兴办新式学校、新式企业等新政措施，就像从前他们为修道路、桥梁、水利设施等公益事业尽力一样。等到日俄战争之后，清政府宣示预备立宪，这些参与新政的绅士们又大多加入争取立宪的行列。绅士们参与新政，一方面是时代潮流

所趋，另一方面是日益严峻的外患的刺激。然而就在这一过程中，他们的思想观念逐渐发生了一定程度的转变，他们和新的事物或新政联结在一起。其中有不少人出国考察、游览甚至进新学堂学习或留学，获得了新的知识。也有一些人参与兴办企业，成为实业家。这一切都说明，绅士阶层正处在一种转变的过程中，即由传统社会精英向现代社会精英转变，所以，笔者更愿意称他们为新绅士。当然，后来的中国历史证明他们并没有真正完成这个转变，而是被新兴起的新知识分子阶层取代。

如果说，新政使部分旧绅士转变为新绅士，那么预备立宪给了新绅士登上全国政治舞台的机会。在清政府实施新政改革以前，绅士在地方有着巨大的影响。但是，他们是分散的，各自为政的，直到1905年，可以说在政治上，他们互相之间很少联络。甲午战争的时候，康有为、梁启超曾发动举子们来了一个公车上书，然而上书过后这些举子们就各奔他乡，没有在政治上留下什么大的影响。虽然在地方很有权势和威望，但在全国范围内，绅士不能作为一个声音说话，缺乏大的影响，或者说，他们还不算一个全国范围的阶级，尽管他们有共同的经历、共同的思想，也可能有共同的政治利益。

但是，清政府的预备立宪，使他们发生了又一个重大的变化。由于预备立宪，清廷放松了对集会结社的限制，他们有机会成立形形色色的立宪团体。朝廷公开设立的谘议局、资政院，给他们提供了新的合法的活动场所，再加上报纸、杂志、电报等大众传播媒介和信息手段的迅速增加，轮船、火车提供的较以前大为便利的交通，就使新绅士形成全国性的集结。一旦有了一致的政治要求，此处一声号召，全国立即呼应。所以，作为全国政治上举足轻重的一个势力的立宪派，是清末新政和预备立宪的产物。

由于立宪派的这种背景，注定了他们对局势有着举足轻重的影响。

康有为和梁启超。

因为他们是绅士，旧的绅士的威望还没有消失，他们对民众的影响和号召力非常大，如果他们抛弃一个旧政府，民众也往往会在他们的影响下跟着抛弃这个旧政府；因为他们一定程度接受了新事物，又有许多新知识人属于他们的行列，他们懂得新的参与政治的组织形式——组织政党，懂得运用报刊这种新的大众传播媒介来扩大自己的影响；由于他们当中一些人又是新型工商企业家，他们有足够的财力和能量来伸张自己的政治目的。因此，立宪派的政治倾向，对清政府的存亡至关重要。

三、立宪派的政治信仰是开明专制

清末最后数年，立宪派奔走呼号，力图争取在中国实现立宪君主制政治模式。这给人一种深刻的印象：似乎立宪派信奉的是民主。

的确，在清末，立宪派主张英国模式，这我们下面还要提到。

但是，如果把清末民国初立宪派整个活动联系起来分析，我们就会看到，事情远非如此简单。

民国初年，他们为什么那么支持袁世凯？为什么不惜与革命派——他们曾携手推翻清王朝——对抗？因为他们需要一个强有力的人物，他们认为这个强有力人物领导的强有力政府，才可以重整河山，带领中国走出危机。而这个强有力人物使用的方法，绝不会是民主的。当然，如本文后面所要说的，在强有力人物和强有力政府的统治下，必须给他们一席之地。

清末满族贵族中，已经没有这样的强有力人物，即使有，立宪派也不会信任他。立宪派的心中，在这个天崩地解的时代，袁世凯才是真正的强有力的人物。所以，张謇在辛亥革命还没有爆发的时候，就到彰德拜访袁世凯。

依赖强有力人物和强有力政府来治理国家，说明立宪派并不是民主的信仰者。熟悉梁启超的人都会知道他晚清的开明专制论，民国初年的强有力政府论，但是并没有给予足够的重视。其实这才是立宪派政治理念的核心。

这毫不奇怪，立宪派的出身，他们所受的教育，决定了他们不可能是民主和法治的真正信奉者。

诚然，一些立宪派人士如梁启超在宣传民主、民权、法治、宪政等方面做了很多工作，而且恐怕比革命派做得还要多。但这不是他们骨子里的想法，或者说不是他们的行为方式。也许，理智与情感分离：理智偏向民主政治，情感和真正的行动则趋向开明专制和权威主义。

换一个角度说，清末立宪派之所以坚决主张立宪，是因为只有立宪，才能限制他们不信任的满族贵族的权力，才能让他们在政权中拥有一席之地。当然另一方面他们也坚信，只有立宪才能够挽救民族的危亡。这样，所谓立宪只是一个手段，强国御侮的手段，而不是真正的信仰。

立宪派的政治主张和信仰，可以用下面几条概括：第一，反对帝国主义侵略；第二，强烈要求参与政权；第三，信仰开明专制或权威主义。

四、立宪派的反满情绪及其与清政府的分歧

立宪派或新绅士是主张实行立宪的，他们不想革命，也不希望革命的发生。

但是，有两点我们必须给予足够的重视：第一，在新政和立宪中有所转变并具有一定能量的他们，急切希望在全国政治上有发言权，在政

府中有他们的一席之地。第二，他们虽然不革命，但对满族贵族垄断政权核心的状况不满，就是说，他们也有反满情绪，虽然这种情绪远远不能与革命派相比。尤其是，他们不满慈禧太后和光绪帝逝世以后少壮亲贵把持政权的局面，他们不相信这些纨绔子弟能够带领国家走出危机，走向富强，能够完成这样的艰难任务的，只有他们自己。

当他们期待的预备立宪诏书颁布时，他们曾为之欢欣鼓舞，但是，这种高兴的心情并没有持续多久，他们与清政府的矛盾就暴露出来了。

实际上，立宪派人自己明白，立宪的实行固然可以延续清政府的统治，但必须以皇权的削弱为代价，填补皇权削弱这个空白的，便是立宪派自己。换句话说，立宪派人支持清政府不是无条件的，是要以清政府的让步，也就是让他们参与政权为条件的。立宪派人是否支持清政府，要看清政府是否应允这个条件。不仅如此，立宪派之所以一再要求开国会，是因为在他们的内心深处，实际上有一个不能说出来的愿望：就是要以国会来控制清政府，控制这个日益衰败的无能的政权。作为个人来说，他们可能有各种各样的想法，但作为一个社会阶层或政治势力来说，他们的意图就在于此。清政府存在的时候，他们要向清政府争地位和政权，后来革命爆发以后，他们同样向革命党争地位争政权。武昌起义以后立宪派人的行动已经证实了这一点。

然而，宣统年间的清政府中，已经没有人能够真正认识到清王朝所面临的危机，更不会有切实可行的解决危机的办法。他们不会意识到这些既没有枪也没有炮的立宪派人士能够对清王朝的生存造成威胁。所以，当清政府不肯立即开国会之时，当皇族内阁成立之时，立宪派对清政府的有限支持也就宣告终结了。

立宪派的离心倾向的加剧以及最后对清政府的绝望带来了严重的后果。武昌起义爆发后，由于立宪派的加入革命阵营，使革命的进程大大加快了。前面说过，立宪派人在地方上有着相当大的影响，这种影响不但是对民众的，也包括了相当多的地方官员。因此，从武昌起义到清廷宣布退位，不过几个月时间，一个貌似强大的政权在这么短的时间里就土崩瓦解，立宪派的抛弃清政府是一个很大的因素。

原载《光明日报》（史学版）2002 年 9 月 10 日

清季主张立宪的官员对宪政的体认

本文探讨清末主张立宪的官员对宪政的认识，并且与西方宪政理论及清末在野立宪派的主张作了广泛的比较。本文指出，这些官员认为立宪可以图强御侮，可以保证大清朝的长治久安。他们心目中的宪政模式，不仅与西方宪政理论不同，也与立宪派相异。他们主张钦定宪法，开议院，司法独立，君主不负责日常政务，由首相和大臣代君主负责，但君权较大，实行当时的日本式的“三权分立”。这实际上是一个二元君主制的政治体制。

提起清末预备立宪，学术界都知道主张立宪的官员所起的影响，但是，这些官员是如何理解和认识宪政的，他们要在中国实行什么样的宪政？到目前为止，学术界还缺少深入的研究。本文拟对此问题作一个初步探讨，抛砖引玉，是在兹文。

一、立宪的必要性

为什么要实行宪政？或者说，实行宪政的目的是什么？

按照西方思想家的理解，宪政的第一个目的是防止统治者滥用权力，保证人民的自由不受侵害。孟德斯鸠认为，立法权、行政权、司法权不能集中在同一个人或同一个机构之手，否则就会压制人民的自由。[①] 因此他主张以权力制限权力，即将立法、行政、司法三权分属不同部门。宪政的第二个目的是保证人民的参政权。卢梭主张，国家的主权属于人民。人民的主权由公意体现。[②] 法国《人权宣言》宣告："整个主权的本原主要是寄托于国民"，"全国公民都有权亲自或经由其代表去参与法律的制定。"[③] 实际上，特别是在人口较多的国家里，人民的参政权一般由代议机构来执行，这就是所谓代议民主制。不仅如此，国家行政首脑（首相、总理、总统）也要直接或间接由人民选举产生，以使国家的行政体现人民的意志。

一般来说，欧美思想家更看重前者，或至少两者有同等的重要性。

20 世纪初年，中国主张实行君主立宪的人们对此的理解与西方人有相当大的差异。他们忽视保障人民的自由和对统治者权力的限制，而片面强调宪政带来的权责明确、行政效率的提高、政治稳定，以及由此带来的民富国强的好处。而在西方思想家的眼中，这只是实行宪政所带来的副产品。

在野的立宪派认为，立宪优于专制，它是救亡图存的最有效的途径。特别是日俄战争之后，人们普遍认为是日本的立宪战胜了沙俄的专制。中国欲挽救民族的危亡，一定要实行君主立宪。在他们看来，宪政是工具，强国御侮的有效工具。虽然他们也知道宪政是 20 世纪人类政治的潮流，但从根本上来说，宪政可能不是目的，而是手段。

为什么立宪能救国？立宪派认为关键是立宪政治兴民权，民权兴则人民自会起来救自己的国家。梁启超的论述很有代表性："国者何？积民而成也；国政者何？民自治其事也；爱国者何？民自爱其身也。故

① （法）孟德斯鸠著，张雁深译：《论法的精神》上册，商务印书馆 1961 年版，第 156 页。

② （法）卢梭著，何兆武译：《社会契约论》，商务印书馆 1980 年版，第 77 页。

③ 蒋相泽主编：《世界通史资料选辑 · 近代部分》上册，商务印书馆 1983 年版，第 123 页。

民权兴则国权立，民权灭则国权亡。”[①]

另一方面，立宪派也强调，实行立宪可以保证政治的稳定，当他们是向着清政府要求立宪的时候，便说明立宪可以保大清朝的长治久安。

主张立宪的官员的认识，与立宪派有同有异。

1. 立宪可以图强御侮

不应否认，在主张实行君主立宪的官员们的心目中，之所以要实行宪政，第一条好处便是可以强国。这是当时主张立宪的人——无论是在野的立宪派，还是在朝的主张立宪的官员的共同看法。

至于为什么立宪就可以强国御侮，主张立宪的官员的分析角度有多种。

首先他们认为专制代表野蛮和落后，国家实行专制体制，就不能被人平等对待。

考察政治大臣之一载泽说：“今日外人之侮我，虽由我国势之弱，亦由我政体之殊，故谓为专制，谓为半开化而不以同等之国相待。”[②] 袁世凯主持印行的《立宪纲要》[③] 也说：“外人自称为文明者，以有宪法故；其视吾国为不文明者，以无宪法故。宪法成则国与国同等。”[④] 中国的被侵略、受欺辱，不仅是由于国势积弱，而且是由于政体专制，不能享受与文明国同等的待遇。张之洞也表达过类似的观点，1907 年张之洞面陈慈禧太后说：“立宪实行，越速越妙……现在日法协约、日俄协约，

---

① 《爱国论三・民权论》，《清议报》第 22 册。

② 中国史学会编：《中国近代史资料丛刊・辛亥革命（四）》，上海人民出版社 1981 年版，第 28—29 页。

③ 《立宪纲要》，其扉页书“光绪丙午季秋北洋官报局印”。袁世凯复张謇函有“自明诏既颁……某曾饬学习法政之员撰《立宪纲要》一册”。故知为袁世凯主持所印，可代表袁世凯当时的主张。见张一麐：《心太平室集》卷七，第 6 页。另《东方杂志》第三年第 10 期《大事记》亦记：“直督袁世凯编成《立宪纲要》，颁发各属。”

④ 《立宪纲要・述立宪利益》。

大局甚是可危。各国视中国之能否实行立宪，以定政策。臣愚以为，万万不能不速立宪者，此也。”①

更为严重的是，专制制度造成了国弱民穷，它是国家受侵略受欺侮的根本原因。从而，主张立宪的官员都相信：中国必须实行立宪政体，它是引导国家走向富强的唯一出路。就笔者所看到的资料，此中以考察政治大臣端方的论述最为典型。

端方考察政治归来，与戴鸿慈同上《请定国是以安大计折》②。奏折的开头就指出：“数十年中……与法兰西之战，与日本之战，与各国联军之战，莫不丧师偿金，甚至割地；其余各商埠、军港之失，矿山、铁道、航路之失，教案之偿命赔款，月有所报，日有所闻……此其故何哉？自稍有识者论之，则曰我之兵强不如彼，我之国富不如彼而已矣。”端方说，列强比起我们来，其国确实富，其兵确实强。但是，其兵何以能强？其国何以能富？仅仅归因于兵强、国富，只是看到了表面现象。“中国数十年来，谈洋务者亦未尝不震惊其国富兵强之效而思有以仿之，练陆军设海军以求强，筑铁道兴航路务工商以求富。然求强而反以益弱，求富而反以益贫者，此非富强之不可期，乃未知其所以致富强之原因，故但能效其末而不能效其本，所收之效乃与始志相反。”

端方进一步指出：“其所以致富强者，不当于其外交之敏捷求之，而当于其内政之整理观之。夫世固未有政治不修而其国能富其兵能强者，亦未有内政不修而外交能制胜利者。”如何判断其内政的好坏呢？端方认为：“此不必问其他，但问其政体之为何而可以判断之矣。”世界政体，只有两种，一为专制，一为立宪。中国的专制政治体制是不完善的，有缺陷的，所以才导致了中国的积弱局面。要想国富兵强，必

① 张之洞：《时务汇录·丁未时务杂录》，转引自孔祥吉《张之洞与清末立宪别论》，《历史研究》1993年第1期。

② 端方：《清定国是以安大汁折》，见《端忠敏公奏稿》(卷六)，台湾文海出版社1967年影印本。

戴鸿慈、端方在美国考察政治时的照片，1906 年拍摄于芝加哥。

须改革政治制度，实行立宪政体。

那么，为什么专制就导致国家的积弱，立宪就可以富国强兵？端方的解释是专制常造成国家的动乱，立宪则可以保证国家的稳定。专制之国任人不任法。在专制国中，事无论大小，皆由君主一人裁决，因为无法可依，不肖的官吏就可以为所欲为，当人民怨恨官吏的时候，就会及于君主。不幸的是，历史上官吏贤者常居少数，而不贤者常居多数，如此便会导致君位不安，国家不稳，人民离心。在这种情况下，国万不能理，兵万不能强，而国家之危亡遂随之。立宪国就不同了，立宪国任法不任人，君主不负实际责任，由责任内阁代君主对人民负责任。官吏都按法律办事，不能任意胡为，所以内政修明。不仅如此，立宪国中，必有议会，“一国有议会，则政府之行动，人民可以知之，人民之意志，政府亦可以知之，上下之情相通，合谋以求一国之利益，故国事因此而得理，国家亦因此而得安矣”，“于是政府信用，官吏皆贤，人民尽知政府之能如此也，于是依赖其政府若墙垒之可以御，人保护其国家若巢穴之不使人入……国家如此，夫复何危。”端方还强调：“所谓任法而不任人者，不仅君主立宪政体为然也，即民主立宪政体亦然。所重者，不在君主民主之别，而在立宪与专制之别。”

如何来证明这一论述呢？端方说，可于俄日之战而证之，“俄国以专制政体之故，故无宪法，因无宪法，故无责任内阁及议会等制度……以内政不修，故为日本所胜；而日本则为君主立宪政体，与俄相反，故能败俄。”

端方说，如果是在各国不相往来、各自孤立的古代，那么国虽穷兵虽弱也不妨混日子。然而，“中国今日正处于世界各国竞争之中心点，土地之大，人民之众，天然财产之富，尤各国之所垂涎，视之为商战兵战之场。苟内政不修，专制政体不改，立宪政体不成，则富强之效将永无所望。”除了实行宪政，中国没有第二条路可走，这就是端方的结论。

需要指出的是，主张立宪的官员的这些观点，有相当多是受立宪派人士的影响而形成的，甚至他们的奏折都有梁启超等立宪派人士起草的，但是他们的立场与立宪派并不完全相同。如前所述，在解释立宪何以能强国方面，立宪派比较强调民权的作用，端方等政府官员则较为强调君主游离于政府实际运作之外所带来的好处；对议会，立宪派偏重于民权，而政府官员则较看重上下之情相通。在这里，我们看到，政府官员们对宪政的此点认识，不仅与西方思想家的强调保障人民权利、规范和限制统治者行为特别是最高统治者行为大不相同，即与较为强调民权的立宪派也不完全同。立宪派人看重的是通过立宪分享权利，政府官员更愿意大清政权的稳固。

2. 避免革命与保证大清朝长治久安

预备立宪发轫之际，正是革命思潮日益扩张之时。而满汉之间的矛盾，也达到了自太平天国灭亡以来最紧张的程度，如果不及时妥善解决，那么努尔哈赤和皇太极辛苦创立的已经延续二百多年的大清王朝，就有可能一朝覆亡。

我们再举端方为例，在清政府官员中，对于革命排满势力的镇压，端方是位颇为得力的干将。但是他又认为，光靠镇压是不能消弭革命的。这一点，端方在《请平满汉畛域密折》中说得很清楚：革命党人避居国外，鞭长莫及，此为一；革命党人“大率年少气盛，辨理不真，激于一时之感情……苟一旦破其执迷，导以希望，或反能为国效力，变为有用之才”，如果一味镇压，只能增加革命党的力量，此为二；革命党人行动机密，党羽遍地，侦捕为难，此为三。“彼辈既以破除专制为藉词，以抵抗满人相号召，多戮一人，则彼辈多一煽动之口实，一逆党戮而百逆党生”，即使法网再严，也是诛不胜诛，此为四。端方说，俄国警察之干练，法网之严密，号称世界第一，但仍然爆发了大规模的革命。有效的办法是政治上的改革和让步：“欲解散乱党，则惟有于政治上导以新希望，而于种族上杜其所藉口。”[①]所谓政治上之新希望，就是实行立宪；所谓种族上杜其所藉口，就是平满汉畛域，取消满人的特权。总之，在端方看来，只有立宪，才能平息革命党人的不满；只有立宪，才能吸收新绅士进入政权，扩大统治基础。换句话说，只有立宪，才能使已经“岌岌乎殆哉”的大清朝统治稳固下来并能延续下去。当然，从另一个角度看，只有立宪，才能保证国家的安定，而国家的安定，则是强国御侮的保证。就如端方所说：“家无论贫富，而兄弟阋墙者必败；国无论大小，而人民内讧者必亡。”还要提到前面说的张之洞与慈禧太后的对话，他不但认为立宪可减轻外侮，而且也认定立宪可以避免革命。当时慈禧太后问他：“出洋学生，排满闹得凶，如何了得？”张之洞答曰：“只须速行立宪，此等风潮自然平息。”

立宪不仅可以消弭排满风潮，避免革命，在主张立宪的政府官员看来，进一步，立宪还可以保证大清王朝永远延续下去。就今天的世界看来，某些君主立宪制的国家，如英国、日本，君主的地位确实非常稳固，君主作为国家和民族统一的象征，看来还会长期存在下去。主张立宪的官员所看好的就是这一点。1905年，慈禧太后召见湖南巡抚端方，慈禧太后知道端方曾参与1895年以后维新派的活动（百日维新设农工商总局，由端方督理），便对端方说：“新政皆已举行，当无复有未办者。”端方说：“尚未立宪。”慈禧太后问立宪有什么好处。端方解释说：“立宪则皇上可世袭罔替。”换句话说，就是立宪可以保证大清朝世世代代延续下去。

为什么立宪可以消弭革命并且保证大清王朝的长治久安，载泽在他的密折中也作过解释。对“皇位永固”，他解释说：“立宪之国君主，神圣不可侵犯，故于行政不负责任，由大臣代负之；即偶有行政失宜，或

---

① 端方：《请平满汉畛域密折》，见《中国近代史资料丛刊·辛亥革命（四）》，第39—47页。

议会与之反对，或经议院弹劾，不过政府各大臣辞职，别立一新政府而已。故相位旦夕可迁，君位万世不改。”对“内乱可弭”，载泽解释说：“海滨洋界，会党纵横，甚者倡为革命之说，顾其所以煽惑人心者，则曰政体专务压制，官皆民贼，吏尽贪人，民为鱼肉，无以聊生，故从之者众。今改行宪政，则世界所称公平之正理，文明之极轨，彼虽欲造言，而无词可藉，欲倡乱，而人不肯从，无事缉捕搜拿，自然冰消瓦解。”[①]

总之，实行立宪，可以强国御侮，可以保证大清朝长治久安。可以用积极主张开国会的程德全的说法概括，1907 年 9 月 18 日，署黑龙江巡抚程德全奏请速开国会，他说：“频年目击两强（指日、俄——引者）攫我东方权利，深为怵心。况自日俄协约、日法协约屡见报章，彼皆弃仇寻好，协以相谋，侵逼之来，岂必在远。我若不于此时大辟新规，实行宪政，开国会以大伸民气，先躬行以激动人心，不惟有他族吞噬之忧，抑将有自相鱼肉之祸。”[②]

二、宪法与三权分立

什么是宪政？在中国立什么样的宪？主张立宪的官员如何认识这些问题呢？

主张立宪的官员们描述的大体是这样一个蓝图：颁布了宪法；有议会，“协赞”立法；有责任内阁，代君主负责日常政务；司法审判“独立”，也就是有专门的法院，不再由行政官员担负司法审判的职能。立法、行政、司法三权应该分立，但并不是真正独立，而是统一在君主的

① 《中国近代史资料丛刊·辛亥革命（四）》，第 28—29 页。

② 故宫博物院明清档案部编：《清末筹备立宪档案史料》上册，中华书局 1979 年版，第 258 页。

领导之下。我们看到，他们的认识与西方对宪政的经典解释有着相当的距离，与立宪派的观点也不完全一致。

钦定宪法

立宪，立宪，首先是宪法。立宪派和革命派都非常重视宪法。梁启超写道："宪法者何物也，立万世不易之宪典，而一国之人，无论为君主、为官吏、为人民，皆共守之者也。为国家一切法度之根源。此后无论出何令、更何法，百变而不许离其宗者也。"[①]革命党人宋教仁也多次强调，立宪最重要的是宪法，宪法是共和政体的根本和保障。[②]

主张立宪的官员也注意到宪法的重要性。端方在他的《请定国是以安大计折》中说："立宪之所以异于专制者，于宪法之有无别之。所谓宪法者，即一国中根本之法律，取夫组织国家之重要事件一一具载于宪法之中，不可摇动，不易更改，其余一切法律命令，皆不能出范围之中。自国主以至人民，皆当遵由此宪法，而不可违反。此君主立宪国与民主立宪国之所同也。"在《立宪纲要》中，从学理的角度阐述宪法，并且明确把宪法和议会联系在一起："宪法者，所以定一国之组织及国权运用之法律也。以宪法本质言之，固为一国法律之根源，然不得谓凡为法律之根源者皆为宪法。若以一国之根本法为宪法，则环顾地球将无国无宪法，且将无往而不为立宪国矣。今之所谓宪法国者，必其为议院政治。有民选议会以参与立法事项，而先以此宪法树之本者也。故宪法与议会有牢不可解之关系。"[③]

那么，宪法如何制定呢？或者说制定宪法的程序如何？在西方国家，或由民选之议会起草并通过宪法；或由专门宪法起草委员会起草，

---

① 梁启超：《立宪法议》，见林志钧编《饮冰室合集·文集之五》，中华书局1989年影印本，第1页。

② 陈旭麓主编：《宋教仁集》，中华书局1981年版，上册第153页；下册第460页。

③《立宪纲要·述宪法界说》。

然后由议会表决通过；有的国家要经过全民公决才能产生宪法。梁启超认为，宪法应“出于国民公意，成于国民会议”，立法权应属于多数国民。[①]这与欧美多数民主国家是一致的。但主张立宪的官员与此不同，他们多半主张钦定宪法。这里面以第二次考察宪政大臣达寿的主张最有代表性[②]。

达寿把制定宪法的程序分为三种：钦定宪法、协定宪法、民定宪法。“钦定宪法出于君主之亲裁。协定宪法由于君民之共议。民定宪法则制定之权利在下，而遵行之义务在君。”达寿并举例说，“大抵君主国体未经改革，或改革未成之国家，其宪法仍由钦定，如日本与俄是也。已经改革，或经小变乱，而未变其君主国体之国家，其宪法多由协定，如英、普、奥是也。既经改革，而又尽变其君主国体，或脱离羁绊，宣告独立之国家，其宪法多由民定，如法、如美、如比是也。”达寿又把实际的政治运作，分为三种类型，这三种类型与宪法的制定方式密切相关。达寿把这三种类型称为大权政治、议院政治、分权政治。所谓大权政治，就是像日本那样天皇有较大权力、有最终决定权的政治模式；议院政治，就是英国型的议会权力特别突出，而君主并没有实际统治权力的政治模式；分权政治，就是美、法型的共和政治。达寿特别重视“大权政治”，他解释说：“大权政治，谓以君主为权力之中心，故其机关虽分为三，而其大权则统于一。其对于内阁也，得以一己信任之厚薄，自由进退其大臣。其对于议会也，则君主自为立法之主体，而议会不过有参与之权，议会虽有参与之权，而君主实仍操裁可之柄。其对于裁判所也，其裁判权虽寄于裁判所，而大赦特赦减刑复权之事，

① 梁启超：《新中国未来记》，见《饮冰室合集·专集之八十九》，第7页；《论立法权》，见《饮冰室合集·文集之九》，第106页。

② 1907年9月9日，清廷命外务部右侍郎汪大燮为出使英国考察宪政大臣，学部右侍郎达寿为出使日本考察宪政大臣，邮传部右侍郎于式枚为出使德国考察宪政大臣。

仍属天皇之自由。”[①] 达寿说，中国目前国体，以行大权政治为最善，而欲行大权政治，必为钦定宪法。

《立宪纲要》中也明确主张钦定宪法，其中说，世界各国宪法的制定，“要不出乎钦定宪法与民定宪法二者之范围”，如法国那样的民定宪法，须经大乱数次，历经数十年的恐怖时代，才能得以确立，“故法国之立宪，其为祸最烈”。日本就不同了，日本由君主颁布钦定宪法，“上下一心，励精图治，不数年遂为世界第一强国”。中国今日立宪，正应该像日本那样，宪法由钦定[②]。

就清政府最高统治者的立场上来说，既要得到实行立宪可能带来的强国御侮和王朝长治久安的好处，又要尽可能地保留君主的权力，那么，钦定宪法就是最好的选择。

清廷宪法大纲的起草、批准及颁布，正是按照钦定宪法的办法去做的。

三权分立?

孟德斯鸠倡三权分立，到了法国大革命时，《人权宣言》第十六条声称：“凡权利无切实保障，分权未确立的社会，就没有宪法。”此后三权分立的政府体制，逐渐为文明社会接受。然而，日本实行立宪的时候，对三权分立的原则作了非常大的修改。日本1889年宪法规定：“天皇为国之元首，总揽统治权。”“天皇以帝国议会之协赞，行使立法权。”“天皇裁可法律，并命其公布及执行。”如此，则三权分立成了在天皇下面的“三权分立”，最终决定权全属于天皇。而原倡三权分立的限制专制权力，防止某一个人或机构独裁的作用已荡然无存。这与法

① 达寿奏折见《清末筹备立宪档案史料》上册第25—41页。

② 《立宪纲要·述宪法种类》。

国、美国的所谓三权分立，实已风马牛不相及。

显然，赞成立宪的官员大多数主张实行日本式的立宪，起草和颁布日本式的宪法，即将所谓“三权”都附于皇权之下，实行日本式的“三权分立”。前引达寿对“大权政治”的解释，已经清楚地表明了他的主张。端方也是如此。

另一个对这个问题阐释得非常清楚的，是《立宪纲要》。该书《述君权》一节中，在相当准确地介绍了孟德斯鸠的三权分立学说后评论道，按孟德斯鸠的三权分立说，会出现各自为政的弊病，“立法操之太拘，遂致机关不灵，各自为理，政务涩滞不能统一，其弊有不可胜言者”。“如孟氏所言，则是三权并立，不能统一，不蹈专恣偏横之弊，即难免格乖离之患。国家之政务尚能收指臂之效乎？”书中又说，三权分立不是不可以用，但“三权分立而无总揽之者，斯不可矣”。立法权、行政权、司法权并不是真正属于议会、国务大臣和裁判所，而是由君主“委任之而使实行之而已”。总揽者这三权的，乃是作为国家元首的君主。

到后来，此种模式的三权分立就成了清政府的标准语言和行事准则。1910 年 4 月 8 日（宣统二年二月二十九日），由奕劻领衔的宪政编查馆的《行政事务宜明定权限办法折》中就说：“窃维君主立宪政体，统治权属诸君上，而立法、司法、行政则分权执行，是为立宪要义。谨案《钦定宪法大纲》，君上有统治国家之大权，凡立法、行政、司法皆归总揽，而以议院协赞立法，以政府辅弼行政，以法院遵律司法。”①

清廷之所以接受日本模式，不仅是切身利益使然，日本由弱而强的巨变起了重要的影响。然而日本在立宪的过程中实在是保留了较多的专制主义，它是个好的样板，又是个不好的样板。

---

① 中国第一历史档案馆藏《宪政编查馆全宗》7 号。

3. 责任内阁、议会、司法独立

如前所述，端方在考察各国政治归来所上的奏折中写道，内阁、议会、司法机构的职责和权限，“皆明载于宪法之中，彼此之间，各有其权能，各有其职守，各有其职任。不能于宪法所规定者有一毫之移动，有一步之出入”[①]。那么，这三个机构的作用和权限如何呢？

责任内阁，被端方列在首位。他说，宪法中首先规定的是君主无实际责任，由首相和大臣组成的内阁代君主负责任。首相或内阁总理大臣由皇帝任命，负责实际政务，或者说“代君主而对于人民负其责任”。端方和戴鸿慈在考察政治归来时就主张立即设责任内阁，他们说，中国行政机构的缺点，不仅是君主事必躬亲，责任太大，以致常常怨谤丛集，而且各机构权限不明，职责不明，互相掣肘。如军机处，“虽有类各国之内阁，然对于上则仅备顾问，对于下则未受责成，考其职权，只略如各国之枢密院耳”；至于各部之尚书侍郎，“实可称一国行政长官，而各部相离，毫无联络，彼此政策平时既未尝与闻，遇事或转相矛盾。且所掌者不过簿书期会，所争者不过意见参差。其稍有实权者，或遇应办之事，应拨之款，必须相助为理，通力合筹，又因素不相谋，以致各不相顾。机关阻遏，名实俱乖”。他们建议仿效日本改官制的模式，“以军机处归并内阁，而置总理大臣一人兼充大学士，为其首长，以平章内外政事，任国政责成。置左右副大臣各一人，兼充协办大学士，为其辅佐，以协同平章政事，共任国政责成……而令各部尚书皆列于阁臣。此三大臣者，常与各部尚书入阁会议，以图政事之统一，会议既决，奏请圣裁。及其施行，仍由总理大臣、左右大臣及该部尚书副署，使职权既专而无所掣肘，责任复重而无所诿卸，如此则

---

① 《请定国是以安大计折》。

戴鸿慈

行政之大本立矣”。[1] 总理大臣由皇帝任命，政事又要由皇帝批准，行政权基本上是掌握在皇帝手里，与日本当时的政治模式大体相同。显然，端方等在这里重视的是政治运作的效率，以及保证君位的安全，而不是削弱君权。

那么，当皇帝的命令乖谬而遭到人民的反对时，怎么办呢？端方的解释是君主仍然不可侵犯。办法是：当君主的旨意不当时，或违背宪法时，大臣不应执行，若君主强命执行，则大臣应辞职，而下一届大臣仍不执行，直到君主收回成命，则违背宪法的命令就会不行而止了。如果哪一个大臣明知君主的旨意错误而仍然执行，那么他应该受议会的弹劾。这样，“违背宪法之制令自不行而止矣，终无损于君主之所以为君主也。”[2] 总之，内阁可以变易而君主不可侵犯。但是，这样做的另一后果，端方却不愿说出来，那就是内阁和议会可以借口错误而抵制君主的命令，从而可能削弱君主的权力。

如果说端方对此讲得还比较隐晦，那么《立宪纲要》中则讲得比较露骨。其中写副署之制道：“立宪国君主于国务上之行为，必有国务大臣副署乃能见诸施行……君主设有违反宪法之行为，国务大臣可以拒绝副署。是君主之行为，非国务大臣同心合意，不能施行政务。”为了避免最高统治者对于君权旁落的担心，书中又说：“或谓国务大臣既负如此之责任，又有矫正君主过失之职权，则君权不几旁落乎？是又不然。盖君主原有进退国务大臣之权，且文明国于任用各种官吏，皆必遵一定之资格，循一定之考核，惟于国务大臣不然，但得君主之亲信，则朝为布衣，暮执大柄。是国务大臣之进退，全由于君主一人之选择。故其责任之重大过于普通官吏者以此，而其无碍于君主执行之

---

① 《请改定全国官制以为立宪预备折》，见《清末筹备立宪档案史料》上册；又见《端忠敏公奏稿》卷六。

② 戴鸿慈、端方：《欧美政治要义》（第六章），商务印书馆 1908 年版，第 44—46 页。

大权者亦以此。”[①]

在西方理论家和思想家的笔下，议会是体现人民主权的机构。在实际政治生活中，议会一般具有立法权、监督权等权力。主张立宪的官员是怎样看议会的呢？端方论述设议会的必要性说：“行政之善与不善，人民之怨与不怨，未可知也。即令其（内阁）代君主而对于人民负责任矣，则人民之意向如何，不可不一视其从违，以为行政之方针。而欲观人民意向之从违，又非可执国人而人人问之也。于是不能不设议会，由人民分区选举，以为议会之议员，以议会之可决否决而觇国民意思之从违焉。”议会有何权限呢？端方认为，国会可以监督政府（内阁），“政府与国会，殆如车之两轮，彼此常相钳制者也”。[②]他又举例说：“试举议会之权能中之一端以论之，即如有所谓监财权者，乃一国中财政上岁出岁入，当有几何，政府必与议会谋之。每岁以收入之数，制定预算表，以何理由而始为此收入，必得议会赞成之后，乃于人民征收之。每岁又以支出之数，制定决算表，以何理由而既为此支出，必报告于议会，而得其承认。此各立宪国共同之制度也。”[③]端方认为重大政事要得到议会的同意，但议会并没有完全的立法权。“君主立宪国之立法权虽由君主委之于国会，然君主并非遂无此权”，而是“君主与国会共有立法权”。而当议会与内阁发生争执时，则由君主来裁决。[④]端方与前述达寿的见解不完全相同，他没有把立法权全归于君主，而是给予议会一半的立法权。总之，国会虽然有一定的立法权，但它主要是一个反映民意的机构。

《立宪纲要》中的表述也是大致如此：“国家所以有议院之故，虽

---

① 《立宪纲要・述国务大臣之责任》。

② 《欧美政治要义》第七章第 70 页。

③ 《请定国是以安大计折》。

④ 《欧美政治要义》第七章第 70 页。

学说不一，大抵用以窥舆论之向背。尝观世界各国之历史，为人上者，莫不以从谏而兴，以愎谏而亡……而未有议院之先，人但责君主以俯从舆论，而无机关以为发表舆论之地，人言庞杂，纷无秩序，虽有尧舜之圣，师旷之聪，且犹不可，况下焉者乎？议会者，舆论所从出之机关也。其言而不经两院之议决者，虽善弗录，所以一视听，整规范也。”①

官方表达出来的观点，有时是矛盾的，宪政编查馆上奏谘议局章程时说：“立宪政体之要义，在予人民以与闻政事之权，而使为行政官吏之监察，故不可无议院以为人民闻政之地。东西立宪各国，虽国体不同，法制各异，而要之无不设立议院，使人民选举议员，代表舆论，是以上下之情通，而暌隔之弊少。”② 奏折还将议院的原理比附“防民之口，甚于防川。川壅而溃，伤人必多。是故为川者决之使导，为民者宣之使言”的古训。就这段话来说，就有两种意思，一是议院是通上下之情的机构，一是议院有一定的“与闻政事之权”。清政府对议会的理解，总之不出这两个方面。

对于立法与行政的关系，《立宪纲要》进一步解释说，当国务大臣“遇有过失时，则议会可以指摘而诘问之。故议会对于大臣有不信任之时，大臣请求君主以诏令解散议会，解散后三月另行召集。如开会时所举议员仍是前次解散之员，则大臣即当辞职，或议员虽非前次解散者，而仍与大臣意见不合，或持论仍与前之解散者无异，则大臣亦当辞职”③。这一见解与其时英、法的内阁制已相当接近。但是，多数主张立宪的官员实际上是希望行政能够控制议会。

不少人还有一些特殊的看法。当1906年清政府讨论新官制时，反对设责任内阁的人中有人认为，行政是与立法相对的，现在作为立法机

① 《立宪纲要·述养成议员资格》。

② 《清末筹备立宪档案史料》下册第668页。

③ 《立宪纲要·述国务大臣之责任》。

关的议会没有召集，就马上设责任内阁，内阁没有议会的牵制，大权在握，将会危及君权。这表明，部分官员担心内阁总理权力过大，希望用议会来平衡或限制。[①]但是另一方面，又有人担心设议会以后，议会过强，行政大权将为议会操纵，这不符合他们所谓的“大权政治”，并且将危及君主的权力。他们认为“在议院政治之国，则议会操纵政府”，但是在大权政治之国，应该是“政府操纵议会”。[②]在这些人看来，由行政系统来表达君主的旨意要顺利得多，而议会则往往会与君主的旨意相冲突。

司法机关与立法机关、行政机关分离，是现代国家体制的重要特征。端方认为，司法独立与责任内阁、国会是同等重要的。“司法之裁判所，据一定之法律以裁判刑事、民事之诉讼，乃以此保护人民之生命财产。而其所最重要者，则司法权独立于行政之外，不受行政官吏之干涉。”[③]在司法权独立的同时，还有司法统一的问题。在进行司法改革之前，中国的司法制度是极其复杂和紊乱的，在中央有刑部、大理寺，而内务府的慎刑司以及理藩院、步军统领等都有司法权，“处分不出于一途，其戾于公平之旨可知也”[④]。因此端方等主张司法独立于行政系统之外的同时，又主张统一司法机构，设立各级裁判所和司法行政机关，其余纷乱的裁判机关全部废止。但是，正如前述主张立宪的官员们对立法、行政的理解一样，他们主张的司法独立，不是完全意义上的独立，而主要是设立独立于行政系统之外的审判机关。

这里附带提一下，主张立宪的官员有不少强调法治。比如前面提到宪法的时候，他们大多解释为自君主、官员以至人民都要遵守。端

---

① 参见赵炳麟的奏折，见《清末筹备立宪档案史料》第124页。

② 中国第一历史档案馆藏《宪政编查馆全宗》7号。

③ 《请定国是以安大计折》。

④ 《欧美政治要义》第十一章第103—104页。

方也比较过立宪国与专制国的不同，说是专制国任人而不任法，立宪国任法而不任人。并且认为："夫所谓任法而不任人者，不仅君主立宪政体为然也，即民主立宪政体亦然。所重者不在君主民主之制，而在立宪与专制之别。"[①]《立宪纲要》一书中也认为："立宪国必由国家先定一法律，以立臣民行为之准则。凡事一依法律为服从。国家即依法律而保护之。"书中还把法治与废除列强的领事裁判权结合起来。在实行法治之后，即使外国人民在中国领土内，也没有危险，那么外国人就会信用中国的法律，"则有可以为改正条约之地，而外国领事裁判权亦可以撤销"[②]。端方在担任两江总督期间的一次讲演中也说："今之世界，法治之国无不兴，非法治之国无不亡。本部堂游历欧美考察政治，观于其朝野上下，无不范围于法之中。虽有大力，莫或通假。其政治之机关，既极完备，其人民之公私界限，又极分明，有秩序，有规则。"[③]

三、二元君主制

当时的世界上，君主国尚占绝大多数。清廷最重视的是英、德、日三国。所以 1907 年第二次派出考察宪政大臣，就只到这三个国家。

英、德、日三个君主国，政治制度模式又不相同。英国自 1840 年革命以后，其内部各派势力经长期斗争、妥协，逐步建立起君主只是一位特殊公民和国家的象征，但无实际统治权力的政治体制，故学界常强调其民权发达，称之为立宪君主制。如革命党人宋教仁对日本的宪政模式抨击甚多，但对同样是君主制的英国却大为称赞，甚至说英国经过

---

① 《请定国是以安大计折》。

② 《立宪纲要 · 述臣民权利义务》。

③ 端方：《法政讲习所演说》（稿），中国第一历史档案馆藏《端方档》函字 76 号。

1911年的“国会革命”（即限制上院权力的“议会法”通过），英国已与民主共和制国家无异。德国虽号称君主立宪国，但其皇权远较英国为大。俾斯麦长期任德国首相，对德国统一立功甚大，位高权重，号称铁血宰相，但德皇威廉二世即位后与其意见不合，即将其罢免，德皇之权力，由此可见一斑。故学界常称当时德国的政治体制为二元君主制。日本立宪之时，专意仿效德国，而明治宪法所规定的皇权，实较德国更为加重。

主张立宪的官员都清楚地表达了效仿日、德的愿望，而对君主完全“垂拱于上”的英国体制则有所保留。端方和戴鸿慈就说：“日本之仿效欧西，事事为我先导……中国今日欲加改革，其情势与日本当日正复相似”，所以，最值得效法的是日本[①]。“日本维新以来，事事取资于德，行之三十载，遂致勃兴。中国近多歆羡日本之强，而不知溯始穷源，正当以德为借镜。”[②]这一点，与在野的立宪派不同，立宪派虽然常举日本由弱变强的例子呼吁实行立宪，但是立宪派希望的实际是议会有完全的立法权，君主真正垂拱于上的英国模式。

民选的议员基本控制议会，在政权中据有一定的地位，或者有一半的立法权；君主的权力受到一定的限制和削弱。主张立宪的官员设计的这样一个接近德、日的二元君主制的模式，其实质是在由旧的君主专制国家体制向新的议会民主制的国家体制过渡的过程中，新、旧势力分享政权，并形成暂时的平衡。他们希望通过这样一种体制，使国家从政治危机转趋稳定和平衡，从而达到富国强兵的目的。

但是，这种二元君主制不是一个超稳定的结构，揆诸世界历史，它只是一个过渡的中间环节。在西方，议会曾是新兴的社会势力向专制

---

① 《请改定官制以为立宪预备折》。

② 《到德考察情形折》，见《端忠敏公奏稿》卷六第18页。

王权斗争的领导核心，当双方的冲突激烈到无以缓和的程度，就会发生“议会革命”；冲突比较缓和的，新的社会势力会逐渐排除旧的王权和贵族势力，或把他们改造成新势力，成为较完全的民主政权。在中国，谘议局和地方督抚的冲突、资政院和清政府中央朝廷的冲突，也与西方颇为相似。

四、人民的民主权利

在中国传统的政治中，人民只有服从的义务，而没有什么权利可言。即便是服从，也不是服从法律，而是服从君主和官长的权威。而在当时西方先进国家，至少要在宪法条文中写上人民的民主权利。

中国现在既然立宪，这一问题自然也会提出来。不过官方人士对此问题总是羞羞答答，不像革命党人和立宪派那样说得痛痛快快。就目前笔者所看到的资料，以《立宪纲要》的阐述比较全面。该书中写道：“盖宪法之精神，全在保护人民之权利。”[①]该书还有专门的《述臣民之权利义务》一节，作者认为，立宪国的臣民和专制国的臣民有什么区别呢？“一言以断之曰：立宪国之臣民，对于国家享有种种之权利，亦即负有种种之义务而已。不若未立宪之臣民仅负义务未能享有权利者也。”

那么，臣民都有什么权利呢？该书从法理上论述，认为臣民的权利有三种，一是请求国家行为之权，一是请求国家不行为之权，一是参与国家政务之权。所谓“请求国家行为之权”，就是要求国家做什么，如受理臣民的诉讼就是一端。所谓“国家不行为之权”，是说凡是法律所

① 《立宪纲要·述立宪预备》。

许可的范围内，国家不得侵犯干涉。书中列举了11项这种权利：如居住移转权，身体自主权（非依法律不受逮捕、审问、处罚），住所安全权（未经本人许诺，不得侵入其住宅及妄行搜索），书信秘密权，所有权之不可侵权，信教自主权，意思发表之自主权（臣民有言论著作印行之自主），集会结社之自主权，请愿之自主权，等等。所谓参与国家政务之权，书中解释说："古代政权，君主一人专之，或贵族数人执之。立宪之国，除犯剥夺公权之刑外，无论何人，皆国家之分子，无论何人皆有参政权。虽幼孩妇女不尽有之，然系特别不在普通之例。参与政务之事，约有数种，如行选举、为官吏、作公吏、服兵役等是也。"这是笔者看到的官方文献中对此问题的最大胆的议论。其中部分内容，为后来的《钦定宪法大纲》采用。

最后需要指出的是，清廷立宪的各项措施，并不是完全按照主张立宪的官员的主意办的，而往往是平衡了各方面的意见之后才实行的。

原载《清史研究》2000年第1期

清末最后十年的平满汉畛域问题[①]

清末在推行新政及预备立宪的大环境下，清政府实行了平满汉畛域措施，内容主要有四项：一准许满汉通婚；二任官不分满汉，中央各部废除满汉复职制，东三省大量任用汉官同时裁撤副都统等旗官；三旗民编入民籍和筹旗人生计；四司法同一，逐步实行旗人犯罪，与民人同法律同审判机构。这些措施中，第一、第四项实行较彻底；第三项东三省实行较彻底，而其他地方由于各种困难和缺乏决心，只取得较少成绩；至于第二项，地方官特别是东三省改制后的地方官，多任用汉族人，而中央核心层，仍由满族亲贵控制。宣统年间，平满汉畛域的推行趋缓，这种情形，加剧了社会的不满，加速了清廷的覆亡。

作为一个少数民族贵族建立的政权，清朝的民族政策比元朝是成功的，也正因为如此，清朝也比元朝延续的时间长得多。但自清朝建立以来，还是陆续实行了一些带有民族歧视色彩的政策。这政策的要点有四：第一，官缺分满汉[②]，满族官员可任汉缺，汉族官员却不能任满缺，同一职务如尚书、侍郎，满族的权力大于汉族。另外，满族主要

---

① 关于清末平满汉畛域问题，目前学术界尚无专文探讨，只在《满族简史》（中华书局1979年版）中有简短叙述。又清代满族的范围，目前学术界有不同说法，多数学者将蒙旗和汉军旗也视为满族，但也有些学者将这两者排除在满族之外。本文所论，将蒙旗和汉军旗人均视为满族。

② 严格说来，尚有宗室缺、满洲缺、蒙古缺等多种，不赘述。

出任较高级别的官职，保证在政府机构中满族占绝对的优势地位。第二，满汉不准通婚[①]。第三，满族人只能为职业军人，不准从事生产活动，满族人民的生活（主要是进入关内的满族）全靠政府财政供应。第四，对满族和汉族施行不同的法律，审判机构也是单独的。一般来说，如果是满汉纠纷，满人所受处罚总要轻些。

清初，在强大的军事压力面前，汉族人民包括汉族官员无人敢轻易对此提出异议。清中叶以后，人们对此已经习以为常，也没有造成多大矛盾。但是到了清末最后十年，满汉矛盾日益突出，满人特权已日益为汉族及其他民族所不满，并成为革命党人进行革命宣传和号召的一个重要理由。邹容在《革命军》中，对满人垄断权力的现象曾痛加斥责。《民报》也说："夫以民籍计之，满人之数，裁当汉人百之一，而服官者，其数乃等于我（指汉族——引者），天壤间不平之事未有若斯之甚者！况夫借口于不分满汉，举枢要之职壹以属彼族之私昵。"[②]从清政府方面来说，由于武器和战术的改变，八旗兵早已失去战斗力；部分满族人民因为不事生产而日益窳惰，所谓"八旗子弟"，被人讥讽为"不士不农不工不商不兵不民"，几乎成了对无所事事游手好闲之人的通称；而因为不准满族人民从事生产，不少满族下层人民生活相当困苦。而每年发给满族人民的"钱粮"，也给本已极为困难的财政带来了严重的负担。现实逼迫清政府必须改变以往的政策，只是迟早的问题。

1906年，清政府宣布预备立宪。近代宪政的一个原则是凡为国民，权利义务应该平等。虽然平等的原则在当时的西方国家也并没有真正做到，但这毕竟是近代意识和近代政治理论的一个不可缺少的组成部分。因此，实行预备立宪以后，平满汉畛域的呼声更加高涨。就当时

① 准确说，是不准旗女嫁汉人，而默认民女嫁旗人。清初曾允许满汉通婚，嘉庆后逐渐禁旗、民通婚。参见定宜庄：《满族的妇女生活与婚姻制度研究》，北京大学出版社1999年版。

② 《预备立宪之满洲》，《民报》第十九号。

1906 年 9 月 1 日清朝颁布立宪上谕后，广西省当局召集桂林各公立学堂师生宣布立宪诏书并庆祝。

的国家领导人来说，他们未必懂得什么平等，更不会服膺平等观念，但是社会舆论的压力他们必须考虑。所以论理论势，满族特权都是非改革不可的问题，于是平满汉畛域就顺理成章地成为筹备宪政的一个重要的内容。

但是，清政府在这一问题的改革上呈现出复杂的矛盾心态，它愿意取消满族普通人民的特权，也逐步在这样做，但为了保证大清朝的统治，满人尤其是皇族在政府高层的优势地位，它却不肯放弃。而由于解决旗民生计的困难，驻防也没有取消。因此，平满汉畛域就成了既一定程度实施，但又蹒跚犹豫的改革。然而，在清朝前期、中期这些已习以为常的事情，在清末却日益引起社会各个阶层的不满，并且加速了清政府的灭亡。

一、平满汉畛域的议论和策划

1901 年以前，各方面早已提出一些融合满汉、解决旗民生计的建议，最早甚至可以追溯到乾隆年间。当然，一般人还不敢直截了当提出取消满人特权。

戊戌变法时，时任总理衙门章京的张元济于 1898 年 9 月 5 日上书建言五条，其中之一便是融满汉之见。他请将除宗室外的满蒙各旗编入民籍，归地方官管辖；满汉通婚；任旗民自谋衣食，准许旗民转居别处；京师及各省驻防旗营设劝工学堂，以便解决旗民生计问题[①]。紧接着，另一位大臣袁昶也上书请谋旗民生计。至 9 月 14 日，光绪皇帝下诏："旗丁生齿日繁，徒以格于定例，不得在外省经商贸易，遂致生计

① 国家档案局明清档案馆编：《戊戌变法档案史料》，中华书局 1958 年版，第 44—45 页。

日艰。从前富俊、松筠、沈桂芬等均曾筹议及之。现当百度维新，自宜弛宽其禁，俾得各习四民之业以资其生。著户部详查嘉庆、道光年间徙户开屯、计口授田成例，切实订立新章，会同八旗都统迅速奏明办理。”[①] 由于变法很快失败，光绪帝的诏令没有能够施行，但是积累起来的问题并不会因为废止改革措施而消弭，而且随着时间的推移愈益严重。

经过义和团和八国联军侵华事变，社会的不满迅速膨胀，官员中对此的议论也大大增加。1900 年底，英国驻汉口代理领事法磊斯在一封信中转述他和湖广总督张之洞的谈话说：“他和我所见到的所有汉人官员一样，憎恨满人，因为他们把持中国、搜刮民脂民膏，他们不顾自己的能力和是否胜任，总能升官发财。中国要想改革只有一法：废除满人一切特权，不论是旗人的俸禄还是仕途特权。”[②] 英国领事的话可能有夸张的成分，因为张之洞的不满可能主要是针对载漪、刚毅等极端保守派分子的，但汉族官员中间对满人特权也一定程度心怀不满是事实，这显示平满汉畛域的问题应该提上日程了。

1901 年，刘坤一和张之洞在他们的著名的《江楚会奏变法三折》的第二折中，提出筹八旗生计的建议，他们主张鼓励旗人自谋生路，“凡京城及驻防旗人，有愿至各省随宦游幕、投亲访友以及农、工、商贾各业，悉听其便”，凡愿意“寄籍者，即归地方官与民人一体约束看待”，并停止国家发给的钱粮。他们还请多设八旗学堂，鼓励旗人学习士农工商兵各业。但是当时改革还刚刚开始，他们奏折主要谈的是解决旗人生计问题，同时暗示应逐渐将满族人民编入与汉族及其他族人民一样的户籍，与一般人民一样对待，但还不敢放开来谈取消满族法律、

① 朱寿朋编：《光绪朝东华录》，中华书局 1958 年版，总第 4194 页。参见梁启超：《戊戌政变记》，见林志钧编《饮冰室合集·专集之一》，中华书局 1989 年影印本，第 54—55 页。

② 骆惠敏编：《清末民初政情内幕》上册，知识出版社 1986 年版，第 191 页。

政治方面的特权的问题[1]。

新政逐步推广以后，谈论平满汉畛域的渐渐多了起来。

1903年，张之洞曾到北京朝见慈禧太后和光绪帝，1904年初辞行时，曾“力请两宫化去满汉畛域”，并具体建议“如将军、都统等官，可兼用汉人。驻防旗人犯罪用法与汉人同，不加区别”，慈禧太后表示同意。[2]

清廷派五大臣出洋考察政治并宣布预备立宪以后，建议平满汉畛域的达到了高潮，其中有的是满族官员。出洋考察政治五大臣之一，后来官至直隶总督的端方就是主张较力的人物之一。早在1901年，端方在所上《筹议变通政治折》中，就曾建议让旗民移屯，“民旗杂居，耕作与共，婚嫁相联，可融满汉畛域之见”[3]。1906年端方考察政治归来，又单独上了一个《请平满汉畛域密折》[4]。他“请降明诏，举行满汉一家之实，以定民志而固国本”。折中比较奥匈帝国、俄国、英国、美国等国种族关系不同，从而强弱不同的情形之后说：“苟合两民族以上而成一国者，非先靖内讧，其国万不足以图强；而欲绝内讧之根株，惟有使诸族相忘，混成一体……国初以来，满汉通婚之禁未开，故此两族者……虽言语宗教习尚罔不大同，而种族一线之界，犹未尽泯。近以列强交通，国威稍挫，人民何知，惟有责难政府……而一二不逞之徒，竟敢乘此时机，造为满汉异族权利不均之说，恣其鼓簧，思以渎皇室之尊严，偿叛逆之异志。加以多数少年，识短气盛，既刺激于时局，忧愤失度。复偶涉西史，见百年来欧洲二三国之革命事业，误认今世文明，谓皆由革命而来，不审利害，惟尚感情。故一闻逆党煽动

---

① 苑书义等主编：《张之洞全集》第二册，河北人民出版社1998年版，第1421—1422页。

② 《抱冰堂弟子记》，见《张之洞全集》第十二册第10628页。笔者对原标点作了改动。

③ 端方：《端忠敏公奏稿》卷一，台湾文海出版社1967年影印本。

④ 《筹议变通政治折》，见考察政治的其他奏折多半与戴鸿慈联名同上。

之言，忽中其毒而不觉，一唱百和，如饮狂泉。”端方强调，平满汉畛域为消弭革命的必要措施。“今日欲杜绝乱源，惟有解散乱党；欲解散乱党，则惟有于政治上导以新希望，而于种族上杜其所藉口……夫所谓政治上导以新希望者，则奴才等前此所谓宣布国是定十五年实行立宪是已。若所谓于种族上杜其所藉口者，则奴才私计有二事焉”，此二事即其平满汉畛域措施：“一曰改定官制，除满汉缺分名目。”他建议将京师各衙门，悉依新设的外、商、学、警四部成例，除满汉缺分名目，所有堂官、司员，不问籍贯，惟才是用。“二曰撤各省驻防。”他说应速下明诏，将各省驻防永远裁撤，旗丁之挂名兵籍者，悉令仍居原驻地方，编入民籍，依前此裁撤绿营成例，特加优待，给以十年口粮，为之安顿生计[①]。由于端方的满族身份，加之深受慈禧太后的信任，他的呼吁对清政府的决策有一定的影响。

与清政府内部讨论增多同时，社会的压力也大大增加了。1907 年 7 月 6 日，发生了徐锡麟起义。起义虽然失败，但起义的领导人徐锡麟曾捐得道员，号称四品大员，他亲手枪伤安徽巡抚恩铭，比同盟会在广东等沿边省份发动的起义更令清廷震动。在一些官员看来，只有加快立宪步伐，加快平满汉畛域的步伐，才能平息社会的不满，消弭革命。所以这以后立宪的步伐稍稍加快，平满汉畛域的力度也加大了。7 月 8 日，也就是徐锡麟杀恩铭事件后的两天，清廷下令，准臣民上书言立宪事。7 月 28 日，直隶总督袁世凯又奏请加紧立宪，并在奏折中建言融和满汉。7 月 31 日，两江总督端方又代奏安徽士人李鸿才“化除满汉畛域办法八条”的条陈。紧接着，8 月 2 日，湖北按察使梁鼎芬也奏请明诏化除满汉界限，并请饬内外臣工，各抒所见，以备采择。因为梁

① 中国史学会编：《中国近代史资料丛刊·辛亥革命（四）》，上海人民出版社1981 年版，第39—47 页。

鼎芬和张之洞关系密切，梁鼎芬的上书可能有张之洞授意的成分。袁世凯与张之洞是当时最有威望的地方督抚，1907 年“丁未政潮”之后，两人双双调入北京任军机大臣。他们再加上两江总督端方的建议，对朝廷的决策有相当的影响。

在这一背景下，1907 年 8 月 10 日，慈禧太后命：“现在满汉畛域应如何全行化除，著内外各衙门各抒所见，将切实办法妥议具奏。”① 此后不少人上书参加讨论。除了极少数人外，多数人赞成实行平满汉畛域措施，有的建议将驻防名目取消，使驻防旗人占籍为民；有的提出法律应该同一；有人甚至还提出应将满族姓氏改变，与汉人相同，实际上等于将满族彻底汉化。其中以 8 月 24 日两江总督端方和修订法律大臣沈家本的上奏最为典型。端方的建议共为四条：一、旗人悉令就原住地方编为旗籍，与汉人一律归地方官管理；二、旗丁分年裁撤，发给十年钱粮，使自谋生理；三、移驻京旗屯垦东三省旷地；四、旗籍臣僚宜一律报效廉俸，以补助移屯经费。② 端方的奏折上后，清廷谕下政务处议，不久就正式作出了将旗民陆续编入民籍的决定。沈家本的奏折从法律立论，请将旗人犯遣军流徒各罪，照民人一体发配，不必减轻。不久清廷作出了将法律同一的决定（见后）。

二、平满汉畛域措施的颁布

自新政实施开始，平满汉畛域措施就已陆续实行，而在宣布预备立宪以后的两年达到高潮。下面就对各项措施的颁布和实施情况作初

① 故宫博物院明清档案部编：《清末筹备立宪档案史料》，中华书局 1979 年版，第 918 页。

② 《清实录・光绪朝》卷五七六，中华书局 1987 年版，第 630 页。

步的考察。

第一项，准许满汉通婚。

1902 年 2 月 1 日，慈禧太后下令准满汉通婚。懿旨说："旧例（满汉）不通婚姻，原因入关之初，风俗语言，或多未喻，是以著为禁令。今则风同道一，已历二百余年。自应俯顺人情，开除此禁。所有满汉官民人等，著准其彼此结婚，毋庸拘泥。"[①]此后不少满汉官员带头联姻，如袁世凯和端方结成亲家，庆亲王奕劻和先任驻外公使后任山东巡抚的孙宝琦结成亲家。这些婚姻不免有政治联姻的成分，但也算起到一种表率作用。至于一般满族民众，早已有人冲破禁令，与汉族人民通婚[②]。通婚禁令的取消，可以说顺应了形势，便利了满汉人民的相处和民族的融合。

第二项，取消满族在政治上的若干特权，任官不分满汉。

取消满族特权，却是有些不容易，有些清廷不那么愿意痛痛快快实行。清政府不愿意实行的，我们后面再谈，这里主要说清廷付诸实行的。新政实施以后，逐渐有汉族官员担任了以前只有满族官员才可以担任的职务。如程德全 1903 年任齐齐哈尔副都统，1905 年又出任黑龙江将军就是一例。自 1901 年至 1905 年，清政府新设了外务部、商部、巡警部、学部四个新部，这些部废除了满汉复职制，每部只设一尚书、两侍郎，任职不分满汉。1906 年官制改革之后，新成立的各部中，官缺分满汉之制彻底废除。与此同时，开始有较多的汉族担任以前必须由满族担任的官职。专门管理八旗事务的都统原来政治地位很高，任此职的即使不是王公贵族，也必是旗人。1906 年官制改革以后，汉族

① 《光绪朝东华录》总第 4808 页。

② 根据20 世纪50 年代对辽宁省沈阳市满堂乡满族的调查，与满族通婚的汉族女子，往往用顶替汉军旗人姑娘名字的办法，以便领取政府给的钱粮。见《民族问题五种丛书》辽宁省编辑委员会编：《满族社会历史调查》，辽宁人民出版社 1985 年版，第 31 页。

的刘永庆、冯国璋、王士珍、段祺瑞、吴禄贞、李国杰、李殿林等人，都担任过八旗都统或副都统职务。当然，清末自湘淮军兴起以来，地方督抚多由汉族官员担任已成趋势。

就汉官出任从前只有满族才能担任的职务来说，改革动作比较大的是东三省。东三省是清朝的发源地，也是满族人民占人口比例较多的地方，任职的向来是满族官员。日俄战争后，为了抵制日俄的侵略，清政府加强了对东三省的经营。1905 年赵尔巽任盛京将军后，裁撤了奉天府尹和盛京五部。赵尔巽上任之前，就奏请各城副都统满汉兼用："奉天无论旗汉各缺，皆准……不分满汉，均选才堪任用、人地相宜者补署。"[①] 1907 年清政府又裁撤盛京、吉林、黑龙江将军，设东三省总督，同时在三省分设巡抚，巡抚受总督节制。这样，近代中国继在台湾、新疆建省之后，东三省也正式设行省。东三省改制后，任东三省总督的徐世昌、奉天巡抚唐绍仪、吉林巡抚朱家宝、黑龙江巡抚程德全（先为段芝贵，后以丑闻，由程代）都是汉族。东三省设省之后，陆续将副都统、城守尉等旗人官职裁撤，改为与内地州县一样的文官。如 1908 年 8 月，清廷一次就批准撤销黑龙江省爱珲、呼伦贝尔、墨尔根三个副都统，代之以爱珲、呼伦贝尔道员，黑河、胪滨、佛山、嫩江知府等民官[②]。其他如 1905 年裁撤齐齐哈尔、呼兰、布哈特、通肯四个副都统；1908 年裁撤锦州副都统；1909 年裁吉林、宁古塔、三姓、珲春等副都统。到 1911 年辛亥革命爆发前，东北只剩下盛京、金州、兴京三个副都统。[③] 如果假以时日，相信东北的副都统会全部裁撤。而 1911 年辛亥革命爆发前，东三省 36 个包括总督、巡抚、交涉使、民政使、度支使、各道员等重要官员，除东三省总督赵尔巽和两个副都统是满族

---

① 中国第一历史档案馆藏《赵尔巽全宗》第 101 卷。

② 《光绪朝东华录》总第 5958—5959 页。

③ 参见章伯锋编：《清代各地将军都统大臣等年表》，中华书局 1965 年版。

1907 年，清政府将其发祥地东北改为与内地一样的行省。图为首任东三省总督汉族官员徐世昌。

外，其他人都是汉族[①]。东三省的改制，加快了东三省的开发和满汉各族人民的融合，民国以后，东三省很快就成为在全国政治、军事、经济中举足轻重的地区，与清末的改革有相当的关系。

除此以外，按以往的规定，汉族官员父母去世，官员本人须守孝三年，满族则不受此限制。这一制度表面上遵循儒家纲常礼教，但实际上是对汉族官员的一种歧视。1909 年 3 月，清廷下令官员不论满汉，父母丧时一律丁忧三年。[②]

第三项，准备将旗民编入普通民籍和筹旗人的生计。

1907 年 9 月 27 日，清廷颁布上谕说："我朝以武功定天下，从前各省分设驻防，原为绥靖疆域起见。迨承平既久，习为游惰，坐耗口粮，而生齿滋繁，衣食艰窘，徒恃累代豢养之恩，不习四民谋生之业。亟应另筹生计，俾各自食其力。著各省督抚会同各将军都统等查明驻防旗丁数目，先尽该驻防原有马厂、庄田各产业，妥拟章程，分划区域，计口授地，责令耕种。其本无马厂、庄田，暨有厂、田而不敷安插者，饬令各地方官于驻防附近州县，俟农隙时，各以时价分购地亩，每年约按旗丁十分之一，或十数分之一，授给领种，逐渐推广，世世执业，严禁典售。即以所授田亩之数，为裁撤口粮之准……该旗丁归农以后，所有丁粮词讼，统归有司治理，一切与齐民无异……一面仍将各项实业教育事宜，勒限认真分别筹办，以广旗丁谋生之计……著各将军督抚等破除情面，实力奉行，不得任听协参佐领各员，挟持私见，阻挠大计……期于化除畛域，共作国民，用副朝廷一视同仁之至意。"[③]据说这一谕旨是在新任军机大臣的袁世凯的极力主张下颁布的。[④]

① 见《东方杂志》第八年第七号所刊各省职官录，其中缺新军镇一级军官。

② 《宣统政纪》卷九，中华书局 1987 年版，第 167 页。

③ 《清实录·光绪朝》卷五七八第 650—651 页。

④ 《汪大燮致汪康年函》，见《汪康年师友书札》(第一册)，上海古籍出版社 1986 年版，第 1009 页。又袁世凯于 1907 年 9 月 4 日任军机大臣。

1908年8月，清政府公布《钦定宪法大纲》，同时公布“逐年筹备事宜清单”。清单中规定在筹备的第一年设立变通旗制处，并规定变通旗制处的任务是“筹办八旗生计，融化满汉事宜”；在第八年也就是1915年“变通旗制，一律办定，化除畛域”①。1908年12月7日，清政府设变通旗制处，派贝子溥伦、镇国公载泽、大学士那桐、侍郎宝熙、熙彦、达寿司理其事。

有关这项改革的实施情况，我们后面再专门探讨。

第四，司法同一。

1907年10月9日，慈禧太后懿旨说，“满汉沿袭旧俗，如服官守制，以及刑罚轻重，间有参差，殊不足以昭划一”，她命礼部及修订法律大臣议定满汉通行礼制、刑律，除宗室外，满汉同一。②至1908年1月10日，修订法律大臣沈家本等奏拟定办法五十条，“请嗣后旗人犯罪，俱照民人各本律、本例科断，概归各级审判厅审理。所有现行律例中旗人折枷各制，并满汉罪名畸轻畸重及办法殊异之处”，全部改为同一。清廷予以批准。③这样，在法律适用上普通旗民与民人就没有什么两样了。

除了法律外，还有划一审判机构的问题，清末预备立宪过程中实行“司法独立”，即在各地陆续设立专职的各级审判厅，承办民刑案件。原则上，凡是成立了审判厅的地方，无论民、旗，审判均归审判厅，这样就逐步取消了原来专门针对旗人的审判机构。如在京师，1907年12月成立审判厅，其中初级审判厅内城三处，外城二处，成立之始法部即奏请以后旗人案件归审判厅审理。各省未设审判厅的地方，旗人诉讼

---

①《清末筹备立宪档案史料》上册第61、66页。

②《光绪朝东华录》总第5745页。

③《光绪朝东华录》总第5812—5813页。

也归州县办理[①]。又如涉及八旗田土方面的诉讼，原来一律由户部办理，京师审判厅成立后，此类诉讼概归审判厅办理。1908年，又由内务府奏请，以后“王、贝勒等府第呈送庄头、佃户拖欠租银、典卖地亩等案件，由各该地方官讯办”[②]。这样旗人涉讼由另设的机构审判的制度也取消了。

至于当时人数已经不少的宗室、觉罗与民人涉讼案件，原来涉及宗室案件由刑部派员到宗人府会审，涉及觉罗案件由宗人府派员到刑部会审。在京师审判厅开办的同时，清廷决定将涉及宗室、觉罗的民刑诉讼，概暂归大理院——相当于最高法院——审理。[③]宣统年间，有位宗室麟昌犯盗窃罪，他的审判仍是由宗人府进行的。宗人府认为职官盗窃超过一千两，例应处死刑（这比其他大官贪污数目实在少得多）。奏上之后，清廷认为照以往虽应死罪，但考虑到麟昌得到的不过六百余两，应该免死罪。这样，这位权势不大的宗室才保住一条命。[④]从这一案件的审理看，宗室涉讼的审判程序并没有完全按照新的规定办理，即没有由大理院审理。

三、旗户编入民籍和旗民生计问题

前面说过，1907年清政府曾允诺将旗兵计口授田，逐步归农，等于齐民。这实际上也等于彻底取消驻防。这正是平满汉畛域的基本工作。

---

① 未设审判厅地方，笞杖轻罪由地方衙门审理，徒流以上仍交审判厅审理。见《光绪朝东华录》总第5787—5788页。

② 《大理院清厘旗地控案办法》，见《申报》1909年3月4日《紧要新闻》。

③ 《光绪朝东华录》总第5784—5786页。

④ 《宣统政纪》（宣统二年十一月庚戌［十日］）卷四四第797页。

1907 年清廷命官员讨论化除满汉畛域时，一位中级官员在他的日记中评论："各省驻防，本为防汉人设，现既欲化除畛域，何如悉撤之，以坦怀示天下。将军、都统之名，本赘疣也，不撤驻防，而以是等缺授之汉人，则防于何有？"[①] 这段话道出了问题的关键。其实驻防不仅令汉族官员及人民不满，设将军的省份还常常发生督抚与将军不和以致影响施政的事情，所以 1909 年四川总督赵尔巽曾奏请裁撤成都将军，以一川省事权[②]。

但是真要裁撤驻防，却有很多困难。这里面除了统治者的决心外，客观上的大问题是旗民生计。当时旗民都要靠政府的"钱粮"生活，不事生产，如果不解决生计问题，旗民终究还是要靠国家财政供应，从而也就难以编入普通民籍，而驻防也就难以彻底取消。

清末实行新政之时，一般满族人民的生活已非常困难。著名作家老舍出生于 1899 年初，父亲属正红旗，母亲属正黄旗。他的家原本贫寒，他的父亲在抵抗八国联军战争中阵亡后，家境更加艰难。"夏天佐饭的'菜'往往是盐拌小葱，冬天是腌白菜帮子，放点辣椒油。还有比我们更苦的，他们经常以酸豆汁度日，它是最便宜的东西……把所能找到的一点粮或菜叶子掺在里面，熬成稀粥，全家分而食之。"从当时的各种材料和中华人民共和国成立以后的调查，可以证实老舍说的这种情况非常普遍。[③] 所以，不准满族人民从事生产活动，既是一种特权，也是对满族人民的严重束缚，它导致相当多的满族人民丧失了求生能力，清末要解决旗民生计，可以说困难重重，而平满汉畛域的实施，也因此而受到很大影响。

因为旗民生计的困难，早就有地方官采取过各种各样的办法。1904

---

① 孙宝瑄：《忘山庐日记》下，上海古籍出版社 1983 年版，第 1060 页。

② 《赵尔巽全宗》第 267 卷。当时两广总督和广州将军也有冲突，见《赵尔巽全宗》第 494 卷。

③ 王惠云、苏庆昌：《老舍评传》，花山文艺出版社 1985 年版，第 7—8 页。参见《满族社会历史调查》。

年 9 月，山东巡抚周馥就曾上奏，说旗防生计日蹙，拟选旗人入各学堂肄业，又让旗人认垦官山荒地，清廷鼓励其试办[①]。

但是，到真正实行诸项措施的时候，难度就凸现出来了。

障碍很多，按照前述清廷 1907 年 9 月 27 日的上谕，是要购田分给旗民，这一方案是不切实际的，因为当时一缺乏资金，二缺乏土地，怎能做到计口授田？有人算过一笔账，即使不包括京师旗人，“若专指外省驻防，每人授田十亩，每亩只作十五两价值计之，要三千万金”[②]。这恐怕还是保守的估计，因为按照这一计算方法，驻防只算 20 万人（男丁），但是当时驻防远不止此数。而对财政问题比较熟悉的熊希龄估计，若仿从前裁撤防营、绿营兵勇之例裁撤旗兵，即照所得饷额十倍发饷，然后令其谋生计，则仅京旗即需银一万万两。[③] 在清末财政极端困难的情况下，购田授旗根本没有可能。

与上两项一样严重的是满族人民长期不事生产，已成习惯，现在要裁粮饷，这个弯不容易转过来。这与理性上许多满族官员也明白并主张要平满汉畛域不同。老舍在自传体小说《正红旗下》中曾生动地描述一般满族人民对钱粮的依赖及反对取消钱粮的情绪。事实上在有些地方，还发生过小规模的冲突。就在 1908 年初，成都旗民曾到官署请愿，成都将军绰哈布和护理川督赵尔丰将此事奏报，清廷指示他们：“查明为首滋事造谣惑众煽动之人，从严惩办。并将约束不严之协、佐各官分别查究，勿稍姑息。”[④] 浙江、广东、陕西等处也发生过旗民抗议事件，当时的报纸有过报道。清廷虽表示严厉弹压，但同时以军机大臣的名义致函各省督抚，保证“裁停口粮，在授田以后陆续施行，并非

---

① 《清实录·光绪朝》（光绪三十年七月）。

② 见前引《汪大燮致汪康年函》。

③ 周秋光编：《熊希龄集》上册，湖南出版社 1996 年版，第 178 页。

④ 《光绪朝东华录》总第 5820 页。

一经奉旨，即将官缺额饷尽行裁撤”[①]。1907年两江总督端方曾再次奏请将各省都统、副都统一律裁撤，他的主张得到袁世凯的支持，但因为种种顾虑没有实现。[②]由于阻力太大，清廷只好命一些准备计口授田的地方缓行这些措施。[③]1908年底变通旗制处设立后，由于旗民疑虑，清廷惧生动乱，公开宣布“所有钱粮兵饷，仍均照常”[④]。

其实不满意的不仅是满族人民，从另一角度，汉族也不满。《申报》曾评论说：“购田授旗者，购田之资出之于何人？授旗之田，授之于何人？无论当此司农仰屋之时，万无再能集此巨款以购田亩，亦无如许之田亩以购给于旗丁。而旗丁多得一田亩，即汉人多失一田亩；多筹一旗丁田亩经费，即汉人多失一田亩之经费。如是而曰消融满汉，吾恐民心日猜疑，满汉之见且转而益深，立宪愈不能成立，大局益溃败而莫能收拾。”这篇评论还直指清政府的做法为“欺”[⑤]。《申报》在当时是比较温和的报纸，《申报》尚如此，当时整个社会舆论可知。

由于缺乏统计数字，我们只能举例对旗民从事生产的情况作概略性的描述。

在北京，旗人特别是汉军旗人早就有从事生产劳动的，1900年以后就更多了。老舍在《正红旗下》中描述，老舍大舅家的二哥就一面当差吃钱粮，一面做油漆匠，而且是位技术不错的匠人；老舍三舅家的几个哥哥，因为住在郊外，政府限制不严，也早就种地、学手艺。[⑥]但是从事生产劳动的人占整个旗民人口的比例不大。有的人虽然从事劳动，但还放不下架子，“出外做工，早晨上工、晚上回家，仍然穿长袍，

---

① 《申报》1907年11月16日《紧要新闻》。

② 《申报》1907年11月16日《紧要新闻》；1907年11月12日《专电》。

③ 见前引《汪大燮致汪康年函》。

④ 《宣统政纪》卷四。

⑤ 《说欺》，见《申报》1907年10月18日《论说》。

⑥ 老舍：《正红旗下》，《老舍文集》第七卷，人民文学出版社1984年版，第206—211页。

在半路上换上或脱下劳动的服装。当邻里中熟人问他时，只说上茶馆，从不说外出做工”。所从事的职业，一般是小商贩、手工匠人、拉人力车等。[①]

在成都，虽说清末已有相当多的满族人当小贩，但那只是补贴生活，还不是真正依赖此种活动获得生活来源。据1914年一些满族绅士为请求发还八旗公产给民国政府的呈文说，成都旗人1400余人，其中“能自立者不过十分之一二，余皆家无恒产”[②]。这就是说，只有十分之一二的满族人能够以劳动或原来的资产达到生活自立。这种估计并没有可靠的调查做基础，而且肯定有夸张的成分，但仍然可以说明问题的严重性。

在广东，清政府逐渐编旗民入民籍的谕旨下后，广州汉军副都统李国杰（李鸿章孙）奏请在广州崖门口外筑堤圈地，拨旗丁领垦[③]。

在内蒙，据20世纪50年代的调查，宣统年间，政府曾将原来供应军粮的大黑河十三圈耕地分给满族民众，但“由于满民长期不从事生产劳动，农业生产技术非常生疏，所以他们的收成不高，士兵生活到了清末时候，已陷入极端贫困的境地”[④]。

这些例子说明，各地为旗民生计都做了一些工作，但成效有限。

比较明显的成果，是在有驻防的省份普遍设立了旗民工艺厂或习艺所，招旗民入厂学手艺技术，掌握谋生本领，其中以东三省较有成效。有不少省还开办了旗民女子工艺厂或习艺所。但是因为能够进厂学习的人数有限，所以一时难以显出效果来。假使清廷力排众议，真的每

---

① 《北京市满族调查报告》，见《满族社会历史调查》第93页。

② 《满族社会历史调查》第189页。

③ 《光绪朝东华录》总第5829页。《申报》1907年11月12日《紧要新闻》载李国杰奏谓：“拟将广东荡地百数十顷，先招旗人垦种蒲草等类，俾得自食其力，并寓劝兴实业之意。”

④ 《内蒙古自治区满族社会历史调查》，见《满族社会历史调查》。

年减旗民钱粮十分之一，逼迫旗民从事生产，也许情况会更好些。不过，这也要分什么地方。在那些商品经济发达，市场状况比较好的地方，旗民学成手艺后容易就业；而在那些比较偏远落后的地方，即便是学成了手艺，就业又谈何容易！事实上民国年间各地陆续停发满族的俸饷后，容易就业谋生的，一类是那些教育程度较高的人（可以当教师、秘书），一类是有技艺的人。[①] 这说明晚清创办的各类旗民工艺厂和满族学堂，对于后来的旗民谋生是有作用的。

为了解决旗民生计，各地还挑选不少精壮旗丁进入新军或警察，而且旗丁不像其他新军士兵会受革命党的影响，可谓一举两得。但是就解决生计问题来说，此举只能是权宜之计。因为新军是募兵制，父为兵子未必为兵，这与八旗绿营世兵制完全不同。

总的说来，在这段时间里，对于旗民生计问题，各地都做了一些工作，但幅度不大，效果不十分显著。

据笔者考察，筹旗民生计和平满汉畛域做得最好的是东三省。

东三省建省的同时，在奉天、吉林、黑龙江三省设旗务司管理旗务，后来民国年间参加《清史稿》编撰的金梁担任奉天旗务司使。锡良接任东三省总督后，又改旗务司为旗务处，仍由金梁负责。金梁曾制定五年的移旗民实边计划，他派员到吉林省长白山一带调查筹备，经过清廷允准，特设县名“安图”，首批从奉天迁去300户旗民，每户给田五百亩、屋三间，耕牛粮食种子，都由官方代办，路费也由官方发给。金梁说是“既筹生计，兼事开垦，又顾实边，一举而三善”。迁到安图的旗民也很满意。据金梁记述，民国年间，迁到安图的旗户甚至想为金梁立生祠祭祀[②]。金梁的记述不免有夸张的成分，但这小批的移民

① 参见《满族社会历史调查》。

② 金梁：《光宣小记》，上海书店1998年版，第36—37页，第32页。关于移旗民到吉林省的计划，参见《光绪朝东华录》总第5834页，另外《锡良遗稿》中也有记述。

比较成功，当是事实。另据锡良于宣统元年六月的奏报，奉省普通旗人家有地亩，世为农工，自食其力者居多，筹生计并不难，只是奉省旗官员缺较多，久无实际职守，形同虚设，但依赖俸饷为活，筹出路难。奉省办有八旗工艺厂、八旗农业讲习所、八旗学堂、八旗实业学堂、宗室学堂、宗室维城小学堂、八旗女工厂、八旗蚕桑实业厂、锦州八旗工艺分厂等，后来又创办了八旗满蒙文中学堂、八旗女工传习所，经费都是零零碎碎凑起来的，筹集虽不容易，但颇有成就[①]。奉省人民对于从事生产有热情，据锡良奏报，1909 年奉天创立八旗女工传习所，定额只有 100 人，但报名的有几百人。此外，在锡良的主持下，奉天还创办了八旗兴业银行。

地广人稀并且满族人民原就比较多的从事生产活动如黑龙江这样的地方[②]，问题比较容易解决。据署黑龙江巡抚程德全与东三省总督徐世昌的联合奏报，黑龙江幅员广阔，从前汉民稀少，旗民本来就有很多以农耕、狩猎或牧业、伐木等业为生，并不依赖国家的供应，至于省城（齐齐哈尔）及其他城中当差及无地的旗户，拨给嫩江迤西省属荒地，其他地方旗丁也照此方法办理，可以妥善解决问题[③]。1907 年，黑龙江奏报已在铁山包（今铁力县）安插屯田旗丁 1200 户，每户授田 45 垧，其中 15 垧可以免税，另 30 垧规定至 1913 年开始纳税[④]。除了官方组织的安顿工作外，还有旗人自愿开垦为业[⑤]。

---

① 《锡良遗稿》，中华书局 1959 年版，第 917—922，925—926，1044—1045 页。

② 据当时统计，1911 年黑龙江省人口仅有 1858792 人，其中旗人 196514 人。旗人无业者为 36719。见黑龙江省档案馆编：《黑龙江省大事记（1900—1911》，黑龙江人民出版社 1984 年版，第 203、214 页。按当时黑龙江省范围与现今不同，哈尔滨当时属吉林省，而现内蒙的呼伦贝尔当时属黑龙江。

③ 徐世昌：《退耕堂政书》卷十四，台湾文海出版社 1968 年影印本。

④ 《黑龙江省大事记》第 120 页。

⑤ 《黑龙江省大事记》第 128 页。

在吉林，旗民不仅已经从事生产，而且自1905年开始，政府开始正式向旗民所有的土地征收赋税，所征土地达746万余亩。1907年又增加了35万亩。所征赋税虽然为数不是十分巨大，但具有象征性意义[①]。1911年6月政府再拨吉林珲春地方荒地给旗丁，不但不特别发给旗丁垦荒“启动费”，连免交政府的荒价也要由巡抚特别奏请才能减免。又规定只免除一定年限的租税，以后仍然应向政府纳税[②]。奉天何时向旗民征税，笔者没有找到确切记载，但1910年初东三省总督锡良奏请蠲缓奉天省新民、辽阳等地受灾旗民粮租[③]；继锡良为东三省总督的赵尔巽又于1911年8月奏请整顿奉天旗、民粮租，定计不分旗地民地，一律按土地的好坏分等征税[④]。这说明至少在此以前，奉天省旗民已经向政府纳税。

至于三省的旗兵，1907年9月，黑龙江省旗兵改为巡防营，全省共七营又一哨，原协领、佐领等改为营管带及哨官，次年4月正式规定此巡防营由全省巡防营务处（时长官为倪嗣冲）管辖[⑤]。奉天、吉林也在这前后将旗营编入巡防营系统。这样三省旗营建制实际上已经取消。

由上可见，辛亥革命前夕，东三省旗民与其他民族人民的权力及承担的负担已无多大区别。东三省能够如此，主要是由于面临日俄两列强步步进逼的严峻形势，清政府不得不加大改革力度。客观上也由于东北三省地广人稀，而且满族人民在此以前就比较多的从事生产活动。但是当时有东三省这种条件的地方毕竟很少。有些官员曾建议将内蒙等地像东北一样改建为行省，但没有实行[⑥]。

---

① 见《申报》1907年11月30日所载东三省总督和吉林巡抚的奏折。按原奏计算土地面积用“垧”，本文按每垧15亩换算为亩，另一种算法是每垧10亩。

② 《宣统政纪》卷五四。

③ 《锡良遗稿》第二册第1069—1071页。

④ 《宣统政纪》卷五八。

⑤ 《黑龙江省大事记》第108页。

⑥ 《申报》1907年9月30日《紧要新闻》；1907年10月6日《专电》。

在清政府高级官员中，对平满汉畛域最积极的一个是袁世凯，另一个是满族的端方。慈禧太后和光绪帝去世后，袁世凯被罢免，不久端方也被罢免，张之洞也在1909年10月去世。因此宣统年间，平满汉畛域的改革有停顿的迹象。取消旗制，取消驻防，停发钱粮，是平满汉畛域（普通旗民与汉人）最后一关，然而这一关又是最艰巨的工作。为了保住爱新觉罗家族的皇权而放弃一般满族人民的特权，有可能导致清政府的后院起火——即一般满族人民造反。因此，任事的人需要勇气、毅力、敢负责任、敢承担发生局势动荡和挨骂的风险，宣统年间的清政府已没有这样的人物。1909年初有某御史奏请毅然停发饷糈，但清廷中枢诸人都不以为然，奏折被留中。[①]1909年2月，清廷曾讨论裁汰当时已没有多少事可办的原办理八旗共同事务的值年旗，但因为各方的反对，只得作罢。[②]1911年，清廷又议及削减八旗预算，削减健锐营预算，由于礼亲王世铎带头反对，又告作罢。[③]

再说变通旗制处的情况，据1909年1月《申报》报道："变通旗制处大臣常在公所会议，一筹莫展，万分为难。佥谓不停旗饷则与不办等，若停旗饷则恐旗兵哗溃生事……会议数次，尚毫无眉目。"一年以后，1910年1月又有报道："泽公（载泽）、伦贝子（溥伦）、宝侍郎（宝熙）、达侍郎（达寿）、熙侍郎（熙彦）及恩、吴两提调，齐至变通旗制处会议变通旗制办法。惟那相（那桐）未到。闻各堂到齐后，皆守缄默。虽恩、吴两提调对于变通旗制办法，本来极有主张，及见各堂对于此事均在有意无意之间，亦遂噤口无言，不敢独作朝阳鸣凤。是日略谈他事，日暮而散。论者曰：此役也，会而不议。"[④]讨论了

① 《申报》1909年1月1日《专电》；1909年1月16日《紧要新闻》。

② 《申报》1909年2月24日《京师近事》。

③ 《宣统政纪》卷五五、卷五六。

④ 《申报》1909年1月8日《紧要新闻》；1910年1月5日《紧要新闻》。括号内人名为引者所加。

几年，还是只有调查户口和荒地一个办法[1]。所以《申报》评论说："变通旗制处设立三年矣，其于旗人之生计，初未尝一为之谋。溺职之咎，该处大臣诚不能辞。"[2]直到清亡，除东三省外，还没有任何一省的驻防被取消，换句话说，就是没有大批的满族人民真正编入平民籍。

然而这种拖沓的做法，一方面导致社会的强烈不满，另一方面导致民国以后，旗民生计问题成为严重的社会问题，使满族人民遭受了不少苦难，有些人甚至中华人民共和国成立以后还要接受政府的救济。

四、下层平而政权中枢不平

应该说，由于大势所趋，对于一般满族人民的特权，清廷还是愿意逐步取消的。自清初以来，给予满族人民种种特权，其主要目的还是为了保证爱新觉罗家族的皇权。现在这样做不但不能维护皇权，而且还有害，所以放弃一般满族人民的特权是必然的。虽然因为财政困难和各种阻力放缓了改革步伐，但应该不是有意欺骗。然而，对于爱新觉罗家族的皇权，或者满族贵族对权力核心的垄断，清廷则不愿轻易放弃。

自湘淮军兴起以来，清政府在地方上的统治更多地依赖汉族官员和汉族士兵构成的军队，所以清廷不可能再让满族人垄断地方高层权力主要是督抚这一层权力。事实上清政府存在的最后十年，任督抚职务的仍以汉人为多数。试以1911年武昌起义爆发前为例，9个总督职

---

① 到1911年1月，变通旗制处决定调查的项目仍然是："（一）调查旗署及官所之册档；（二）各旗营旗人全数册档；（三）各部院局所、学堂及外省大小文武官员之籍隶京旗者若干人。"（《申报》1911年1月14日《京师近事》）

② 《申报》1911年1月3日《时评》。

位，除四川未有正式总督外（护理四川总督王人文，汉族；署理川督赵尔丰，汉军旗人），其余8个是汉4满4（满族中东三省总督赵尔巽为汉军旗人），而最重要的直隶和两江总督是汉族的陈夔龙和张人骏。至于14个巡抚，除陕西巡抚（钱能训，汉族）为护理外，其他13个为汉11，满2（均为蒙古旗人）。可见地方官中汉族占多数。

但是中央政府的情形却大不一样。

1907年，是清政府平满汉畛域措施较多的一年，我们试看此前一年即1906年官制改革前后中央政府中的满汉对比，就可以发现一些问题。

官制改革前，军机大臣6人，满3（包括蒙旗人）汉3；各部尚书去掉与军机大臣重复的，计有14人，满族（包括蒙旗人）占8人，汉族6人。

官制改革后军机大臣为：

庆亲王奕劻（皇族）、瞿鸿禨（汉）、世续（满）、林绍年（汉，学习行走）。

各部尚书为：

外务部瞿鸿禨（汉）、吏部鹿传霖（汉）、民政部徐世昌（汉）、度支部溥颋（宗室）、礼部溥良（宗室）、学部荣庆（蒙旗）、陆军部铁良（满）、法部戴鸿慈（汉）、农工商部载振（皇族）、邮传部张百熙（汉）、理藩部寿耆（宗室）、都察院都御史陆宝忠（汉）。

15人中，除去重复的外务部尚书外，满族（包括皇族及宗室）占8人，汉族7人。

改革前与改革后满汉比例大体相同。而改革后三个要紧的部中，度支部、陆军部尚书均由满人担任，只有邮传部（有财源）尚书为汉人。

1907年丁未政潮后，清廷对军机大臣及各部人事作了调整，任军机大臣的为满3汉3；如果加上各部尚书为满11人，汉7人。可见清廷决不肯放弃中央政府的优势地位。

1911 年再次官制改革也就是设立责任内阁时，满族占优势的情况变本加厉。清政府成立责任内阁是在 1911 年 5 月 8 日，内阁由 13 人组成，计有：

内阁总理大臣奕劻（皇族）、内阁协理大臣那桐（满）、内阁协理大臣徐世昌（汉）、外务大臣梁敦彦（汉）、民政大臣善耆（皇族）、度支大臣载泽（皇族）、学务大臣唐景崇（汉）、陆军大臣荫昌（满）、海军大臣载洵（皇族）、司法大臣绍昌（满）、农工商大臣溥伦（皇族）、邮传大臣盛宣怀（汉）、理藩大臣寿耆（宗室）①。

13 名国务大臣之中，汉族仅 4 人，满族 9 人，而皇族竟有 5 人（另一说 7 人），故人称“皇族内阁”。

这种状况的出现，原因比较复杂。第一与满族亲贵们的主观意念有关。亲贵们以为要保证皇权，只有由亲贵来掌权，特别是掌握军权；第二又与清政府内部少壮亲贵集团与奕劻、袁世凯的斗争有关，宣统年间政治几乎失控，围绕在摄政王载沣周围的尽是些少壮亲贵，少壮亲贵们人人无能，却又人人要做官，载沣为平衡奕劻的权力，只得任用这些少壮亲贵。但是不管出于什么原因，这种倒退的行为招致社会包括汉族官员的极大不满，加剧了社会危机，加速了清政府的灭亡。

直到中华民国建立，才由南京临时政府在《中华民国临时约法》中规定：“中华民国人民一律平等，无种族、阶级、宗教之区别。”这在当时未必能够完全实现，但却是在中国历史上第一次从法律上确认人民一律平等，可以说是通往民族平等之路的重要阶梯。

原载《近代史研究》2001 年第 5 期

---

① 《清末筹备立宪档案史料》第 559—565 页。

端方与清末宪政

清政府的立宪活动是一个复杂的课题，全面考察并非易事，而通过观察一个热衷于立宪的清政府官员的所作所为，加以个案研究，也许有助于探索和认识清末宪政。有鉴于此，笔者选中了被顽固人士称为鼓动立宪“两奸”[①]之一的端方。这不仅是因为端方的立宪活动比较多，更由于他是个满族官员，具有典型意义。通过本文的论述，笔者试图回答下面几个问题：作为统治集团中的“立宪派”，他们要立什么样的宪？预备立宪的实质何在？清末政局与立宪有什么关系？笔者不想单纯对端方和预备立宪作出评价，而是力图通过端方——一个政府高级官员的侧面，来探索预备立宪的前因后果，同时想把端方这个清末重要官员的形象介绍给读者。

一、端方其人及其宪政思想

端方生平和宪政活动

端方（1861—1911），满洲正白旗人。1882年中举。与那桐、荣庆同被称为北京旗人“三才子”。甲午战争后，曾参加维新运动。1898年

---

① 《御史胡思敬奏立宪之弊折》，见故宫博物院明清档案部编《清末筹备立宪档案史料》上册，中华书局1987年版，第346页。

任两江总督时的端方

百日维新中设立农工商局，端方奉旨督理。这是他初次参与政治。政变后几乎被治罪，据说由于贿赂了荣禄、李莲英，得到二人的袒护，这才免被追究。不久授陕西按察使并护理巡抚。庚子年八国联军入寇，端方在陕西也参加了“东南互保”。慈禧太后挟光绪西逃，端方护“驾”有功，从此得到信任和重视。

1901 年 5 月，由于张之洞的推荐，端方升任湖北巡抚，后来还一度署理湖广总督。1904 年 5 月署理江苏巡抚，年底调任湖南巡抚。在众多的满族纨绔子弟中，端方是一个颇为能干的人，从任湖北巡抚起，他与张之洞、袁世凯相呼应，致力于办学堂、派留学等项新政。1905 年 9 月，与袁世凯联合张之洞等各省督抚奏请立停科举、广兴学堂，清廷照议行。

端方主张立宪，始于日俄战争之时。1905 年，端方奉命觐见，当面向慈禧鼓吹立宪。据《坚冰志》记载：“乙巳召见端方，孝钦知其为戊戌党，因问曰：‘新政皆已举行，当无复有未办者。’对曰：‘尚未立宪。’孝钦……曰：‘立宪如何？’曰：‘立宪则皇上可世袭罔替。’孝钦哂曰：‘吾今乃闻天子亦有世袭罔替之目者。’乃命泽公、端方、戴鸿慈、尚其亨、李盛铎五大臣出使考察宪政。”[①]

在欧美八个月的考察，端方亲眼看见了欧美资本主义国家的繁荣和富强，受到很大影响，感到“立宪政体几遍全球，大势所趋，非此不能立国”[②]因此回国后，更热心倡导立宪。他先后见慈禧和光绪三次，“莫

① 魏元旷：《坚冰志》（卷一），1933 年印行，国家图书馆藏，第 18 页。此段记录，时间上恐有问题，查《清德宗实录》，清廷命端方（时任湖南巡抚）赴京陛见为光绪三十一年六月十二日，即 1905 年 7 月 14 日，而六月十四日即 7 月 16 日，命载泽、戴鸿慈、徐世昌、端方考察政治之上谕已颁，两日之内，端方很难抵京，是慈禧太后决策并非召见端方之后做出。但端方游说慈禧太后实行立宪，则可信。又，文中所述五大臣为吴樾炸弹案之后所重新选派。

② 端方：《复湖北候补道宋育仁》（信稿），见中国第一历史档案馆藏《端方档》函字 69 号。

出洋五大臣及随员。图中前排右五为端方、右六为戴鸿慈、右七为载泽。

不以变法敷陈，持论痛切，两宫动容”[①]。同时端方又接连上了不少奏折，其中最重要的有三个。其一是《请定国是以安大计折》[②]，反复陈说立宪的必要性，建议先下定国是之诏，宣示预备立宪。其二是《请改定官制以为立宪预备折》[③]，提出八项改革现行官制的建议，主要包括实行责任内阁制、定中央与地方的权限、司法独立、裁并各官署等。其三是《请平满汉畛域密折》[④]，指出满汉矛盾的潜在危险，建议任官不分满汉、裁撤各省驻防旗营。

在京内臣僚的鼓动和京外立宪派的呼吁下，姗姗来迟的“仿行宪政”诏旨终于发布了。1906 年 9 月，端方被授为两江总督兼南洋通商大臣，成为举足轻重的地方大员。从此与袁世凯一南一北遥相呼应，与立宪派紧密结合，加紧推行宪政。

1907 年 8 月，端方上奏请颁布宪法和皇室典范，“伏愿我皇太后、皇上施刚断之天聪，责宪政之实际”[⑤]。清廷采纳他的建议，令宪政编查馆编纂宪法。至 1908 年 8 月公布了宪法大纲。[⑥]

向朝廷呼吁和请求的同时，端方又向社会作文字宣传。从外洋考察一回国，端方就主持把考察时搜集到的资料编成两部书——《欧美政治要义》和《列国政要》，1907 年由商务印书馆出版。两书分门别类介绍了欧美各国的宪法以及政治、经济、教育、军事制度。他不但把两书分送各省督抚、中央官员，还把《欧美政治要义》进呈皇帝阅读。

---

① 陶湘：《齐东野语》，见陈旭麓等主编《辛亥革命前后——盛宣怀档案资料选辑之一》，上海人民出版社 1979 年版，第 28 页。

② 见《端忠敏公奏稿》卷六，台湾文海出版社 1967 年影印本。

③ 见《痌忠敏公奏稿》卷六，又见《清末筹备立宪档案史料》上册。

④ 见《中国近代史资料丛刊・辛亥革命（四）》第 39 页。

⑤《清末筹备立宪档案史料》上册第 47 页。

⑥ 刘锦藻：《清朝续文献通考・宪政一》，商务印书馆 1955 年版，第 11423 页。

名义上，这两部书是端方和戴鸿慈共同主编，实际上是端方一手主持[①]。1911年，又出版了《列国政要续编》。

1907年以后，各地立宪派酝酿请愿速开国会，清廷密电任两江总督的端方，着他调查立宪派在上海的活动。端方不但不肯说坏话，反而与赵尔巽等地方大员一起上奏请开国会[②]。

1909年6月，继袁世凯任直隶总督的杨士骧病死，清廷为震慑北洋，调端方为直隶总督兼北洋大臣。正当他可能取得更高的权位的时候，晦气却找来了。这年冬天，慈禧安葬，端方派人照相，又在风水墙内的树上安设电线，遭到御史的弹劾，结果以“大不敬”罪名革职。任直督还不到半年。

1911年5月，清廷起用他以侍郎候补衔任督办粤汉、川汉铁路大臣，这一职务原是由张之洞担任的。保路风潮兴起，端方又奉命带湖北新军入川“查办”。武昌起义后，端方所带的新军在资州起义，端方和他的弟弟端锦一同被杀。

宪政思想述论

端方是官僚中的立宪派的代表人物，他的宪政思想反映了清政府中主张立宪官员的理念，因此，给以实事求是的分析是必要的。

1. 专制政体与立宪政体。[③]

立宪优于专制，中国必须实行立宪政体，它是引导国家走向富强的不二法门。与多数立宪派人士一样，端方也坚信这种观点。

中国积弱，这是有目共睹的事实，但是，是什么原因造成了这种局面？人们的回答并不一样。在《请定国是以安大计折》中，端方劈

---

① 端方:《致戴尚书》(信稿)，见《端方档》函字88号。

② 《东方杂志》第五年第八期《宪政篇》。

③ 这一小节引文均来自端方《请定国是以安大计折》，见《端忠敏公奏稿》卷六。

头就探讨了这个问题："数十年中……与法兰西之战、与日本之战、与各国联军之战，莫不丧师偿金，甚至割地。其余各商埠军港之失，矿山铁道之失，教案之偿命赔款，月有所报，日有所闻。通计此数十年中，外交之事，中国无一不处于失败之地，此其故何哉？自稍有识者论之，则曰我之兵强不如彼，我之国富不如彼而已矣"。端方认为，这不过是皮毛之论，试问"其兵何以能强，国何以能富"，"必有其不易之道焉"，这个"道"，就是立宪。

端方又指出："数十年来，谈洋务者亦未尝不震惊其国富兵强之效而思有以仿之。练陆军设海军以求强，筑铁道兴航路务工商以求富。然求强而反以益弱，求富而反益贫者，此非富强之不可期，乃未知其致富强之原因，故但能效其末而不能效其本，所收之效乃与始志相反。"这个"本"，也就是前面所说的"道"，即立宪。

这就是说，中国的政治体制是不完善的，有缺陷的，所以才导致了中国的积弱局面。要达到国富兵强，还必须改革政治制度，实行立宪政体。

那么，为什么专制就导致国家的积弱，立宪就可以富国强兵？端方认为，专制国任人不任法，因为无法可依，不肖的官吏就可以为所欲为，人民就会怨恨官吏并及于君主，君位不安，国家不稳。在这种情况下，"国万不能理，兵万不能强"。立宪国就不同了，立宪国任法不任人，官吏都按法律办事，不能任意胡为，所以内政修明，即使官吏不肖，政治不良，也不过是更换大臣而已，君主的尊位不会改变，做到了"君安"、"国安"。君安国安，富强之效立睹。

1904 年到 1905 年的日俄战争，小小日本挫败强俄，主张立宪的人士认为，这是立宪优于专制的证明，在给清廷的奏折中，这一事实为端方反复强调。

就这样，不是像西方思想家那样，从人民主权和权力制衡的原则出发，端方是从国家内部的平衡上、从富国强兵的角度来认识宪政问题和强调它的重要性，充分显示了实用主义的色彩。

除了实行宪政，中国没有第二条路可走。端方强调，如果是在各国不相往来，各自孤立的古代，那么国虽穷兵虽弱也不妨混日子。但是，今天列强林立，“苟有内政不修，国贫兵弱者，即为彼等投资本、殖人民、扩势力、争国土之地”，“即欲不与人争，而但求自守亦不可得。不能自存，即将就亡；不能夺人、即将为人所夺，断无苟且偷安而可图生存者。中国今日，正处于世界各国竞争之中心点，土地之大，人民之众，天然财产之富，尤各国之所垂涎，视之为商战兵战之场。苟内政不修，专制政体不改，立宪政体不成，则富强之效将永无所望”。

立宪是如此重要，以致非实行不可，那么宪政的内容是什么呢?

2. 宪法与三权分立。

立宪国与专制国的区别在哪里?端方认为，根本的区别在于有无宪法。我们生活在今天的人都知道，宪法是国家的根本法和最高法，它的内容、效力和制定、修改的程序都与普通法律不同。有宪法，是近代国家的一个重要特征。这些问题，端方或多或少了解到了，他认为：“所谓宪法者，即一国中根本之法律。取夫组织国家之重要事件，一一具载于宪法之中，不可动摇，不易更改，其余一切法律命令，皆不能出范围之中。”“自国主以至人民，皆当遵由此宪法而不可违反。”[①] 这与那位大名鼎鼎的立宪派理论家梁启超的阐述是基本一致的。梁氏认为：“宪法者何物也，立万世不易之宪典，而一国之人，无论为君主、为官吏、为人民皆共守之者也。为国家一切法度之根源。此后无论出何令、更何法，百变而不许离其宗者也。”[②]

---

① 《请定国是以安大计折》，见《端忠敏公奏稿》卷六。

② 梁启超:《立宪法议》，见林志钧编《饮冰室合集·文集之五》，中华书局1989年影印本，第1页。

然而，在制定宪法的程序上，端方就与梁启超分道扬镳了。梁启超认为，宪法应“出于国民公意，成于国民公议”，立法权应属于多数国民。[①]这与欧美民主制国家是一致的。端方则是要求钦定宪法的，他虽未明确提出，但1907年8月端方请清廷颁定宪法的奏折，已经表达了这种意向。在当时各君主立宪国中，凡由君主赐予的宪法，无不带有更浓厚的传统专制色彩，同时赋予君主以较大的权力。1908年颁布的《钦定宪法大纲》就是如此。这里正是端方有别于梁启超等立宪派，显露出贵族意识的地方。

那么，宪法的内容都有什么呢？端方重视的，是国家政权的组织形式，即我们现在讲的“政体”。按照西方的模式，端方认为应当仿行内阁、议会、司法并立的政权组织形式。

立法、行政、司法三权分立，是西方国家立宪政体的重要特征，是依据分权和制衡原理形成的，目的在于保障人民民主权利，防止专制。孟德斯鸠说：“当立法权和行政权集中在同一个人或一个机关之手，自由便不复存在了；因为人们将要害怕这个国王或议会制定暴虐的法律，并暴虐地执行这些法律。……如果司法权同立法权合而为一，则将对公民的生命和自由施行专断的权力，因为法官就是立法者。如果司法权同行政权合而为一，法官便将握有压迫者的力量。如果同一个人或是由重要人物、贵族或平民组成的同一个机关行使这三种权力，即制定法律权、执行公共决议权和裁判私人犯罪或争讼权，则一切便都完了。”[②]法国《人权宣言》第十六条：“凡权利无切实保障，分权未确立的社会，就没有宪法。”

端方虽然常常提起孟德斯鸠，但他远非孟德斯鸠的信徒。他没有

---

① 梁启超：《新中国未来记》，见《饮冰室合集·专集之八十九》，第7页；《论立法权》，《饮冰室合集·文集之九》，第106页。

② （法）孟德斯鸠著，张雁深译：《论法的精神》上册，商务印书馆1961年版，第156页。

明确阐述过分权与制衡的观点，他只是说内阁、议会、司法机关的职责和权限要“明载于宪法之中，彼此之间，各有其权能，各有其职守，各有其职任，不能于宪法所规定者有一毫之移动，有一步之出入”[①]。在立法、行政、司法之上，还要有一个不可侵犯的君主，来裁决一切纠纷。在这方面，我们可以看出中国传统的影响，那就是，国家的安定和人民的衣食，比人民的民主权利更为重要。

而且，在端方的头脑中，君主重于人民，行政高于议会和司法。从《欧美政治要义》的编排顺序就可以发现这一点。同样，在给皇帝的奏折中也是如此。

对于立法、行政、司法三种机构的作用和权能的解释，也带有浓厚的中国传统观念和注重现实政治的色彩。

责任内阁制，被端方列在首位。他说，宪法中首先规定的是君主无实际责任，由首相和大臣组成的内阁代君主负责任。首相或内阁总理由皇上任命，负责实际政务。端方主张马上实行责任内阁制，撤销军机处。至于内阁的权限，端方与戴鸿慈同上的奏折阐述说重要的政事，应由阁臣议定后“奏请圣裁”，施行时“仍由总理大臣、左右大臣及该部尚书副署”[②]。端方认为，设立责任内阁有两大好处，其一，君主既不负实际责任，那么如果政治不善，人民怨毒之时，只不过变易内阁，不会影响君主的地位，这就做到了“君安”。其二，内阁责任明确，职权专一，行政效率可以大大提高。

内阁首相或总理由皇帝任命，政事又要由皇帝批准，行政权基本上是掌握在皇帝手里。而且，这种关于内阁职能权限的解释，是假定皇帝永远正确，皇帝的利益和人民相一致。但当皇帝的命令乖谬而受

---

① 《请定国是以安大计折》。

② 《请改定全国官制以为立宪预备折》，见《端忠敏公奏稿》卷六；又见《清末筹备立宪档案史料》上册第 367 页。

到人民的反对时，怎么办呢？端方的解释是君主仍然不可侵犯。办法是，当君主的旨意不当时，大臣不应执行，若君主强命执行，则大臣应辞职，下一届大臣仍不执行，直到君主收回成命。如果哪一个大臣明知君主的旨意错误而仍然执行，那么他应该受议会的弹劾。这样，“违背宪法之制令自不行而止矣，终无损于君主之所以为君主也”①。总之是内阁可变易而君主不可侵犯。但是这样做的另一方面端方没有说出来，就是内阁和议会可以借口错误而抵制君主的命令，从而可能使君主成为被架空了的菩萨。

其次是议会。在西方理论家的笔下，议会是体现人民主权的机构。在实际政治生活中，议会具有立法权、监督权等一系列权力，与行政、司法三足鼎立。端方认为，国事应“采决于公论”，大臣的行政必须与人民的意向相符，这样才能做到国家安定。而议会就是代表或反映人民意愿的机构。“一国有议会，则政府之行动人民可以知之，人民之意志政府亦可以知之。上下之情相通，合谋以求一国之利益，故国事因此可以得理，国家亦因此而得安矣。”② 在端方的笔下，虽然重大政事要得到议会的同意，但议会并没有完全的立法权。“君主立宪国之立法权虽由君主委之于国会，然君主并非遂无此权”，而是“君主与国会共有立法权”③。另一方面，当议会与内阁发生争执时，则由君主来裁决。

端方说，“政府与国会，殆如车之两轮，彼此常相钳制者也”，国会可以监督政府，其中最重要的是财政监督权，每年的预算决算都要由国会批准，“然后无滥用之虞”④。这个政府，指的是内阁，不包括君主，君主还是不受监督的。

---

① 戴鸿慈、端方:《欧美政治要义》第六章，商务印书馆 1908 年版，第 44—46 页。

② 《请定国是以安大计折》。

③ 《欧美政治要义》第七章第 70 页。

④ 《欧美政治要义》第七章第 64—65 页；参见《请定国是以安大计折》。

第三是司法独立。司法机关与立法机关、行政机关分离，是现代国家体制的重要特征。端方认为，司法独立与责任内阁、国会是同等重要的。为“保护人民之生命财产”，司法一定要“独立于行政之外，不受行政官吏之干涉”①。中国的司法制度是极其复杂和紊乱的，在中央有刑部、大理寺，而内务府的慎刑司、理藩院、步军统领等都有司法权；在地方，各省按察使外，各级地方官在其所辖范围内都有司法权。“处分不出于一途，其戾于公平之旨可知也。”②端方主张统一司法机构，设立各级裁判所和司法行政机关，其余纷乱的裁判机关完全废止。

端方认为中国必须立宪，但又主张中国不能马上立宪。理由是中国数千年来制度、文化与立宪制度相差甚远，人民无此习惯。如果马上实行，不仅得不到实际效果，而且可能引起动荡。因此，他主张模仿日本，以 15 年到 20 年为预备期。先下定国是之诏，设立责任内阁，次第举办与宪政有关的新政，最后召集议会。但是，当国会请愿运动兴起时，大概由于张謇和梁启超的影响，他又主张马上召集国会，颁布宪法。

3. 二元君主制

君主神圣不可侵犯，不仅握行政大权，而且有一半的司法权，端方对立宪制度的阐释和设计的方案是相当保守的。但是另一方面，端方宪政思想的反传统成分也是相当多的。首先，他认为专制制度不适合时代潮流，立宪优于专制，这是一个政府官员对两千年专制制度的否定。这样的话说起来不费力，但达到这样的认识是不容易的，是经历了相当的曲折之后才得出的（这个问题后面还要论述）。其次，在端方所设计的方案中，君主的权力不再是无限的了，不仅君主的行动要在

① 《请定国是以安大计折》。

② 《欧美政治要义》第十一章第 103—104 页。

宪法的范围内，而且还有责任内阁的牵制，议会的抗衡。君权已被削弱了。

20 世纪初年，民族资本主义已经冲破种种束缚成长起来，大大小小的资本家脱颖而出；与此同时，由于留学运动和西方新知识的输入，产生了一批西方化和半西方化的知识分子。他们构成了中国新兴的民族资产阶级政治势力，已经积聚了相当大的活动能量，并以不同的方式向专制政府展开了斗争。在这个时候颁布宪法召开议会，只能是日益活跃起来的民族资产阶级控制议会，在政权中占得一个席位。正因为这样，资产阶级立宪派才三番五次请愿上书，迫不及待地要求召开国会。而端方的理想和所设计的方案，恰恰在于实现上面说的，即向民族资产阶级让步，使它参加政权，以扩大统治基础。这方面不待多论证，具有议会雏形的谘议局和资政院的选举已经证实了。

资产阶级控制议会，在政权中占据一定地位；君主的权力受到削弱。比较一下当时世界上各个资本主义国家的政治制度，我们可以看到，端方设计的模式与德、日极为相似。他本人也多次表达过效法德、日的愿望和要求，如“日本之仿效欧西，事事为我先导。……中国今日欲加改革，其情势与日本当日正复相似”，所以，最值得效法的是日本[①]。“日本维新以来，事事取资于德，行之三十载，遂致勃兴。中国近多歆羡日本之强，而不知溯使穷原，正当以德为借镜。”[②]

当时德、日的政治体制，都是二元君主制，其实质在于资产阶级和封建势力分享政权，反映了资产阶级和封建阶级的力量对比。在中国建立这样的政治制度，以封建阶级和资产阶级的暂时妥协使国家从政治危机转趋稳定和平衡，从而达到“国富兵强”的目的，正是端方所要达

① 《请改定官制以为立宪预备折》，见《清末筹备立宪档案史料》上册第 368 页。

② 《到德考查情形折》，见《端忠敏公奏稿》卷六第 18 页。

到的目标。

政体和国体是密切相关的。既然给资产阶级参加政权的机会，那么国家就不再是完全的封建政权了，它会发生资本主义性质的转化，亦即“近代化”。正因为如此，政治学家们才把二元君主制立宪政体列为资产阶级国家的政体之一。[①] 但二元君主制并非超稳定的结构，揆诸世界历史，它往往是专制君主制向议会君主制——资产阶级的独占统治过渡的中间环节。为什么呢？在西方，议会曾是资产阶级向专制王权斗争的工具和领导核心。资产阶级和王权的冲突激烈到无以缓和的程度，就会发生“议会革命”；冲突比较缓和的，资产阶级会逐渐排斥封建势力，或把封建势力改造成资产者，成为完全的资产阶级政权。这种过渡的迟速，取决于资产阶级和封建势力的力量对比。在中国，谘议局和地方督抚的冲突、资政院和中央朝廷的冲突，也与西方颇为类似。因此，中国如果实行二元君主制，其进一步向资产阶级政权转化是必然的。

写到这里，我们大体可作如下的结论：在统治集团内部，是有人想要真正实行立宪政体的，不过他们要求的是实行保留相当大的君权的二元君主制，而不是在野立宪派所希望的君主仅仅垂拱于上、不问政事的议会君主制。至于真的立宪后的情况如何，恐怕不是事先的原则所能确定，而是取决于各阶级的力量对比。

二、预备立宪的动机和实质剖析

前面说过，在清政府内部，还是有像端方这样的要真的采纳立宪政

---

① 参见严家其：《国家政体》，人民出版社 1982 年版，第 76 页；赵宝煦等编：《政治学概论》，北京大学出版社 1982 年版，第 107 页。

体的人的，那么，他们为什么要立宪呢？其动机是什么呢？另一方面，大张旗鼓地搞了五六年的预备立宪，其实质何在呢？而端方一类人物的阶级本质又是什么呢？本节想对这些问题略作解答。

强国御侮与消弭革命

清朝存在的最后十年间，最使满汉统治者头痛的有两个难题：一是列强的侵略有增无减，威胁着我们这个古老帝国的生存；一是革命风潮迭起，力图推翻已经延续二百多年的清王朝。实行宪政，正是为解决这两个难题而提出的。

中国的20世纪，是以列强的铁蹄践踏京津的奇耻大辱揭开序幕的，每一个不愿做亡国奴的人都在思考着怎样使中国摆脱被动挨打的困境。经过义和团失败的教训，那种主张以忠信为干橹，礼义为甲胄的人已不多见。但是相当多的人仍然相信：只要大办实业、广练新军、大兴教育，就可以富国强兵，抗敌御侮了。一般还没有也不敢怀疑中国传统的政治制度有问题。本来，端方也是以教育、实业、新军的兴办为己任的，但是，1904—1905年的日俄战争，使端方和那个时代的许多人一样受到了新的刺激，看到了新的希望。

早在日俄关系紧张，战事即将爆发之际，他就密切注视着日俄双方的动向，并与驻日公使杨枢书信往还，探讨中国的对策[①]。战争爆发，他哀叹“日俄战局，扰及陪都，山陵震惊，黔庶涂炭，北望燕云，何以寝馈”[②]，然而却无计可施[③]。在此期间，端方开始注意和研究宪政问题。战争前夕，他在评论日俄双方的情况时写道：“就目前论之，一则民心固结（指日），一则民志乖离（指俄），未尝不叹立宪专制之不同，其收

① 这些信件保存在中国第一历史档案馆藏的《端方档》里。

② 《拟复山西藩台》（信稿），见《端方档》，函字80号。

③ 《拟复上海道袁》（信稿），见《端方档》，函字23号。

效大为异也。"[①]稍后，署江苏巡抚期间，他曾让人把日本人小室信夫等人的《请设议院建白》译出仔细阅读[②]。驻法公使孙宝琦也致函端方，请他倡议立宪："自俄日开仗后，各国昌言瓜分之议，事机日紧。……诚恐俄日战争罢，各国对待吾华有进无退。日前曾偕各馆来陈，吁恳趁此俄日构兵，各国待时之际，颁布新政，振兴自强，以维危局。闻朝廷以为过激，未蒙采择……我哥（指端方）与香帅（指张之洞）公忠在抱，倘能将立宪之意合疏上陈，更可以邀天听。企盼实深。"[③]战争的结果，小小日本打败庞大的沙俄。日本立宪，沙俄未有宪法，许多中国人认为，这是立宪战胜专制。中国立宪，就能由弱变强，改变备受屈辱的局面。就这样，强国御侮的愿望，日本那样的光辉前景，促使端方等人在日俄战争后开始主张立宪。欧美十几国的游历和考察，更加深了这种观念。他在奏折中说："臣等以考察所得，见夫东西洋各国，之所以日趋于强盛者，实以采用立宪政体之故。"[④]端方的确是把立宪作为强国御侮的首要条件。

许多研究者认为，清政府的预备立宪是为了取悦帝国主义和适应帝国主义侵略的需要。其实恰恰相反。诚然，立宪得到欧美人士普遍的赞同和支持，有的确实想乘机渔利。但能否就此说立宪是取悦帝国主义和适应帝国主义的需要呢？立宪不是一两个人的意志，而是社会要前进，国家政权要近代化这一历史潮流的反映，它是随着千百万人富国强兵、抵御外侮的愿望而出现的。否则，国外康梁的呼吁呐喊，国内立宪派的奔走请愿，岂非都是为了取悦帝国主义和适应帝国主义侵略的需

---

① 《拟复驻日钦使杨（枢）》，见《端方档》，函字100号。

② 原件存《端方档》，杂字67号。实际上这个建议书是由自由民权运动中的激进派板垣退助为首签名进呈天皇的。

③ 《端方档》函字28号。

④ 《请定国是以安大计折》。

要？而这些研究者又认为立宪是骗局，拖沓、敷衍的，那岂不又是清政府不愿取悦帝国主义、不愿适应帝国主义的侵略需要了？实际上，就端方这个满族官僚来说，爱国思想还是很强烈的。例如，1905 年，端方密奏趁赫德年老退休回国之际，收回关税主权和邮政管理权[①]。在美国考察，他在向朝廷报告的奏折中说："太平洋之商业航利，则我与美实共有之，此又中国所急宜注意竞争，刻不容缓者也。"[②]考察政治回国途中，经过苏伊士运河，端方上岸考察了埃及情况后，颇有感慨，据戴鸿慈称："午帅自开卢（开罗）来，登舟，为言埃及国势式微，受役外族，文明古国不能自强，至于如此，可为感叹！"[③]1911 年，端方刚被任命为川汉、粤汉铁路督办大臣，就"密奏各国辛丑和约已届十年，所有第七第九两款，亟应设法修改，以重国防。"[④]而在立宪问题上，如本文第一节所述，富国强兵是出发点，而日本在日俄战争中的胜利是契机，这是肯定的。

20 世纪初年，我们这个古老帝国的内部正在失去平衡。反正统的、不同于旧式书生的新型青年知识分子日异走向异端。不仅那标榜反清革命分子的声势日益扩大，而且，如果弄得不好，即便那些声称拥护大清的新型绅士（立宪派）也会走上反抗的道路。另一方面，满汉之间的矛盾，也达到了自太平天国以来最紧张的程度，端方已经充分觉察到了这些问题的危险性，如果不及时解决，那么列祖列宗创立的已延续二百多年的大清王朝，就有可能一朝覆亡。对于革命排满势力的镇压，在清政府中，端方是位颇为得力的干将。但是他又认为，光靠镇压是

---

① 《设法收回关税邮政折》，见《端忠敏公奏稿》卷六。

② 《在美考查情形折》，见《端忠敏公奏稿》卷六。

③ 戴鸿慈：《出使九国日记》，湖南人民出版社 1982 年版，第 261 页。

④ 《宣统政纪》第十三册卷三十五，中华书局 1987 年版，第 5 页。按《辛丑条约》第七款规定使馆驻兵，不准中国人在使馆区居住；第九款规定北京到塘沽、北京到山海关驻外国军队。

不能消弭革命的。这一点，在他的《请平满汉畛域密折》中说得很清楚：革命党人避居国外，鞭长莫及。这是一；革命党“大率皆年少气盛，辩理不真，激于一时之感情，……苟一旦破其执迷，导以希望，或反能为国效力，变为有用之才”。如果一味镇压，只能增加革命党的力量，这是二；革命党人行动机密，党羽遍地，侦捕为难，这是三；“彼辈既以破除专制为藉词，以抵抗满人相号召，多戮一人，则彼辈多一煽动之口实，一逆党戮而百逆党生”，即使法网再严也是诛不胜诛，这是四。俄国警察之干练，法网之严密，号称世界第一，但仍然爆发了大规模的革命。有效的办法在于政治上的改革和让步：“欲解散乱党，则惟有于政治上导以新希望，而于种族上杜其所藉口。”政治上的新希望，就是实行立宪；种族上杜其所藉口，就是平满汉畛域，取消满人的特权[①]。1907年，端方再一次重申：“宜俯从多数希望立宪之人心，以弭少数鼓动排满之乱党。”[②]只有立宪，才能平息革命党人的不满；只有立宪，才能吸收新型士绅进入政权，扩大统治基础。换句话说，只有立宪，才能使“岌岌乎殆哉”的大清朝的统治稳固下来并能延续下去。从另一个角度说，在端方看来，只有立宪，才能保证国家的安定，而国家的安定则是强国御侮的保证。所以端方在密折中说：“家无论贫穷，而兄弟阋墙者必败；国无论大小，而人民内讧者必亡。”[③]

从有限的世界历史知识中，端方得知已经实现了立宪制度的国家，包括君主立宪和民主立宪，往往是由平民以流血斗争得来的，而在这种斗争中，最后的胜利总是平民，失败的总是贵族。但是，也有不经过流血斗争而实现立宪的，“如德意志各邦，如荷兰，如瑞典，如挪威，

① 见中国史学会编：《中国近代历史丛刊·辛亥革命（四）》，上海人民出版社1981年版，第39—47页。

② 《请迅将帝国宪法及皇室典范编定颁布以息排满之说折》。见《清末筹备立宪档案史料》第47页。

③ 见《中国近代历史丛刊·辛亥革命（四）》，第39—47页。

其庶民之敬爱君主，历有年所者也。一旦改为立宪政体，昭旷人心而国是大和”[①]。端方看到，立宪是世界历史潮流，大势所趋，不得不然。而从他的地位和切身利益来说，又希望自上而下地实现立宪制度，以避免可能使清朝覆亡的流血斗争。对内达到长治久安的目的，对外产生强国御侮的效果。这是端方积极主张立宪的又一个重要原因。

新洋务派和来自上层的近代化运动

以蒸汽机为动力的产业革命在英国开始以后，资本主义的生产方式、资本主义的政治制度，就像大海的浪潮一样，汹涌澎湃地冲向世界各个角落，世界上各个民族、各个国家，都无例外地卷入了这个浪潮之中。其情形，正如马克思和恩格斯在《共产党宣言》中描绘的：“资产阶级，由于一切生产工具的迅速改进，由于交通的极其便利，把一切民族甚至最野蛮的民族都卷到文明中来了。……它迫使一切民族——如果它们不想灭亡的话——采用资产阶级的生产方式；它迫使他们在自己那里推行所谓文明制度，即变成资产者。”[②]

中国的资本主义化亦即近代化，是从列强的大炮打开中国大门的鸦片战争开始的。从那时起，资产阶级的东西，从洋枪洋炮到生产方式，从思想意识到政治制度，就缓慢地但不可阻遏地输入中国。中国社会在变化，生活在这个社会中的各个阶级、各个阶层也在变化。这个社会中一分子的官僚阶层也在分解和变化。

19世纪六七十年代，第二次鸦片战争的硝烟刚刚散尽，在官办、官督商办的企业中，西方近代机器、资本主义生产方式在中国落下了户口。这第一批近代企业的主持人，不是清政府的反对派，也不是在野

① 《欧美政治要义》卷首之《设立立宪君主政体之总因》。

② 《共产党宣言》，人民出版社1964年版，第28页。

派，而是在朝派——来自清政府的洋务派官僚，其自身也就开始了向资产阶级的转化。这时他们还没有也不可能涉及政治体制的改革问题，而且，随着戊戌变法的失败，来自上层的近代化运动也几乎停止。历史的车轮转入 20 世纪，八国联军侵占京都的奇耻大辱，成为中国进一步改革的动力，以“新政”为名义的近代化运动又开始了。这是新条件下的来自上层的近代化运动，其主持者仍是从原来的洋务派一脉相承过来的官僚，可以称为“新洋务派”吧。近代化运动已从新式企业扩展到新式教育、新式军队、鼓励民间资本等更广阔的范围。显然，新洋务派的资产阶级化的程度已较老洋务派进了一步。

随着新政——来自上层的近代化运动的深入，新洋务派官僚不惟进一步认识了历史的潮流和世界大势，而且他们的切身利益也日益和资本主义生产方式联系起来。这样，来自上层的近代化运动的进一步深入——政治制度的改变，也就是顺理成章的了。所以，洋务运动——新政——立宪，有着一脉相承的关系，其实质都是来自上层的近代化运动。而这个运动的主持者，就是洋务派——新洋务派这些日益资产阶级化的官僚。

把眼光放到更广阔的世界，我们发现。在各国由封建制到资本主义制度的转折过程中，来自上层的近代化运动是相当普遍的。比如俄国彼得一世的改革和后来农奴制的改革，德国的统一和意大利的统一，埃及和土耳其的改革，等等。在来自上层的近代化运动中，都不同程度地发生了封建阶级资产阶级化的现象。这不是偶然的，历史潮流是个全能的上帝，它迫使每一个不想灭亡的国家、阶级和个人跟着它前进。

从同情维新运动到致力新政，从大力兴办教育到力主实行立宪政体，反映了端方这个官僚向资产阶级转化的过程。立宪制度，无论是德国式的、日本式的，还是英国式的，都是资本主义的东西，只有理解了端方等官僚向资产阶级转化这一事实，才能理解端方等人之所以主张立宪的内在因素。

但是，端方代表的这个官僚层，并未完成这个转化，现实没有给他们从容演变的时间，清王朝就在革命浪潮的冲击下崩溃了。

端方与立宪派

了解一下端方与资产阶级立宪派的关系以及他们政治见解的异同，有助于理解端方一类人的资产阶级化倾向，有助于说明端方主张立宪的内在因素。

端方任湖南巡抚时，结识了戊戌政变后被"交地方官严加管束"的熊希龄，从此关系密切。端方出国考察政治，奏请熊为随员，一路上，熊为之出了不少主意。回国后，端方又委派熊在属下任督署文案、江苏谘议局筹办处会办、江苏农工商局总办、南洋印刷官厂监督等职。

那位通缉在案的国事要犯梁启超，端方也通过熊希龄与之建立了联系。他们不仅频频通信，而且梁启超筹划成立宪政党和创办刊物时，端方还答应给予资助。端方甚至还请梁启超代草奏折。①

从1906年起，端方当了三年两江总督，原又曾任半年江苏巡抚，因此与江浙立宪派来往较多。端方不仅与郑孝胥、汤寿潜等人过从甚密，而且还上奏保荐过他们。预备立宪公会成员、《孽海花》的作者曾朴，也曾做过端方幕僚。曾朴年谱里有一段很有意思的记载："那时候，两江总督端方正罗致天下名士，熊希龄、宗子岱等皆为入幕之宾，慕先生（按指曾朴）名，屡次派人延聘。先生以端氏身虽满族，颇知潮流趋向，也是力主新政大员之一，因思入他的幕中，未尝不可以从内部策

① 丁文江、赵丰田编：《梁启超年谱长编》，上海人民出版社1983年版，第353、372页。

动政治的改革。入端幕先后一年余。”[①] 当上海国会期成会成立时，清廷特电端方，要他查清该组织内幕，如稍有可资借口之处，就准备予以取缔，从而达到压抑国会请愿运动的目的。端方非但不遵旨，反而向清政府请奏速开国会。

因端方与江浙立宪派这种密切关系，所以当端方被革职时，他们曾“联名公电军机处，历陈端制军在两江任时各政绩，并恳将来重用”[②]。

与端方关系最深的，要数那位大名鼎鼎的状元实业家张謇，端方最初结识张謇，是在署理江苏巡抚时，第一次见面对张謇印象就很好，在给商部尚书载振等人的信中，端方极力称赞张謇是当今不可多得的人才，并表示将对张謇的各项活动尽力相助[③]。

1903 年，张謇到日本考察了 70 天，归国后，刻印日本宪法分送达官贵人，日俄战争后更积极呼吁立宪，同时向他的父母官——先署江苏巡抚，后任两江总督的端方多次陈说。因此，端方受到张謇相当大的影响。仅从现在留下的张謇日记、年谱和张孝若写的传记中，就可以了解端方与张謇及其他江浙人士多次一起谋划和讨论宪政问题的情况。

1905 年，清廷决定派五大臣出洋考察政治，立即引起张謇的注意。五大臣被炸，一些人反对出国考察，企图让清廷收回成命，端方把消息告诉张謇，张謇立即发电写信，慰问并为端方鼓劲。端、戴出洋和回国均经上海，正是张謇鼓动的好时机。因此，张謇以及江浙立宪派人士汤寿潜、郑孝胥、赵凤昌、许鼎霖等，都多次会晤端、戴。仅在端、戴回国路经上海时张謇就拜晤七八次，他们在一起商议成立预备立宪公会的事，张謇又代端、戴起草致各省督抚请支持立宪的电文。张孝若

---

① 曾虚白:《曾孟朴年谱》，见魏绍昌编《〈孽海花〉资料》(增订本)，上海古籍出版社1982年版，第 169 页。

② 《端方档》函字 39 号《各处来函》。

③ 《复商部》、《复商部王苍、育周、康民函稿》，见《端方档》函字 80 号、23 号。

张謇

写的传记中记载："光绪三十二年的五月底，端方、戴鸿慈从外洋考察回来，我父会见他们，竭力劝其速奏立宪，不可再推宕。"①

端方任江督后，二人过从更密，关于教育、谘议局、地方自治、实业、立宪等事，二人经常共同商议。1909年端方调任直隶总督，张謇书联赠别："锁钥北门酬帝简，衣裳南国望公归。"② 表达了对端的依恋。1911年6月，张謇进京，此时闲居二年的端方刚被任命为粤汉、川汉铁路督办，仍事先为张謇向官场联络，甚至代付晋谒摄政王的门包③。

端方被杀，张謇深为惋惜，于1912年4月撰写挽联："物聚于好，力又能强，世所称者，燕邸收藏，三吴已编匋斋录；守或匪亲，化而为患，魂其归乎，夔云惨澹，万古同悲蜀道难。"④

端方是受了立宪派相当大的影响的，尤其是张謇、熊希龄、梁启超的影响。我们试比较一下他们对立宪问题的见解和主张。

从外洋考察归国，端方上折奏请以15年至20年为立宪预备，这正是梁启超发表《开明专制论》，主张至少行10至15年开明专制为预备立宪之时。而当立宪派酝酿请愿即开国会时，端方的态度亦变，上折请速开国会。对于立宪内容，都主张君主立宪，都提倡法制，然立宪派大多主张予君主以较小权力，予国会以较大权力，其模式近于英；端方则主张予君主以较大权力，予国会较小权力，其模式近于德日，这是他们不同的地方。

---

① 张孝若：《南通张季直先生传记》，中华书局1930年版，第141页；参见《张謇日记》（光绪三十二年五月、六月），江苏人民出版社1962年影印；《啬翁自订年谱》（光绪三十二年记事），民国年间印行。

② 张怡祖编：《张季子九录・专录》卷十，中华书局1932年版，第27页。

③ 管劲丞：《张謇在辛亥革命中的政治活动考实》、《张謇在辛亥五月进京活动的一斑》，见南通市政协编《文史资料选辑》第一辑，第36、63页。参见《张謇日记》宣统三年五月十二日一二十八日。

④ 《张季子九录・专录》卷十第16页。按"匋斋录"即《匋斋金吉录》，录端方所收藏的古器、金石书画以及碑刻。

端方与立宪派的关系，实质上是具有资产阶级化倾向的官僚，和不同程度地资产阶级化了的上层绅士的结合。这种关系的建立和保持，既是端方向资产阶级转化的重要原因，反过来也证实了他的资产阶级化倾向。

三、立宪与清末政争

与端方的愿望相反，清政府最终没有实行宪政。天没有补好，端方本人倒和大清朝一起，葬身于革命的浪潮。立宪失败的原因很多，比如主张立宪是新洋务派自身就有很多不可克服的弱点。就端方来说，他是大清朝的臣子，是政府高级官员，虽然有资产阶级化的倾向，但毕竟还不能跳出封建主义的藩篱。他所受的全部教养和切身利益，都使他不能不至死效忠大清王朝，既不会背叛朝廷，也不会以强力逼迫朝廷立宪，只能把希望寄托在“圣主明君”身上，所以，他的呼吁尽管有时可以打动最高统治者，但终究是软弱无力的。

即使实行他自己所主张的立宪措施时，有时也踌躇不前，特别是可能损害他个人的权力的时候。如地方自治，端方也是热心的倡导者，但当清廷下诏设立谘议局时，他却迟迟不动，以致受到报纸和一些立宪派人士的批评[①]。因此，宪政的推行不能不受影响。

但是，立宪失败的更主要的原因，则是来自清政府中保守派的阻力，我们结合清末政局的变幻来谈谈这个问题。

戊戌政变后，维新派被镇压，洋务派也失势，顽固派独擅朝政。

① 《东方杂志》第五年第九期《大事记》和《宪政篇》，第十期《宪政篇》。不过，后来在立宪派人士的督促和努力下，江苏还是最先完成了谘议局的选举。

辛丑年“惩办祸首”，顽固派元气大伤，新洋务派得势，这是新政得以推行的重要条件。但是顽固派远非一网打尽，而且在中国这块土壤上还继续萌生着，他们的花岗岩脑袋，无论如何也容不下宪政这个漂泊重洋而来的怪物。在预备立宪的几年时间里，始终存在着保守派反对立宪的斗争，这种斗争同清政府内部的权力斗争交织在一起，相当大程度上决定的宪政的进程，并且最终使整个中央朝廷趋向保守，立宪归于失败。

从考察政治到丁未政潮

五大臣出洋时，清政府内部的议论并不一致，而派五大臣的上谕中也只字未提“立宪”。

1906年，四大臣[①]先后归国，一致奏请立宪，但遭到许多人的反对。铁良是最激烈的一个，军机大臣荣庆、大学士孙家鼐亦随声附和。铁良曾赴日本考察军事，回国后任练兵大臣，1904—1905年间以兵部侍郎身份到各地考察军事，回京后任户部尚书、军机大臣。他以为当前最重要的是练新军，新军练成了，就可以有效地镇压革命，排满风潮不足虑。同时铁良与主张立宪的端方、袁世凯都有矛盾，因此，极力反对立宪。端方疏通了李莲英，“居然做到可以随时见太后，且可长谈。而铁与端甚为反对，端能随时进见，铁竟能随时阻止，彼此权力均属两不相下”[②]。“于是顽固诸臣，百端阻挠，设为疑似之词，故作异同之论，或以立宪有妨君主大权为说，或以立宪利汉不利满为言，肆其簧鼓，淆乱视听。泽（载泽）、戴（鸿慈）、端诸大臣地处孤立，几有不能自克之势。”[③]

---

① 考察政治大臣之一李盛铎中途被任命为驻比利时公使。

② 《齐东野语》，见《辛亥革命前后——盛宣怀档案资料选辑之一》第26页。

③ 《东方杂志》1906年临时增刊《宪政初纲》，《立宪纪闻·考政大臣之陈奏及廷臣会议立宪情形》。

穆尔察·铁良，先后任陆军部尚书、江宁将军。

当时，“朝有大臣，每由军机问诸北洋”[①]，但袁世凯主张立宪更积极。端方、戴鸿慈考察回京路过天津，曾与袁商议立宪、改官制的事。8 月 26 日，袁世凯进京参加廷臣会议。8 月 27 日、28 日廷臣接连讨论两天，铁良、荣庆、孙家鼐反对立宪，奕劻、徐世昌、张百熙、袁世凯主张立宪。袁、铁争执不下。瞿鸿禨、载沣则不动声色。会后，奕劻、袁世凯向慈禧面奏，弹劾铁良：“若不去铁，新政必有阻挠。”[②]一向独断专行的慈禧也左右为难，因为立宪的后果太难估计了，她甚至说：“我如此为难，真不如跳湖而死。”[③]由于两派的争斗，北京空气相当紧张，“朝市之间莫不皇皇如。竟有人言戊戌将见者，…… 日内市面且因此而生观望之心焉”[④]。最后，慈禧调和双方意见，既不否定立宪，又不马上立宪，而是于 1906 年 9 月 1 日宣布预备“仿行宪政”。至于预备多少年则没有说。因此，当时人指出，宣布仿行宪政的诏旨全篇都是空话，只有改革官制一条是实在的。就这样，在保守派的阻挠下，立宪的脚步一开始就是蹒跚而行。

改革改制，是宣布预备立宪后的第一个具体行动。这个决定是应端方、戴鸿慈的奏请而作出的。他们奏折的第一条是裁撤军机处，设立责任内阁。由总理大臣、左右副大臣及各部尚书组成内阁。阁议决定政事后奏请皇帝颁布诏旨，上谕要由总理大臣、左右副大臣及有关部的尚书副署[⑤]。按他们的要求，清廷命载泽、铁良、袁世凯等 14 人负责编纂新官制，端方、张之洞等地方大员派人参加，由奕劻、孙家鼐、瞿鸿禨总司核定。9 月 6 日又设编纂官制馆，以孙宝琦、杨士琦为提调。

① 张一麐：《心太平室集》卷八，1947 年印行，第 36 页。

② 《齐东野语》，见《辛亥革命前后——盛宣怀档案资料选辑之一》第 26 页。

③ 《齐东野语》，见《辛亥革命前后——盛宣怀档案资料选辑之一》第 29 页。

④ 《齐东野语》，见《辛亥革命前后——盛宣怀档案资料选辑之一》第 29 页。

⑤ 《请改定全国官制以为立宪预备折》。

但是，在筹划新的中央官制时，围绕责任内阁制问题，新洋务派与保守派展开了激烈的斗争。

编纂官制馆提出取消军机处，设立责任内阁的草案，符合端方、戴鸿慈的意见。但当编纂大臣讨论时，发生了激烈的斗争。袁世凯力主设立责任内阁，铁良等人则坚决反对。这期间，许多保守大臣上书反对立宪和改革官制。内阁学士文海奏立宪六大错。请裁撤编纂官制馆并让袁世凯出京，其中又责备考察政治大臣："当时明降谕旨考察政治，并未专指立宪而言，乃该大臣回国复奏，竟以立宪为请。细绎立宪各节，并无裕国便民之计，似有削夺君主之权。"① 吏部主事胡思敬骂立宪是"窃外国之皮毛，纷更制度，惑乱天下人心"②。御史赵炳麟更提醒慈禧否定责任内阁制："我皇太后、皇上仁孝为怀，不忍以圣祖高宗经营完善之天下，一旦乱于十数乳臭小儿之手，应请于该大臣等编定奏呈以后，其宏纲所在，朝廷自有权衡。"③ "此际忽有人严劾疆臣揽权，庸臣误国。……各官闻之，乘隙交劾，共几十余次。"④ 端方见势不妙，不等官制改革的事完成，就于9月底匆匆请训，跑到南京当他的两江总督去了。

由于奕劻支持袁世凯，总司核定的奕劻、孙家鼐、瞿鸿禨把包括责任内阁制的新官制方案上奏。然而事情并未到此结束，军机大臣瞿鸿禨在讨论时不动声色，暗中却向慈禧奏陈内阁制的坏处，指出责任内阁

① 《内阁学士文海奏立宪有六大错请查核五大臣所考政治并即裁撤厘定官制官制馆折》，见《清末筹备立宪档案史料》上册第139页。

② 《吏部主事胡思敬陈言不可轻易改革官制呈》，见《清末筹备立宪档案史料》上册第432页。

③ 《御史赵炳麟奏新编官制权归内阁流弊太多折》，见《清末筹备立宪档案史料》上册第444页。

④ 《齐东野语》，见《辛亥革命前后——盛宣怀档案资料选辑之一》第29页。

制会削弱她的权力[①]，慈禧当然不愿放弃大权，何况又有赵炳麟和瞿鸿禨的提醒。1906年11月6日，正式发布改革官制上谕，军机处不变，不设责任内阁。[②]端方、袁世凯等人的努力落空了。事情还不是仅此为止，根据11月6日的上谕，成立了陆军部，铁良出任陆军部尚书，练兵处并入陆军部，各省新军应归陆军部管辖。袁世凯只好上奏交出一、三、五、六各镇军队的管辖权给陆军部，辞会办练兵大臣，同时辞各项兼差，但又要求把驻在直隶的二、四两镇归自己"统辖督练"。上谕发布，只允许"暂由该督调遣训练"。此时慈禧已开始抑制袁世凯势力的发展。所以时人说袁"所难堪者，兵权也……设非主上生疑，何至如此？"[③]其他主张立宪的，载泽、善耆被置于武备院、宗人府这样的闲散地位。因此日本人评论说："此次中国改革官制，其表面上不分满汉，与各部长官不兼任他职外，无改良之可观。要之归于改革派之失败，守旧派之胜利，可谓之龙头蛇尾之改革也。"[④]

反对立宪的人有两种情况：其一，他们的权势、他们的地位，都是来自传统的政治体制，制度一变，则权力地位随之而去，所以，出于切身利害，不能不反对立宪。其二，他们的思想被牢固地束缚于传统之内，闭目塞听，不知世界大势，如果有人了解一点外国情况，反而更认为西不如中，制度千万变更不得，因此也反对立宪。前者能量大，后

① 见刘厚生：《张謇传记》，龙门联合书局1958年版，第137页；汪诒年编：《汪穰卿先生传记》卷四，1938年印行，第6—14页；曹汝霖：《曹汝霖一生之回忆》，台北传记文学出版社1980年版，第43—44页；张国淦：《北洋军阀的起源》，见杜春和等编《北洋军阀史料选辑》上册，中国社会科学出版社1981年版，第54页。

② 上谕见《清末筹备立宪档案史料》上册第47页。

③ 《齐东野语》，见《辛亥革命前后——盛宣怀档案资料选辑之一》第31、34页。参见《北洋军阀史料造辑》第50—51页；《军机处录副档》，见中国社会科学院近代史研究所中华民国史组编《中华民国史资料丛稿》之《清末新军编练沿革》，中华书局1978年版。

④ 《东方杂志》之《宪政初纲》之《外论选择》第13页。

者人数多。立宪活动不能不横生阻力。

经过官制改革，奕劻、袁世凯、端方把怨恨都发泄到瞿鸿禨身上，必欲去之而后快。奕劻、袁世凯与瞿的矛盾由来已久，八国联军攻入北京，瞿鸿禨到西安，得到慈禧宠信，1901 年任军机大臣。奕劻则随李鸿章议和，保全慈禧有功，也得到信任。1903 年荣禄病死，奕劻入值为军机大臣，旋为首席军机大臣。比起奕劻来，瞿鸿禨较为清廉，受到许多保守御史和所谓清流的拥护，与奕劻、袁世凯、张之洞都有矛盾[①]。

官制改革之后，瞿鸿禨自觉势孤力单，就拉拢与奕劻、袁世凯、端方都有矛盾的岑春煊。岑春煊庚子护驾有功，深受信任，岑并非顽固者流，但因与奕、袁、端的矛盾，并想取袁的地位而代之，就与瞿结成了联盟，1907 年岑入京陛见，留京任邮传部尚书。于是以瞿、岑为一方，以奕、袁、端为一方展开了火并。

慈禧最恼恨的，是康有为、梁启超等流亡海外的戊戌维新派人士，于是奕、袁、端等利用这一点来排斥瞿、岑。由端方命上海道蔡乃煌伪造岑春煊与康有为的合照，上呈慈禧。慈禧当然大怒，就以广东革命党人起义，需得力的人镇压为名，把岑外放为两广总督，然后不等他到任就下令免职[②]。同时，又由奕劻密奏瞿鸿禨与康梁勾结，企图迫使太后归政。恰好这时发生了这样一件事："有一天（太后）独叫瞿入见，谈到奕劻，曾露罢免之意。不知由何人传播，登载于英伦报纸。驻华英使夫人且于太后招待游园之际，当面询问。太后虽极力否认，而疑

① 张国淦:《北洋军阀的起源》，见《北洋军阀史料选辑》，第 54 页。

② 端方参与罢免岑春煊事，各种记载皆系来自传闻，笔者查阅《端方档》，内有端方致蔡乃煌信函数通，可证实端方确与此事有关。

此语为瞿所独闻，不应泄露于外人。”[①] 奕劻得到这个消息，密令杨士琦写一封弹劾瞿鸿禨的奏折，买通翰林院侍读学士恽毓鼎奏上。于是瞿以“暗通报馆、授意言官、阴结外援、分布党羽”的罪名，于1907年6月17日被罢免。两个月内，清廷接连罢免了两个深受信任的大员，这就是有名的丁未政潮[②]。

然而慈禧不能容忍奕劻独霸军机，罢免瞿鸿禨两天后，就让醇亲王载沣到军机处学习入值，以便牵制奕劻。为抑制袁世凯势力的进一步膨胀，就用明升暗降的办法，把袁世凯内调为军机大臣。为防止奕、袁结合难以驾驭，又调与袁有矛盾的湖广总督张之洞为军机大臣，以便互相牵制、抗衡。这样一来却为推行立宪带来了便利，因为袁、张都是主张立宪的。1907年8月应端方之请令编纂帝国宪法；9月谕令筹设资政院；10月谕各省筹设谘议局；1908年8月颁布钦定宪法大纲和逐年筹备宪政计划。此时虽有保守派反对，但内有袁、张主持，外有端方等呼应，他们奈何不得。

立宪的没路

在保守派的反对和抵制下，立宪活动艰难地进行着。到1908年慈禧和光绪死去后，事情又发生了一大转折。其原因，又与政局变动有密切关系。

慈禧在世，对袁相当信任，只是最后两年才恩眷稍减。另一方面，

① 恽宝惠:《清末贵族之明争暗斗》，见中国人民政治协商会议全国委员会文史资料研究委员会编《晚清宫廷生活见闻》，文史资料出版社1982年版，第63页。按恽宝惠即下文恽毓鼎之子，晚清曾任陆军部主事。

② 关于丁未政潮的记载很多，细节不尽一致，可参见汪诒年编:《汪穰卿先生传记》卷四，第6—14页；费行简:《近代名人小传·瞿鸿禨》，台湾文海出版社影印本；胡思敬:《国闻备乘》卷三之《瞿鸿禨因衽席之言失位》，1924年印行；刘禺生:《世载堂杂忆》之《瞿子玖开缺始末》，中华书局1960年版，第95页；刘厚生:《张謇传记》，第138—157页，等等。

她的统治术是操纵于各派冲突之上，利用矛盾，保持自己权势。所以奕劻和袁世凯虽经多人弹劾而仍安于其位，政局也还相对稳定。待慈禧刚刚呜呼哀哉，满族少壮亲贵载泽、善耆、载涛、载洵、毓朗等人，就迅速集结在摄政王载沣周围，形成一个少壮亲贵集团，力图排斥奕、袁实力派，于是政局发生了一大转折。

在载泽和善耆的策划下，他们首先于1909年1月2日以患足疾为名罢去了袁世凯，接着，极端守旧的御史胡思敬又弹劾端方①。1909年11月，刚到直隶总督任半年的端方也被罢免。这期间，奕、袁一派的党羽罢的罢，辞职的辞职，加上张之洞于1909年10月去世，新洋务派的势力一落千丈。

按照一些御史的意见，是要把奕劻一起罢斥，但载沣因北洋系难以控制，又怕外国人干涉，所以没有动奕劻。奕劻虽留，权力却被一步步削弱。载沣派载涛为军谘府大臣，掌握陆军，开去奕劻管理陆军部事务职任。又派贝勒载润管理陆军贵胄学堂，开去奕劻管理陆军贵胄学堂之差②。但是，上有隆裕的挟制，下有奕劻党羽的呼应，载沣始终不能罢斥奕劻，而且，“奕劻只要称老辞职躲在家里不出来，摄政王立刻就慌了手脚”③。

人们常把载沣与袁世凯的矛盾说成是满汉矛盾，袁世凯的罢免是满族少壮亲贵排斥汉族的结果。其实事情远非如此简单。诚然，袁世凯的北洋系多为汉人。但是不要忘记，这个集团的首领、后台靠山正是

---

① 端方与袁世凯关系密切，袁罢端亦不安。袁出京时，送行数人中有端方之弟端绪、子继先。见《北洋军阀史料选辑》第67页。

② 《宣统政纪》卷十二第4页；卷十八第11—12页。

③ 溥仪:《我的前半生》，群众出版社1984年版，第24页。

皇族庆亲王奕劻。而旗人三才子之一的那桐是袁系私党[①]；也是旗人三才子之一的端方与袁是儿女亲家，关系密切；军机大臣世续是袁的把兄弟，他不仅竭力保护袁，而且为袁通风报信[②]。而载沣集团中，也不乏汉人，除了一班为之奔走呼号的御史外，其理财支柱，就是邮传部尚书盛宣怀。盛不仅取代署邮传部尚书唐绍仪，而且弹劾铁路局局长梁士诒。实际上，双方都是皇族亲贵为首领，都要拉汉人壮大实力。载沣集团多为新发家的少壮亲贵，在政府中原处于无权地位，现在要取得实权，就必须排斥实权派奕、袁集团。由于实力不足，他们拉盛宣怀作为财政后盾，拉一些守旧御史与之呼应。奕劻与袁世凯的联合，表面上是袁世凯贿赂奕劻的结果，而实际上则是亲贵元老派和新洋务派集团的结合。袁世凯为保持自己的权势，不得不以奕劻为奥援，而奕劻为保住自己的地位，更不能不依靠袁世凯。而奕、袁为保持和扩大自己的权势，不能不与少壮亲贵进行争夺。所以，这两个集团的斗争，实际上是少壮亲贵与亲贵元老派、新洋务派的斗争，已远远不能用满汉矛盾来解释了。

少壮亲贵的排汉倾向，也被人们说得过于严重了。排袁不等于排汉。我们试看地方的情况：其一，端方离两江，接替的是张人骏，端方在直督任被免职，接任的是陈夔龙。这两个最重要的地方官，反是满走汉来，不过都是极保守的汉人。其二，宣统年间，免职的总督共有四个：升允、端方、袁树勋、锡良。其中端是满族，升、锡都是蒙古旗人，只有袁是汉人。端方免职原因已述及，升允之免是由于同奕

① 那桐等人一直企图使袁东山再起。1911 年当皇族内阁受立宪派攻击时，总理、协理大臣均奏请辞职。“那、徐两人均说，自己才力短绌，从前罢免之袁世凯，‘其才胜臣等十倍，若蒙特予起用，必可宏济艰难’。”参见载涛《载沣与袁世凯的矛盾》，见《晚清宫廷生活见闻》第 81 页。参见警民：《徐世昌》第五章《内用时代之徐世昌》，台湾文海出版社影印。

② 《恽毓鼎致端方函》，见《近代史资料》1980 年第 2 期，第 213 页。

劻的矛盾[①]，而袁、锡都是由于奏请开国会不允愤而托病辞职的。而整个宣统年间，地方督抚在满汉比例上并无多大变动。其三，少壮亲贵排斥袁世凯，却引用也是汉族的日本陆军留学生进新军。少壮亲贵们原都是无权的，而中央政府是他们首先争夺的对象，排汉印象就是这样来的。

经过几年的争夺，载沣为首的少壮亲贵集团在中央朝廷占了优势。1911 年成立的皇族内阁反映了双方力量对比。总理大臣奕劻、协理大臣那桐、徐世昌都是奕劻一派的，而民政、度支、陆军、海军、邮传、农工商各部都是载沣派的。且奕劻虽任总理，政事却取决于载沣。可见少壮亲贵集团已占优势，如果没有革命的爆发，他们很可能把奕、袁集团驱逐出政治舞台。

宣统年间的一系列政治变动，新洋务派的失势，对于立宪有很大的影响。

在怎样巩固统治的问题上，掌握最高统治权的载沣与新洋务派不同。《辛丑条约》签订后，载沣作为"谢罪专使"到过德国，德皇威廉向他传授保持皇权的秘诀：要有足够数量的军队，并一定要由皇帝直接掌握，他又"目睹德皇族从幼年时起，就身受极严格的军事训练，所以国势那样强盛，早就有心效法。及亨利亲王来华，旧雨重逢，对他又加以鼓舞"[②]。载沣受此影响极大，他以为抓住了军权，训练一支得力的军队，就可以保持皇统于永久了。他自任海陆军大元帅，派弟载涛和宗室毓朗为军谘大臣掌握陆军，派弟载洵为海军大臣，派载润管理陆军贵胄学堂，命载涛、毓朗、铁良编练主要由旗人组成的禁卫军，又企图以日本士官生代替北洋派军官，极力抓住军权。而另一方面，"载沣怕

① 许同莘：《张文襄公年谱》，南皮张氏舍利函斋 1939 年印行，第 219 页。

② 恽宝惠：《清末贵族之明争暗斗》，见《晚清宫廷生活见闻》，第 64 页。

立宪以后，……皇帝无权，摄政王自然也无权了”[①]，因此，他对立宪不感兴趣。1911 年各省立宪派请愿召开国会，由于载沣震怒，以致各衙门和政府大臣不敢接见请愿代表。民政大臣善耆，尽管在与奕、袁的对抗中给他出过谋划过策，但由于善耆主张召开国会，他还是把善耆调到无关紧要的理藩部。

奕劻本没有什么政治主张，只有一套敛财和笼络人的办法，对于立宪，他是无可无不可。袁世凯在朝，他常采纳袁的意见，袁罢后，他对立宪也不十分积极。

载泽，本为考察政治大臣之一，此时一心一意夺取内阁总理的席位，对立宪亦无明确主张。

这样，随着新洋务派的失势，中央朝廷趋于更加保守。在地方，自端方罢免后，南、北洋两个总督张人骏和陈夔龙都是极守旧、反对立宪的人。[②]清政府中再无有力的主张立宪的大员。积极主张立宪的，只有东三省总督锡良和湖广总督瑞澂等地方督抚，锡良甚至以辞职来要求提前开国会。但是这些人的地位不足以影响中央朝廷。国会请愿运动时，十八个督抚等地方官员奏请即开国会，但最重要的南北洋总督却反对，结果清廷只以缩短年限来敷衍。正如极端守旧的御史胡思敬所说的：“自古变法，必有一揽权专断强有力之人主持其间，如秦之卫鞅，汉之王莽，宋之王安石皆是也。主持者一败，其势立转。……袁端则被罢矣，宣统初年，在朝并无一贵幸大臣能以权力主持变法者。”[③]

---

① 李泰棻：《独树一帜的善耆》，见《晚清宫廷生活见闻》第 85 页。

② 早在1907 年，陈夔龙就奏请毋扩充新政，缓行立宪（见《清末筹备立宪档案史料》上册，176 页）。1911 年又奏请把鼓动请愿国会的温世霖押送新疆（《梦蕉亭杂记》1925 年印行，卷二，54 页）。张人骏是督抚中与谘议局冲突最激烈的，以致一向温和的张謇都率谘议局议员辞职抗议。直到武昌起义以后，张仍“大抵立宪”，归咎主张立宪的湖广总督瑞澂（《张季子九录・专录》卷十第 21 页）。

③ 胡思敬：《国闻备乘》卷四《主持新法罪魁》，台湾文海出版社 1966 年影印本。

到了宣统二、三年间，清政府再不肯推行宪政了。不仅是革命的爆发宣告了君主立宪的破产，而且，当清政府以武力押解东三省请愿代表回籍时，当清政府以武力解散天津的学生集会时，当清政府发配天津学界请愿同志会会长温世霖到新疆之时，当皇族内阁成立之日，清政府自己已经宣告了立宪的失败。

在清朝存在的最后几年，由19世纪后半叶的洋务派发展而来的新洋务派，为了达到强国御侮，消弭革命的双重目的，倡导实行德、日式的二元君主制立宪政体。这实质上是一次来自上层的近代化运动，它与19世纪后半叶的洋务运动、庚子以后开始的新政是一脉相承的。由于保守派的阻挠，宪政的推行困难重重，并最终陷于失败。

但是，中国社会的改革要求已不允许清政府原封不动地存在下去。当立宪失败之日，也就是这古老中国最后一代王朝灭亡之时。

（作于1984年，刊于《辛亥革命史丛刊》第九辑，中华书局1997年版。笔者后来观点有不少变化，特别是关于资产阶级问题，为保持原貌，未作修改）

赵尔巽

赵尔巽（1844—1927），字次珊，号无补，汉军正蓝旗人，原籍奉天铁岭（今辽宁铁岭），出生于山东。其父文颖是道光进士，曾在山东任知县。

同治六年（1867）赵尔巽中举人，十三年中进士，授翰林院庶吉士。光绪二年（1876）授编修，五年任湖北乡试副考官，八年任御史，十一年京察一等，奉旨记名以道府用。

光绪十三年，赵尔巽出任贵州石阡知府。这时任贵州布政使的，恰好是赵尔巽任御史时弹劾过的史念祖，但史不仅没有与赵为难，反而对他非常赏识。翌年赵尔巽改任首府贵阳知府，十九年升任贵东兵备道。二十一年任安徽按察使。二十四年九月，任甘肃新疆布政使。次年因母丧回乡。二十八年四月服满，赵尔巽改任山西布政使，不久护理巡抚。赵在山西任职半年多，主要办了两件事，一是奏请改变传统的对罪犯的军、徒、流等处罚办法，设立罪犯习艺所，传习各种手艺。二是为抵制外人对山西矿产的觊觎，奏请设立丰晋矿务总公司。这个公司拥有承办山西全省矿产之权；嗣后不论何人在山西开矿，必须取得丰晋公司的同意。

光绪二十八年十二月二十四日（1903 年 1 月 22 日），赵尔巽获授湖南巡抚，次年三月十五日接任。这时，清政府正大力推行新政，故赵下车伊始，即以创办新式教育为第一急务。他首先视察了岳麓、城

赵尔巽

南、求忠三个书院，发现这三所书院均“旧习相沿，新机未辟”[①]，很不以为然，就告诫学生要讲求有用的实学。嗣即将岳麓书院改为高等学堂，将城南书院改为师范馆，求忠书院也改为学堂。为了发展新式教育，赵尔巽大胆起用人才，翰林院庶吉士熊希龄曾因参与戊戌维新被革职，奉旨“永不叙用，并交地方官严加管束”。赵访知他在常德办学堂颇有成绩，于是奏称：“熊希龄获谴以后，闭门思过，德性与学问并进，废弃可惜。恳恩免于严加管束，拟令助理学务，以观后效。”[②]奉旨照准，任熊希龄为西路师范学堂监督，并派他出国考察。由于赵尔巽的大力提倡，各州县纷纷改革旧式书院，相继建立新式学堂，风气既开，开明士绅龙绂瑞等旋于五月间禀请创办女子学堂，赵尔巽大加赞赏，欣然批准。湖南第一所女子学堂于是诞生。为了保护女学堂免遭顽固派的破坏，赵尔巽又特发告示，不但申令保护学堂，而且为设女学堂找了个历史根据：“女学堂之设，即古师氏保姆之遗意……意至良，法至美也。”[③]半年之后，赵尔巽还亲自到女学堂发表演说。可是，赵尔巽离任后，这个女学堂由于顽固派的攻击而停办。赵还曾将抚署的房子腾出一部分设立官立半日学堂，专供贫民子弟学习，并亲自主持开学典礼。

随着新式学堂的兴办，民主思潮也就在师生中传播开来，这是赵尔巽始料所不及的。光绪二十九年五月，赵尔巽视察高等学堂（原高等学堂，由戊戌变法时的时务学堂演变而来），发现在学生的演说稿中，有人写进了民权、自由、设议院等内容，他当即诫谕学生，勿信民权之说，甚至强词夺理，说当今不需要民权，而是要强权。

在其他各项新政上，赵尔巽做的也颇有成绩，诸如派遣学生赴日本学习师范、陆军及各种工业，设立全省矿务总公司，裁撤绿营，编练

---

① 癸卯（1903 年）五月八日《湖南官报》。

② 叶景葵：《凤凰熊君秉三家传》，见《叶景葵杂著》，上海古籍出版社 1986 年版。

③ 癸卯（1904 年）五月廿四日《湖南官报》。

新军等，因此受到社会舆论的称赞，政声大起。光绪三十年四月，清廷召赵尔巽入觐，七月，命他署理户部尚书，十一月实授。这年年底，赵尔巽主持的户部奏请重新禁止鸦片，指出鸦片“内而年增数千万无形之惰废，外而年铄数千万立罄之脂膏，国计民生，两受其害”①，这是清朝最后数年禁烟运动的开端。

赵尔巽任户部尚书不到一年，光绪三十一年四月，被任命为盛京将军。此时日俄战争方罢，东北还驻扎着日俄军队，土匪遍地，局势混乱。对于这一大片清朝发祥之地，朝廷非常重视，故赵临行前，慈禧太后、首席军机大臣奕劻都面授机宜，并许他便宜行事。

赵尔巽到任后，从整顿行政机构入手，首先裁撤了从清初沿袭下来的盛京户、礼、工、兵、刑五部侍郎，接着裁撤奉天府尹兼巡抚，将这些职官原管事务，均由将军负责。在这同时，设立财政总局，整理财政，“逾岁库存至数百万”。

对于各地的土匪，赵尔巽采取了剿抚兼施的办法。势力小党羽少的，大多剿灭；势力大党羽多的，或剿或抚，张作霖、冯德霖等人就是这个时候招抚的。赵尔巽还切实推广巡警，以稳定社会秩序。

为了抵制日、俄的侵略，充实边疆，赵尔巽奏请召民垦荒，并设立农事试验场和农业学堂。对于教育、实业等各项新政，也仍然积极兴办，渐有成效。

光绪三十三年三月（1907 年 4 月），东北改制，划为奉天、吉林、黑龙江三行省，清廷授徐世昌为东三省总督，兼管三省将军事务；赵尔巽调四川总督，未到任，又于七月授湖广总督。张之洞长期督湖广，内迁晋体仁阁大学士、军机大臣，但对两湖事务还是经常过问，有时免不了对赵尔巽有所不满，恰好此时清政府加强对西藏的经营，派赵尔巽

---

① 沈桐生辑:《光绪政要》卷三十，上海崇义堂 1909 年印行，第 50—54 页。

的弟弟原任川滇边务大臣的赵尔丰任驻藏大臣（未到任，后专任川滇边务）兼川滇边务大臣，因于三十四年二月（1908 年 3 月）调赵尔巽为四川总督，以便兄弟二人能够互相配合。赵尔巽四月由武汉赴任，为了考察四川情况，入川之后即弃舟陆行，五月十八日正式接任。此后数年中，赵尔丰在川边锐意革新，办新政、练军队、移民开垦，对巩固川西和保障川藏交通起了相当大的作用。赵尔巽在四川两年半，其主要事迹如下：

一、整理财政，厉行禁烟。清朝末年，无论中央地方，财政都异常紧张。赵尔巽到四川后，整理契税（房地产买卖税）和其他税务，设立经征局统辖全省税收，一方面剔除官吏的贪污和中饱，一方面加紧向人民搜刮。惟全川财政已是病入膏肓，虽经整理，终无起色。

早在赵尔巽任户部尚书时，就奏请禁烟，光绪三十二年八月三日（1906 年 9 月 20 日），清政府发布禁烟谕旨，规定十年内禁绝鸦片。赵尔巽是禁烟的倡议者，执行自然尽力。当时四川是全国产鸦片最多的省，每年输出价值一千万两以上，并且鸦片税是政府税收的重要来源之一，执行烟禁自有较多困难。赵尔巽到川后，决定缩短禁烟时限，期以两年完成。措施是从种、贩、吸三方面同时着手，但效果并不明显。于是，宣统元年（1909）赵尔巽下令完全禁种罂粟，如有违犯，地主佃农一并治罪。二年初，他派 4 个道员和 48 个委员下乡认真察看，遇有再种鸦片者，派军队强行铲除。到宣统三年，颇有效果。

二、鼓励收回利权，抵制外国资本。为了对付各帝国主义国家对四川矿权的觊觎，在赵尔巽的主持下，于光绪三十四年（1908）底成立了四川通省矿务总公司。规定“除现在官办各矿及华洋商人禀准已开之矿外，凡川省未开矿产概归总公司承办经理”①。赵尔巽特地发布白话

---

① 《宣统政纪》卷二，中华书局 1987 年版，第 9 页。

文告示，令各地土地所有者申报矿产，由总公司标记矿地。又拨官款三百万两作为公司的保息费，借官款作为总公司的开办费。早在光绪三十年（1904），英人立德组织江北矿务公司，取得了江北厅（今重庆市属江北县）煤铁矿开采权。三十四年，重庆及江北绅商组成"江合矿务公司"，力图抵制和对抗外国公司。这年八月，两公司因开采煤矿发生冲突，引起交涉。赵尔巽一面公开为江合公司说话，一面多次暗中指授机宜，经过多次谈判，到宣统元年（1909）七月，终于以22万两的代价收回江北矿权。这件事被《东方杂志》称为"吾国近年矿务之三大事"之一（按：其他两事为直隶官绅要求收回开平矿权，安徽绅商收回铜官山矿权的斗争）。

川江轮船公司的成立，也与矿务公司的情况相同。早在义和团运动期间，英法资本家就计划设立轮船公司，置轮航行重庆和湖北宜昌间。为了抵制外轮侵入，光绪三十三年赵尔丰护理总督期间曾奏准设立轮船公司，但并未着手筹办。次年，法国公使向外务部提出由法人设立轮船公司的要求，赵尔巽即决定筹办川江轮船公司以为抵制。这个公司虽属商办，但其中有官款。由于旧式帆船业和湖广总督陈夔龙的阻挠，直到宣统二年三月才正式开始营业。

早在锡良任四川总督时筹划的川汉铁路，这时也加快了建设的步伐。赵尔巽与公司负责人乔树枏、胡峻等人反复筹议，聘请詹天佑、颜德庆为正、副总工程师。宣统元年詹天佑到川鄂勘定了路线，这年十一月十六日（12月28日），宜（昌）万（县）段正式开工。

三、政治上观望立宪、镇压革命。赵尔巽督川期间，清政府正紧锣密鼓推行预备立宪，他奉旨努力筹办川省谘议局，曾受到立宪派的称赞。实际上，对于立宪，赵尔巽既不像端方、孙宝琦、锡良、瑞澂、程德全等人那样热心，也不像张人骏等人那样顽固地反对。宣统二年，立宪派发起国会请愿运动，各省督抚由云贵总督李经羲发起，也商议联衔上奏请开国会。赵尔巽对此本持异议，主张先设责任内阁，嗣见大多数督抚都主张开国会，才同意联衔具奏[①]。第三次国会请愿后，一些立宪派人又酝酿第四次请愿，四川各学堂也罢课声援，赵尔巽命各地设法弹压，迫使学生上课，并拿办鼓励请愿的教员刘通。

清末，各地革命党人反清起义接连不断，四川也曾发生过几次起义。赵尔巽督川后，即派人在长江沿岸和四川各地密探会党头目佘英的活动。宣统元年十二月（已是 1910 年），同盟会员熊克武和佘英在嘉定发难，经赵尔巽调兵镇压，起义失败，党人死难 200 余人。宣统二年二月十日（1910 年 3 月 20 日），佘英在云南豆杀关被清兵逮捕[②]，不久被害。

宣统三年（1911）正月，赵尔巽奉命进京陛见。被任命为钦差大臣、东三省总督兼管三省将军事务。赵尔巽到任数月，武昌起义爆发，浪潮波及东北地区，市面一片混乱，大清银行、交通银行和官银号连日挤兑，革命党人乘机跃跃欲试。时在黑龙江视察的赵尔巽匆匆赶回奉天省城。他下令封锁从武昌方面传来的消息，同时立即召集新军和巡防营军官开会，极力拉拢。但是，控制形势的努力并不十分有效。九月上旬，革命党人张榕和陆军第二混成协协统蓝天蔚等人计划驱逐赵尔巽宣布独立。赵得密报，急调前路巡防营统领张作霖所部 2500 人入省城，监视新军。九月二十一日，赵尔巽勾通谘议局副议长袁金铠等人，成立“奉天国民保安会，赵自任会长，为稳住革命党人计，让张榕任参议副长。保安会名为保卫东三省治安，实际上成为赵尔巽抑制革命势力发展的有力工具。九月二十四日，赵尔巽以派赴东南各省考察为名，免去混成协协统蓝天蔚职务。蓝经大连走上海，革命势力大受挫折。

---

① 赵尔巽致锡良、瑞澂、陈夔龙、袁树勋的电报，见中国第一历史档案馆藏《赵尔巽档》第 324 卷。

② 关于佘英被捕地点，许多资料都说在四川叙属豆杀关，此据赵尔巽向清廷的奏报，应在云南豆杀关。见《赵尔巽档》第 347 卷。

十月中旬（12月上旬），南北议和在上海举行，赵尔巽利用这个时机，在张作霖的支持下，以“清剿土匪”为名，大肆镇压各地起义的革命党人。十二月初五日（1912年1月23日），在赵尔巽默许下，张作霖杀害了“奉天联合急进会”会长张榕和他的好友宝锟（满族）等革命党人。议和期间，赵还策划过以东北为基地反对共和的阴谋。嗣见人心所向，大势所趋，赵才不得不承认共和。

1912年（民国元年）3月15日，赵尔巽改任为东三省都督。7月17日临时政府令改东三省都督为奉天都督，不再兼辖吉、黑二省。赵改任奉天都督兼民政长。

清帝溥仪退位（1912年2月12日）后，由清朝亲贵组成的宗社党在各处倡乱酿祸。潜逃至旅顺的宗社党首领之一肃亲王善耆，伙同日本侵略分子川岛浪速等，谋在东北作乱，妄图实现“满蒙独立”的阴谋。赵尔巽获悉，曾使人往旅顺劝说善耆出国，以图息事，未成。5月，日本军官松木清助等护送武器弹药前往蒙古，谋与蒙古叛匪马贼等纠合起事，赵尔巽探知，即派吴俊升等率军堵截，将该股贼匪武装歼灭。宗社党叛谋未能得逞。8月，内蒙哲里木盟科尔沁右翼前旗扎萨克图郡王乌泰勾结沙俄谋叛，发出“东蒙古独立宣言”伪示。赵尔巽事先已探得消息，又派吴俊升会合吉、黑军队一举荡平。乌泰潜逃库伦。

因抵制革命被提拔起来的张作霖羽翼渐丰，使赵尔巽感到难以驾驭。于是，1912年11月3日赵尔巽在亲友劝说之下辞职离奉，居于青岛。

1914年民国政府设立清史馆，任赵尔巽为馆长，主修清史。赵尔巽聘集文人学者以及清室遗老入史馆，费时14年，在他去世之前大致完成，是为《清史稿》。因撰者多站在清朝立场，故书中称太平军为“粤匪”，辛亥革命为“谋乱”，且疵谬缺漏之处颇多。1929年（民国十八年）被南京民国政府查禁。

赵尔巽辞去都督后，与政界仍有广泛的联系。1914年5月26日，赵被任为参政院参政。翌年年底，袁世凯称帝，赵尔巽被尊为“嵩山四友”之一。1917年张勋复辟，封赵尔巽为弼德院顾问，但赵本人并未参与复辟活动。1925年段祺瑞任临时执政期间，赵先后任善后会议议员、临时参议院议长。1926年国民军退出北京，赵曾与王世珍等组织北京临时治安维持会。

1927年9月3日，赵尔巽病逝于北京，时年84岁。

原载罗明、徐彻主编《清代人物传稿》下编第七卷，
辽宁人民出版社1992年版。

载 泽

爱新觉罗·载泽（1868—1930），生于同治七年二月二十四日（1868年3月17日）。载泽本是康熙帝第十五子允禑的五世孙，父名奕枨。光绪三年（1877）三月慈禧太后命载泽承继嘉庆帝第五子绵愉之子奕询为嗣，承袭奉恩辅国公。清代宗室，有“远支”与“近支”之分，近支之中，又有“最近支”。载泽出生本为近支宗室，过继之后，便成为最近支宗室。载泽自幼得到光绪帝生父醇亲王奕譞的喜爱，并经常不离北府（奕譞府邸），因之后来的监国摄政王载沣常称之为“大哥”。光绪十年（1884）经奕譞请求，破格让载泽在上书房读书。更为重要的是，载泽的妻子是慈禧太后弟弟桂祥之女，也是光绪帝皇后隆裕的妹妹，由于这些关系，载泽在清末成了权势非常显赫的人物。

光绪二十年（1894）慈禧太后60大寿，晋封载泽为奉恩镇国公。在此前后，他还有过一些没有多少实际事情的头衔，如正黄旗蒙古副都统、正蓝旗护军统领等。

光绪三十一年（1905），清廷命载泽、戴鸿慈、端方、尚其亨、李盛铎五大臣到各国考察政治。五大臣分作两路，载泽与尚其亨、李盛铎同行。载泽等到了日本、英国、法国、比利时等国，他们专门请了法学专家详细讲解法律制度，并且记录在《考察政治日记》中。他们还拜访了各国政府官员和政界名流，特别是与日本前首相伊藤博文的交谈，对载泽影响很大。载泽等在外考察半年，于光绪三十二年六月（1906年7月）回到北京。

载泽等在伦敦考察时合影，前排中为载泽。

日俄战争结束后，许多中国人认为新兴的日本战胜强俄，是由于日本实行了立宪制度，中国要强盛，也应该实行君主立宪。五大臣出国的名义是“考察政治”，不一定单指宪政，但在五大臣回国后一同递上的奏折中，却都一致主张实行立宪制度。稍后，载泽又单独上了一个密折，说是实行立宪制有三大好处：一曰皇位永固，一曰外患渐轻，一曰内乱可弭。他主张先明确宣布立宪的宗旨，至于实行之期，可以宽立年限。载泽心目中的立宪国典范是日本，在密折中，他根据伊藤博文和日本法学博士穗积的说法，列举了君上大权十七条，并认为立宪利于君、利于民，而最不利于官①。

在出国考察政治大臣的一致主张下，清廷经过讨论，于光绪三十二年七月十三日（1906年9月1日）宣示预备立宪，并声称先改革官制。次日，派载泽等十余名重要官员编纂新官制，由奕劻等总司核定。但当九月下旬新官制和重新任命的部院大臣名单公布时，载泽只得到一个管理武备院事务大臣的闲散职务。直到第二年四月才得到重用任度支部尚书。

载泽虽在考察政治回国时主张立宪，但是后来并不十分热心。国会请愿运动时，他时而赞成，时而反对。宣统二年梁启超等运动开党禁，赦免康梁等因变法而获“罪”的人士，但载泽却从中阻挠，以致武昌起义后，梁启超等人还策划把载泽和奕劻一起驱逐②。

宣统二年（1910）十月，清廷在国会请愿运动和各省督抚要求提前开国会的压力下，决定于宣统五年开设议院，并派溥伦和载泽为纂拟宪法大臣，但是宪法只起草了草案，清政府便灭亡了。

光绪三十三年四月七日（1907年5月18日），载泽出任度支部尚

---

① 《奏请宣布立宪密折》，见中国史学会编《中国近代史资料丛刊·辛亥革命（四）》，上海人民出版社1981年版，第27—30页。

② 丁文江、赵丰田编：《梁启超年谱长编》，上海人民出版社1983年版，第515、553—554页。

书，掌握财政大权。这是一个重要的但也是十分棘手的职务。此时清政府财政已极为困难，中央与各省都是入不敷出，庚子事变以后，赔款、偿债和各项新政，都需要大量资金，收入又不能大幅增加，致使财政状况愈来愈糟。财政不仅困难，又十分混乱。自湘淮军兴以来，地方财权已落入督抚之手，户部（度支部）不仅无法管辖，甚至连稽核都办不到。各省又滥铸铜圆、滥印纸币，致使币制紊乱、通货膨胀。对于连年的赤字，载泽不可能拿出有效的办法，但是另一方面，慈禧太后和光绪帝死后，载泽与载沣等力图集中财权于中央，以改变内轻外重的局面。载泽主持度支部先拟订《清理财政章程》，上奏清廷，旋于光绪三十四年十二月二十日（1909 年 1 月 11 日）修订公布。章程规定，度支部设清理财政处，由载泽亲自负责；各省设清理财政局，由藩司负责；另由部派专任财政监理官到各省督同清理，每省二人。依清理章程的要求，从宣统元年起，各省清理财政局必须按季详报本省财政收支确数，这样便把各省财政完全置于中央的监督之下，剥夺了督抚不经部准自行安排收支或隐匿收支项目的机会。此举引起各省督抚的强烈不满，于是他们纷纷上书抵制。后来派到地方的财政监理官也与地方官员屡起冲突。宣统元年十一月，终于闹到度支部将对抗清理的甘肃布政使毛庆蕃参劾革职。由于地方督抚的抵制和财政状况的复杂，载泽等的清理财政措施收效不大。

盐务是清末大宗财源之一，久归地方督抚管理，载泽力图控制此项财源。宣统元年底，他奏请统一盐务，由自己任督办盐政大臣，产盐省份督抚为会办盐政大臣，行销盐省份的督抚兼会办盐政大臣衔。随后载泽设立了督办盐致处，在其拟定的《督办盐政暂行章程》中规定“嗣后凡各省盐务一切用人行政事宜”，均归盐政处负责。于是各督抚只有缉私的责任，但都将失去这项财源，因此遭到督抚们的强烈反对，但载泽不为所动，甚至敦促摄政王载沣以上谕申斥反对此举最力的东三省总督锡良。

载泽还谋求统一币制，控制全国金融。宣统二年四月十五日（1910年5月23日），载泽正式奏请统一币制，确定银本位制，法定币制单位为圆，主币为一元，另有五角、二角五分、一角等为辅币，一元重库平银七钱二分。次日上谕予以公布，同时规定各省造币厂一律停止铸造，由度支部所属造币厂统一造币。上谕发布后，不少省份督抚一再要求自己省份的造币厂继续铸币，但载泽仍然坚持货币统一的方针。载泽还奏请改原户部银行为大清银行，作为国家中央银行，货币由大清银行统一发行。由于财政困难，统一币制的资金准备不足，载泽与美、英、德、法谈判借款。宣统三年三月十七日（1911年4月15日），载泽与四国银行团签订了“整顿币制及兴办实业”借款合同，借款总额为1000万镑。但是，直到清廷灭亡，统一币制还是没有实现。

统一盐政、统一币制以至统一财政，本是正当的改革措施，但载泽等人是要把这些权力集中到少数少壮亲贵手中，所以不但得不到人们的理解、同情和支持，反而引起了地方官员的反对。

清廷宣示预备立宪后，整理和改革财政列为“预备”的项目之一。清理财政章程规定，宣统二年起试办宣统三年的预算，自宣统四年起对上年财政执行情况进行决算。到宣统二年，度支部试办的宣统三年预算，收入为29696万两，支出为33865万两，赤字达4000余万两①。这是中国历史上的第一次财政预算。因为次年清政府即被推翻，因此有预算而无决算。事实上，因为权落地方，这一次预算也只是各省数字的拼凑，作账面上的预算，与实际收支情况有相当大的出入。

光绪三十四年（1908），光绪皇帝和慈禧太后死去，清政府内部的矛盾更加复杂、尖锐。一批少壮亲贵集结在摄政王载沣周围，与奕劻、

① 《清史稿》卷125，中华书局1977年版。

袁世凯为首的元老派和北洋派对抗。载泽和肃亲王善耆是少壮亲贵集团的主要谋划者。“他两人向载沣秘密进言，此时若不速作处置，则内外军政方面，皆是袁之党羽；从前袁所畏惧的是慈禧太后，太后一死，在袁心目中已无人可以钳制他了，异日势力养成，消除更为不易，且恐祸在不测（大意就是说袁心存叛逆）”[①]。依着载泽和善耆的意见，本来要立即置袁世凯于死地，但载沣不敢采取如此激烈的手段，军机大臣又多数反对，结果只好以足疾为名，于光绪三十四年十二月十一日（1909年1月2日）将袁世凯罢免。这以后，少壮亲贵们又陆续驱逐袁世凯的党羽，并逐步削弱奕劻的权力。载泽还拉盛宣怀出任邮传部尚书，帮助他理财并对抗奕劻一伙。

但是少壮亲贵集团内部也远非一致，载泽与隆裕太后有特殊关系，自然比较密切，但与载沣的弟弟载洵和载涛有矛盾，甚至连载沣也不放在眼里。所以有人评论说“外国司法独立，中国则财政独立”[②]。载泽想去掉奕劻，自己做内阁总理大臣，但是善耆也想得到这个位置。

宣统三年四月十日（1911年5月8日），清政府成立人称之为“皇族内阁”的责任内阁，载泽仍任度支大臣。十一日，清政府宣布铁路干线收归国有，此举遭到川鄂湘粤人民的强烈反对，四川尤为激烈，并成为辛亥革命的导火线。铁路国有和向列强借款的主持者是盛宣怀，载泽是主要支持者。

宣统三年八月十九日（1911年10月10日）武昌起义，此后各省纷纷响应。奕劻、徐世昌、那桐等主张起用袁世凯，载泽坚决反对，但他也没有什么有效方法镇压革命，清廷还是起用袁世凯督师。宣统三年九月十一日（1911年11月1日），清廷又任命袁世凯为内阁总理

① 载涛：《载沣与袁世凯的矛盾》，见《晚清宫廷生活见闻》，文史资料出版社1982年版，第80页。

② 沃丘仲子：《当代名人小传·载泽》，中国书店1988年版。

大臣，皇族内阁集体辞职。南北议和开始后，1912年1月，清廷由隆裕太后主持召集数次御前会议，讨论是否逊位问题，载泽曾与善耆、溥伟等反对退位[①]。但反对退位最力的良弼被炸死，隆裕终于决定退位。

清帝退位后，载泽在家闲居，1930年5月9日去世，终年62岁[②]。

原载罗明、潘振平主编《清代人物传稿》下编第九卷，辽宁人民出版社1993年版

① 有学者认为载泽参加过宗社党，似证据不足。可以肯定的是，清帝退位后载泽没有参加过复辟活动。

② 生卒日期据《爱新觉罗宗谱》甲册，国家图书馆藏。

善　耆

爱新觉罗·善耆（1866—1922），字艾堂，自号偶遂亭主，清代第十世肃亲王。同治五年（1866）生于北京。他的祖先是清太宗皇太极的长子豪格。豪格在清初的统一战争中立下赫赫战功。皇太极死后，豪格在宫廷斗争中被下狱囚禁而死。顺治帝亲政后，诏复豪格和硕肃亲王世爵，是八大世袭王之一①。

光绪二十四年（1898），善耆的父亲、第九世肃亲王隆懃去世，善耆袭封了王位。但是，直至他诞生的那个世纪结束，善耆不过是得到一些虚衔，从未任过实职。

光绪二十六年，八国联军占领京津，慈禧和光绪仓促逃难，善耆从后面追上他们，一同向西逃奔，据说一路上善耆对光绪帝多方照应，且不辞辛苦扈从銮舆，赢得两宫的好感，这是善耆日后升迁的契机。

到达西安不久，慈禧命善耆回京察看情况。回到了北京后，他结识了在日军中任翻译官的日本浪人川岛浪速，后来还拜把为兄弟。善耆帮助日军组成了镇压义和团和维持占领区“秩序”的巡捕队，这是他勾结日本侵略者的开始，也是日后从事警政的发端。

光绪二十六年十月（1900 年 12 月），善耆任崇文门税务衙门监督，崇文门税务衙门负责征收进入北京的各种货物的落地税，历来是官员贪

① 按清制，爵位均降等袭封，如亲王之子袭封为郡王，郡王之子袭封为贝勒，等等。只有八大世袭亲王例外，可以代代袭封王位。

善耆

污中饱的肥缺。地处东交民巷的肃王府毁于战火，因此，这项任命包含着让善耆恢复家产的用意。但善耆的做法却与历来的官吏不同。接任后，他对税务征收机构大加整顿，革斥贪污，禁止勒索。过去，洋人带货物进北京从不交税，善耆下令对外国人也一律收税。经过一番整顿，收税事务大为改观。上缴国库由以前的年限 30 万两增加为年限 50 多万两。

光绪二十八年四月（1902 年 5 月），善耆被任命为步军统领兼工巡局大臣。步军统领衙门是旧有的负责北京治安的机构，工巡局是新设的市政机构，领导新建立的巡警。善耆在工巡总局之外设了中东西三个分局，建立起新式警察机构，又在外国公使馆区域设立了分巡处。此外善耆又主持设立路工局，修筑北京内城外城马路，他还奏请将王府井神机营操场划出一部改建为东安市场，“京师繁靡之象日月改观”①。由于旧步军营兵士常与新巡警发生冲突，善耆倡议废除步军统领衙门，因此遭到属下二万官兵的强烈反对。光绪二十九年十二月（1904 年 2 月），善耆终于被免去步军统领和工巡局管理事务大臣的职务。此后他只是挂着御前大臣等名誉职衔。但是，善耆由于不像其他亲贵那样肆无忌惮地贪污受贿，在官僚中又被认为属于开明人物，因此颇有声誉。

光绪三十一年十月（1905 年 11 月），善耆东山再起，担任理藩院管理院务大臣。理藩院负责管理蒙古、新疆、西藏等少数民族地区事务，于设立尚书、侍郎的同时，还要命一个具有王、公或大学士头衔的人管理院事。善耆的一个妹妹是蒙古喀拉沁王的夫人，因此，他本来与蒙古王公们的交往就很多，担任管理理藩院大臣后，就更加密切了。光绪三十二年（1906）他用了两个月的时间到蒙古考察。回京后向朝廷提出在蒙古实行新政的四项意见：设立工厂；改良马匹；兴修水利；

① 魏元旷:《光宣佥载》，1933 年印行，第 5 页。

修筑铁路。由于各方面条件的限制，这些建议大都没能实行。

光绪三十三年五月（1907 年 6 月），善耆担任民政部尚书。民政部是清末新设立的机构，负责警政、户口、卫生、市政建设等方面的事务，其中以巡警最为重要。当时，清政府已颁布预备立宪，建立新式警察制度也是预备立宪的内容之一。善耆担任民政部尚书一直到宣统三年闰六月，在这个时期里，新式警察制度大体确立。

光绪三十四年十月（1908 年 11 月），光绪皇帝和慈禧太后相继去世，清政府内一下子失去了有力的权力中枢，统治集团内部的矛盾随之激化。善耆早对位高权重的袁世凯心怀不满，与首席军机大臣庆亲王奕劻也互相水火，因此，善耆加入载沣、载泽等为首的亲贵少壮派阵营，是其主要人物和谋划者之一，与奕劻、袁世凯为首的元老派和实力派对抗。他们以命袁世凯"回籍养痾"为名，予以罢黜，将他赶回河南彰德。善耆深知袁世凯的势力盘根错节，远未肃清，对他很不放心，派侦探随时侦察袁的行动。

在亲贵大臣里，善耆主张实行立宪政体，因此，他与流亡海外的康有为、梁启超等人建立秘密联系，试图充实自己的力量，并且联合起来抵抗奕劻、袁世凯集团，而善耆也被康、梁视为"帝党"一方的重臣。宣统二年（1910），各省立宪派发起国会请愿运动，在最高层的中央官员中，只有善耆主张立即召集国会。由于各省立宪派人士再三发动请愿，摄政王载沣大为震怒，无人敢接见请愿代表，而善耆却破例在民政部大堂接见他们，表示支持请愿活动。善耆还想通过立宪取得内阁总理大臣的职位，因此导致一些少壮亲贵也对他不满。

革命党方面，善耆也试图与之建立联系，采首鼠两端的策略，以为日后应变的地步。他聘用革命党人程家柽、谷思慎为幕僚。程也知善耆用意，故虚与委蛇。宣统二年二月，同盟会员汪精卫等人谋炸摄政王载沣，被巡警发现逮捕，由于善耆的建议，汪等没有被杀，只判为终身监禁，这在清代历史上还是破天荒的第一次。善耆多次探监，与汪精卫等人密谈，并时常馈送食品，赠以钱物。武昌起义后，清廷下罪己诏，宣布解除党禁，特赦国事犯，善耆就奏请释放了汪精卫等人。

先是，清廷于宣统元年（1909）起，计划重建在甲午战争中覆灭的海军。善耆试图在这方面有所表现，特就筹办海军专门上了奏折，提了不少建议，因此摄政王载沣命他参与筹办海军。但后来载沣又任命载洵和萨镇冰专为筹办海军大臣，善耆就不再过问海军的事了。

宣统三年四月（1911 年 5 月），以庆亲王奕劻为总理大臣的“皇族内阁”成立，善耆任民政大臣。此时他既与元老派奕劻对立，又与载沣等少壮派不十分融洽，自己又缺少实力，到了闰六月（1911 年 8 月），终于被免去民政大臣职，改任不重要的理藩大臣。宣统三年八月（1911 年 10 月），武昌起义爆发，袁世凯东山再起，善耆辞职退出内阁。不久，南北议和，善耆与良弼、铁良、溥伟等顽固坚持君主制。十二月三日（1912 年 1 月 22 日）在御前会议上，善耆反对清帝退位，反对共和，十二月七日（1 月 26 日），反对退位最力的良弼在从善耆王府返回自己家的时候被革命党人彭家珍炸毙，皇族亲贵顿时个个如惊弓之鸟，纷纷逃离北京。一周之后，1912 年 2 月 2 日，善耆在川岛浪速等人的安排下，秘密潜往当时是日本租借地的旅顺。从此，他就在日本帝国主义的卵翼下从事复辟清朝的活动。

早在清帝退位前，良弼、铁良、溥伟等人组织过反对退位、对抗袁世凯、对抗革命的宗社党①。由于良弼被炸，宗社党暂时收敛。

善耆到旅顺后，伙同溥伟、升允等人在川岛浪速的帮助下重新组织了宗社党。1912 年（民国元年）7 月，善耆与川岛浪速签订誓约书，将东北铁路、矿产，以及外交、军事、行政诸权利让与日本，以换取日本

① 善耆是否参加最初成立的宗社党，因无确切资料，姑存疑。

援助，实行清朝的复辟，但一时未能得逞。袁世凯复辟帝制逆谋开始后，由川岛浪速等策划，计议将善耆为首的宗社党人与蒙古马队首领巴布扎布勾结，发动所谓满蒙独立，复辟清朝。1916年3月，善耆向日本财阀大仓喜八郎借款日金100万元，约定事成后，以吉林、奉天省内松花江流域森林采伐及流放木材征收厘税等权益，让与大仓。

善耆得到借款后，招募马贼2000余人，在大连一带训练，日本土井市之进大佐也召集千余人，以“勤王”为号召。7月，巴布扎布得日本军官辅佐，发动叛乱，悬挂龙旗，大书“兴满灭汉大都督巴”，善耆指使宗社党人响应。嗣因巴布扎布叛匪被击退，日本侵华总的部署有改变。10月，巴布扎布被击毙。日本侵略者策动善耆发动的“第二次满蒙独立”宣告失败。此后，善耆也无力从事复辟活动。

1922年3月29日（阴历三月初二日），善耆病死于旅顺，终年57岁。临终前还给溥仪上遗折，内称“遁之旅顺，偷延视息，潜抱坚贞之志，恨无开济之才。每自再造之机，终无一成之寄。瞻望觚棱，瞬息十稔，憔悴就死，臣罪当诛”[①]，哀号复辟不能实现的遗恨。其第十四女送给川岛浪速为义女，就是后来日本间谍川岛芳子，即金璧辉。

原载罗明、徐彻主编《清代人物传稿》下编第七卷，
辽宁人民出版社1992年版。

① 爽良:《野棠轩文集》卷三，1929年吉林印行，第15页。

载 涛

载涛（1887—1970），爱新觉罗氏，醇亲王奕譞第七子，光绪皇帝和摄政王载沣之弟，宣统皇帝溥仪的叔父。

载涛幼时，奉慈禧太后之旨，先后过继给贝子奕谟和钟端郡王奕詥，并承袭奕詥为贝勒。光绪三十年到三十二年（1904—1906），载涛在贵胄学堂学习。喜骑马，精骑术。

光绪三十四年（1908），光绪皇帝和慈禧太后相继去世，溥仪继位，载沣为监国摄政王。当时清廷内部以载沣、载泽等为首的少壮亲贵和以奕劻、袁世凯为首的元老派之间存在着尖锐的矛盾。载沣罢免袁世凯，排挤奕劻，集中权力到少壮亲贵手中。载涛遂成为载沣集中军权的助手。

光绪三十四年十二月，21岁的载涛被任命为专司训练禁卫军大臣，与毓朗、铁良负责训练禁卫军。自清朝入关以来，宫廷的保卫一直由满族的八旗兵担任，但是庚子八国联军事变以后，满族士兵已无力承担此任，自光绪二十八年（1902）起，就由北洋新军担任禁城周围的巡逻和护卫任务。至此，清廷决定编练一支主要由满族士兵组成的禁卫军，“专归监国摄政王自为统辖调遣”[①]。谕旨所派训练禁卫军大臣虽有三个，但实际负责的是载涛。载涛得到曾留学日本的良弼（任步队第一协协统）等人的辅助，从各旗营中抽调精壮兵丁，又从山东、直隶挑选农民

① 《宣统政纪》卷四，中华书局1987年版。

载涛

壮丁入伍，从第一镇抽调军官，用了二年多时间，编练成主要由满人组成的一镇禁卫军。禁卫军较其他新军装备更为精良，待遇更为优厚。宣统三年（1911）六月，接替陆军第一镇守卫宫禁。七月二十五日（9月17日），由监国摄政王载沣亲自校阅，颁发标旗、正式成军。

宣统元年（1909）五月，载涛受命管理军谘处事务。军谘处最初设立于光绪三十三年（1907），受陆军部管辖，大致相当于现在的总参谋部。此时军谘处正式从陆军部独立出来，其意义在于以摄政王的亲信掌握陆军。据载涛等人制定的军谘处暂行章程，军谘处的权限和管辖范围非常广泛，“凡关涉国防用兵一切命令、计划胥由本处拟案，奏请亲裁之后，饬下陆海军部钦遵办理”，军谘处还统辖军事学堂、驻各国使馆的武官、海陆军的参谋官等，其权力几乎与陆军部相等。宣统三年四月，军谘处改为军谘府，重新隶于陆军部，载涛和毓朗同为军谘大臣。

由于争夺军权，载涛与陆军部尚书铁良发生了矛盾，终于使铁良借病乞休（后任江宁将军）。在政治、军事活动中，良弼是载涛最重要的谋士，有人说禁卫军“一切章制计划，悉出其手，而全国重要军职之进退，亦多待其一言而决”[①]。

载沣罢免袁世凯后，北洋派的势力仍然很大。载涛改变了铁良只用满人抵制袁世凯的办法，重用非北洋系的留日优秀军事学生吴禄贞、张绍曾等，让他们担任镇统一级的高级将领，但这样做却使革命党人在北方发展了势力。

与袁世凯、铁良对抗的同时，载涛还努力削减地方督抚的军权，把军权集中到中央。宣统二年（1910）军谘处奏：“各省将军督抚调任他省，不准将原省各项军官率行奏调，亦不得将前任所派之员无故撤换。”

---

① 徐凌霄、徐一士:《凌霄一士随笔》第二册，山西古籍出版社 1997 年版，第 609 页。

这种做法遭到了督抚的反对和抵制，但载涛等人仍然坚持。

另一方面，载涛也致力早已开始的军队近代化工作。宣统二年，载涛请求到欧美日考察军事，二月十日（3 月 20 日）从北京出发，偕同良弼、李经迈先后到了日、美、法、英、德、意、奥、俄八国，历时四个月，于六月底（8 月）回到北京。载涛在德、法等国曾认真考察陆军，并参观军事学校、兵工厂等。他对新式军事器械很感兴趣，还购置了小型飞机，并命一些军官学习航空。

面对气息奄奄的大清王朝，年轻的载涛想有所振作。在满洲贵族中他最先剪了发，平时总是穿军服，长靴佩刀，亲贵中人多嗤之以鼻。在良弼的劝说下，他力图收揽人心。据说清末王公不收贿赂的，只有载涛和善耆两人。但是年轻的载涛缺乏实际政治经验和才干，他对政治的理解也是浮浅的。国外考察归来，他提出的意见只是立即设立责任内阁，令全国断发易服以一新耳目，实行征兵制度等。

宣统三年八月（1911 年 10 月），武昌起义爆发，当时载涛正在直隶永平负责秋操，得知消息后赶回北京。为应付事变，清廷编成三军，第三军由禁卫军和第一镇组成，由载涛率领保卫北京。不久形势急转直下，九月十一日（11 月 1 日），皇族内阁解散，袁世凯担任总理大臣，载涛解军谘大臣职。十月十九日（12 月 9 日）又解专司训练禁卫军大臣职，由冯国璋任禁卫军总统官，载涛一手训练的禁卫军也落入北洋系手中。十二月，清廷会议讨论议和问题，肃亲王善耆、恭亲王溥伟主战。隆裕太后问载涛："载涛你管陆军，知道我们的兵力怎么样？"载涛回答："奴才没有打过仗，不知道。"实际上，他应是不知道究竟还有多少军队能够效忠清廷。当日会议遂无结果而散[①]。

① 中国史学会编：《中国近代史资料丛刊・辛亥革命》第八册，上海人民出版社 1981 年版，第 113 页。

载涛性格开朗活跃，喜欢结交各色人物，同各方面都有联系。进入民国，载涛虽未任官职，但仍很活跃。1916年以后，曾经担任废帝溥仪小朝廷的“宗人府宗令”。任职期间，为了解决一些贫困的清皇族的生计问题，曾发起宗族生计维持会，还倡办过一个教养工厂（即半工半读的技术学校）。他还主持修订皇族的族谱“玉牒”。徐世昌任大总统的时候，曾授给载涛一个名誉头衔“巩威将军”。

1932年，溥仪在日本侵略者的扶持下当上了伪满洲国的傀儡皇帝，载涛的二儿子溥佳也当上了伪满宫内府的侍卫处长。当时载涛负责管理在关内的清朝各帝陵寝，在北平设有“两陵承办事务所”，经费是由溥仪供给的。因有关陵寝的事务，载涛曾多次到伪都长春，但未任伪职。

1949年以后，由于载涛在马政方面颇有研究和经验，1950年8月，中央军委主席毛泽东亲自签署命令，任命载涛为中国人民解放军炮兵司令部马政局顾问。载涛曾多次到青海、甘肃、新疆等省视察指导，为解放军的马政工作做出了一定贡献。他还根据亲身经历撰写一些回忆录，为研究清末历史留下了宝贵资料。他的子女、孙子、孙女等都由政府安排了工作，脱离了旧时代的寄生生活。

1954年，载涛以满族代表身份当选为全国人民代表大会代表，以后又当选为第二届、第三届全国人大代表，他同时又是政协全国委员会委员，政协民族组副组长。1956年，由李济深介绍，载涛加入中国国民党革命委员会。

1970年9月2日，载涛在北京逝世，骨灰安放在八宝山革命公墓。

原载郭汉民、徐彻主编《清代人物传稿》下编第八卷，
辽宁人民出版社1992年版。

载　洵

载洵（1885—1949），爱新觉罗氏，醇亲王奕譞第六子，光绪皇帝和监国摄政王载沣之弟，宣统皇帝溥仪的叔父。

光绪十六年（1890）其父去世，载洵被封为镇国公。光绪二十八年（1902），慈禧太后下令以载洵承继瑞敏郡王奕誌为嗣，承袭贝勒。光绪三十四年（1908），光绪皇帝和慈禧太后先后去世，溥仪继位，赏载洵郡王衔[①]。

宣统元年（1909 年），清廷试图恢复早在甲午战争中覆灭了的海军。载洵一再向摄政王载沣表示，他要子承父志，管理海军。五月二十八日（7 月 15 日），上谕宣布皇帝为全国陆海军大元帅，皇帝亲政以前由监国摄政王代理。同时派载洵和萨镇冰为筹办海军大臣。载洵只有一点贵胄学堂的经历，对海军可以说是一窍不通，幸有海军界元老萨镇冰为之筹划。

这年六月，载洵等设立了筹办海军事务处，首先把原来隶属于南北洋和各省的 30 余艘军舰划归海军处，统一编为巡洋、长江两支舰队，巡洋舰队以程璧光为统领，长江舰队以沈寿堃为统领。这个措施也是载沣集中军权计划的一部分。这一年，筹办海军处还拟定了一个七年振兴海军计划，包括造船厂、兵舰、学堂、军港四个方面，后来又确定先行建设海军学校和军港。办海军需要大量的经费，清末财政又极度

① 《爱新觉罗宗谱》甲册。

1909 年载洵（前排左二）等赴欧美考察海军期间合影。

困难。所以直到清朝覆亡，海军实力虽有所增长，但总的说来复兴海军的计划成效不大。

宣统元年七月到八月，载洵和萨镇冰一起到沿海九省视察，并决定在浙江象山开辟军港。一路上，载洵大量收受地方官员的礼物。八月，载洵又偕萨镇冰一起赴欧洲各国考察海军，并带一些人到欧洲学习造船和海军。他们到了意、奥、德、英、俄等国，参观了造船厂、港口、海军。欧洲造船业资本家纷纷向他们推销产品，他们每到一国，必订购一艘至数艘军舰，这些军舰到民国以后才造成陆续来华。十二月，载洵经俄国西伯利亚回国。宣统二年七月到十一月，载洵又和萨镇冰一起到美国、日本考察海军，并订购军舰①。

载洵本为养尊处优的纨绔子弟，既没有什么政治经验，也没有励精图治的精神。担任海军职务后，建树少而纳贿多。筹办海军处的用人，萨镇冰所推荐的，尚属军学出身，而载洵自己提拔的，不是亲朋故旧，就是阿谀奉承之徒。在国外考察，所到之处也给人留下不少笑柄。有人记述他在美国"参观舰队及各制造厂毕，海军当局问之曰：贵使有何意见发表否？"载洵竟只能答个"很好"。翻译为了顾全载洵体面，只好代答为"贵国海军精良，足资敝国模范，毋任钦佩"，而听者早已识破，传为笑谈。他在美国又召妓饮酒作乐，丑态百出，美国报纸绘图刊载讽刺②。

宣统二年十一月，筹办海军事务处改为海军部，以载洵为海军大臣，谭学衡为副大臣。

宣统三年（1911年）八月武昌起义后，九月八日驻滦州的第二十镇统制张绍曾等通电，强烈要求清廷立宪。清廷派载洵前往滦州疏解。

---

① 林献炘：《载洵、萨镇冰出国考察海军》，见中国人民政治协商会议全国委员会文史资料研究委员会编《文史资料选辑》第23辑，中华书局1962年版。

② 陈灨一：《睇向斋秘录》，中华书局2007年版，第52页。

张绍曾是载洵在贵胄学堂学习时的监督，载洵想利用这点师生关系拉拢张绍曾，被张绍曾拒绝了。

九月十一日（11 月 1 日），皇族内阁解散，载洵也免去海军大臣职。南北议和，清帝退位之际，他未发一言，唯关心优待条件中能否规定给王公贵族以资助，甚至专函向袁世凯提出要求。

民国年间，载洵赋闲京津，常以书画自娱。1949 年 3 月 2 日在天津病逝。

原载郭汉民、徐彻主编《清代人物传稿》下编第八卷，
辽宁人民出版社 1992 年版。

晚清预备立宪与司法“独立”

晚清最后十年，是中国的政治法律制度、文化以至社会心理发生巨大变革的时期。清末预备立宪过程中的司法“独立”，是这众多变革中非常重要的一环。以往史学界谈论清政府的预备立宪，比较重视开国会问题以及与国会有密切关系的资政院、谘议局，对于司法独立则缺少关注，许多谈论预备立宪的著作、论文，甚至根本没有把司法独立视为宪政的内容①。时至今日，中国人在谈论民主政治、民主宪政的时候，仍然习惯于集中关注选举问题、政府组织问题，忽略司法独立的重要性。事实上，司法独立既是现代文明社会、民主政治不可或缺的一环，也是

---

① 在著者 1999 年撰写博士论文《清末预备立宪研究》时，没有看到一篇史学界关于晚清司法独立的文章，迄今亦是如此。不过，近年来，法学界对此问题给予了相当关注，著作有李启成《晚清各级审判厅研究》（北京大学出版社 2004 年版），韩秀桃《司法独立与近代中国》（清华大学出版社 2003 年版）等；论文有韩秀桃《清末官制改革中的大理院》（《法商研究——中南政法学院学报》2000 年第 6 期），张珉《试论清末与民国时期的司法独立》（《安徽大学学报》2004 年第 3 期），张从容《晚清中央司法机关的近代转型》（《政法论坛——中国政法大学学报》，2004 年第 1 期），张洪林、曾友祥《论晚清的司法独立》（《华南理工大学学报》[社会科学版] 2005 年第 5 期），俞江《清末奉天各级审判厅考论》（《华东政法学院学报》2006 年第 1 期）等。其中李著与本文论题最为接近，也相当扎实，该书从法制史的角度探讨晚清各级审判厅，其各章标题为：清代传统地方司法、筹设各级审判厅之原因、各级审判厅的设立及其运作、法官考试、各级审判厅的判决书研究、各级审判厅所遭遇的困境。法学界的论著，着眼点在法制史，比较擅长理论的阐释，而其缺点，从历史学的角度看来，在资料的搜集整理、史实的挖掘阐释和考证方面，尚有待进一步提高。

本文的论述，注重与预备立宪的关系，与上述著作法制史的关注角度不同。另外，笔者熟悉的是历史学的观察角度及研究方法，法律学相关知识则甚为贫乏，如果文中不慎说了外行话，尚祈方家见谅。

晚清宪政筹备的重要内容之一，虽然当时没有开国会问题那么引人注目。本文拟对它的实施情况及其效果作一个初步的探索[①]。

标题之所以把“独立”打上引号，是因为清末预备立宪中的司法改革并不是完全意义上的司法独立，即司法与立法、行政三权完全分立并能够互相监督。按照《钦定宪法大纲》的规定，凡立法、行政、司法，皆归君上总揽，因此，司法特别是审判不可能根本摆脱行政的干预，也就根本做不到真正的西方人所说的三权分立意义上的司法独立。或者说，晚清预备立宪中的司法独立从一开始设计就没有打算摆脱中国传统的影响，即政府对审判的控制。

一、旧司法体制的特点和弊病

应该说，清代对司法审判还是相当慎重的，也有相当严密的制度，特别是死刑，如果不是突发的事件如造反起事等，地方官一定要把判处死刑的案件上报中央朝廷，经中央朝廷批准以后才能执行，虽然算是将死刑批准权最终归皇帝，但这里面还是体现一种对人命的慎重之意。

然而，有清一代，在地方上，无论是省还是府、县，可以说都没有专职的司法审判人员。省一级虽说有按察使，似乎是专管司法，但按察使除了负责刑名案件外，还要兼管驿传。而且，按察使绝非职业法官，他今天任按察使，明天可能转任布政使或别的什么官职，可能完全脱离司法审判，反过来，他昨天担任的职务也可能与司法审判毫无关系。至于府、县两级，都由地方官兼管刑名，没有专职的司法官员。

---

① 有关1906年以后成立的大理院与法部的运作及其相互关系、晚清就地方司法独立问题的争论，也应是晚清司法独立的重要内容，笔者拟另文探讨，因此本文较少涉及。

用今天的情形比方，一个县令，既是这个县的行政长官，又是公安局长，又是法院院长。这种情形，又不仅清代如此，中国历代其实也是大体如此。因为地方官兼任法官，而一般地方官未必懂得法律，就只好依赖幕友胥吏。这种情况，我们今天稍具常识的人，都会知道其中的弊病：第一，司法不能监督同级的官员，只要上级不过问，官员、胥吏便可以为非作歹。第二，即便是当时标准的好官、清官，也还有个法律知识和能力的问题，因为他不是专门的法官和警察专家。第三，地方官政务繁忙，司法难以兼顾，清代常常发生“积案”（即案件不能及时审理、结案）问题，对诉讼人及社会都有很大的不良影响。所以，即便是经过民间反复加工的包青天以及海瑞的清官故事，在漫长的历史上也没有几个。当然，在传统社会里，地方行政事务简单，行政司法合一，可以减少官员的数量，从而也就间接减少了百姓的负担。但是，到了近代，客观形势要求建立现代行政体制，同时政府事务较之过去大大增加，传统的司法体制显然已不能适应社会的需要。

在中央，司法体制也是非常混乱，主要是权限不明，管辖不一。1905年出洋考察政治大臣之一的端方组织编纂的《列国政治要义》就谈到过中国司法体制的混乱：“中国裁判之制度，比于泰西为复杂矣。中央之刑部既有秋审之制，而内务府别有慎刑司以裁判宫中官员之犯罪，理藩院裁判蒙古王之犯罪，步军统领有途上听讼之权，地方则自各省之按察使外，巡道、知府、知县亦各于其方面或所管之事务有裁判之职权。处分不出于一途。”[①] 换句话说，司法制度是既不合理，又不统一。

① 戴鸿慈、端方：《欧美政治要义》第十一章，商务印书馆光绪三十三年（1908）印行，第103—104页。

二、司法体制改革的议论、设想和酝酿过程

应该指出的是，司法的改革不仅是筹备宪政的内容之一，还是清政府欲收回治外法权的努力的一部分。义和团及八国联军侵华事件以后，清政府中有更多的人认识到治外法权对中国主权的损害，但是要收回治外法权，列强又借口中国的法律及司法制度过于陈旧，法律过于苛刻，不肯应允。为此，清政府早在1902年就命熟悉中外法律的沈家本和伍廷芳修订刑律，1904年又设立修订法律馆，稍后才议及司法制度的改革。因此司法制度的改革又是清政府整个法制改革的一部分。并且，它一开始就同强国和解除不平等条约的愿望紧紧联系在一起。不过，虽然司法独立的设想提出较早，但真正提上日程，还是宣示预备立宪以后。

端方认为，司法独立非常重要，他说："制度等于责任内阁与议会之重要者，又有司法之裁判，所据一定之法律以裁判刑事、民事之诉讼，乃以此保护人民之生命财产，而其所最重要者，则司法权独立于行政之外，不受行政官之干涉。"[①]因此，端方于考察政治归来时建议：以刑部为司法部，统一全国司法行政，而刑部不再担负审判的任务；在各府州县设第一（初级）裁判所；于省设第二裁判所（控诉院）；于中央设最高等裁判所（大审院）。"各裁判所之刑事以法律专门家任之。按察使于地方守司法行政及检察之事务，其余裁判之机关悉当废止"。[②]

1906年，清政府进行中央官制改革。总司核定的奕劻等在将中央官制方案上奏的奏折中，谈当时官制的弊病说："一则权限之不分。以行政官而兼有立法权，则必有藉行政之名义，创为不平之法律，而未协

---

① 《请定国是以安大计折》，见《端忠敏公奏稿》卷六，台湾文海出版社1967年影印本。

② 《欧美政治要义》第十一章第103—104页。

舆情。以行政官而兼有司法权，则必有徇平时之爱憎，变更一定之法律，以意为出入。以司法官而兼有立法权，则必有谋听断之便利，制为严峻之法律，以肆行武健。而法律浸失其本意，举人民之权利生命，遂妨害于无形。此权限不分，责成之不能定者一也。”[①] 显然这段话来自孟德斯鸠，但这里面却有两个问题：其一，理论上中国官员没有立法权，虽然他们所做的事情可能有的带有立法的性质，但皇帝随时可以将其撤销或更改——真正的立法权在皇帝。其二，前段话强调了分权的重要性，但回避了皇帝集立法行政司法三权于一身的事实，而按道理应该改革的正是这一点。

中央官制改革之后，紧接着应该进行地方官制的改革。如何改革，官员们提出不少建议。其中一项便是区别行政和司法。

其实除了司法独立的理念外，在地方上实行司法独立，即将审判权与地方督抚分离，还可以削弱势力日益膨胀的地方督抚的权力，清朝最高统治者乐于看到其成为现实。

还应该指出的是，司法独立比较多的是清政府的主动行为，而当时积极推动开国会的立宪派人士，对司法独立问题关注并不多，甚至比不上清政府自己。

三、措施的颁布与初步实行

清末司法改革在宣布预备立宪以前就已经开始，但着手司法独立改革，则基本上是宣布预备立宪以后的事。按理说，司法体制改革的模式就是西方式的司法独立，即脱离行政系统，并且审判和起诉（检察）

① 故宫博物院明清档案部编：《清末筹备立宪档案史料》上册，中华书局 1979 年版，第 463 页。

分离，但是实际实行起来却相当复杂。

其主要内容就是在中央以至地方设立专职的司法行政机构和人员，专职的审判机构、法官以及专职的公诉人员。简单说，最重要的就是专职的机构和职业的法官。所谓司法独立，就是这种意义上的独立。到宣统三年清亡前，在省一级，已经普遍设立了专职司法机构：提法司设提法使负责司法行政；高等审判厅设厅丞一人负责审判；高等检察厅设检察长一人负责公诉。中央一级，大理院专掌审判，相当于最高法院；法部掌司法行政。

先行改革的是中央的司法制度。1906 年 9 月 1 日，清政府宣布“预备仿行宪政”，先从改官制入手。同年 11 月 6 日，宣布中央官制改革方案，其中涉及司法的部分是将刑部改为法部，大理寺改为大理院。规定刑部专任司法行政，大理院专掌审判。当时大理院正卿的官衔是正二品，著名法学家、当时主持修订法律的沈家本出任大理院正卿。

1907 年 7 月 6 日，清政府公布地方官制改革方案，规定各省按察司改名为提法司，改按察使为提法使，而解兼管驿传事务，专管司法行政，并监督各级审判；省会增设巡警道一员，专管全省警政事务；同时分设审判各厅以为司法独立之基础。但是，新地方官制又规定，总督、巡抚“总辖该管地方外交军政，统辖该管地方文武官吏”。又明确规定各省布政使、提学使、提法使应“受本管督抚节制”①。这是地方督抚与中央斗争的一个结果，而地方司法就没有脱离督抚管辖。

在官制清单的最后一条规定：“各省应就地方情形，分期设立高等审判厅、地方审判厅、初级审判厅。分别受理各项诉讼及上控事件。

---

①《清末筹备立宪档案史料》第 506—507 页。

其细则另以法院编制法定之。”[①] 慈禧太后命由东三省先行试办，此外直隶、江苏两省，因新政较有基础，又是较为开化的地区，也择地先为试办。其余各省，限 15 年办好。

现将新省级地方官制列表如下：

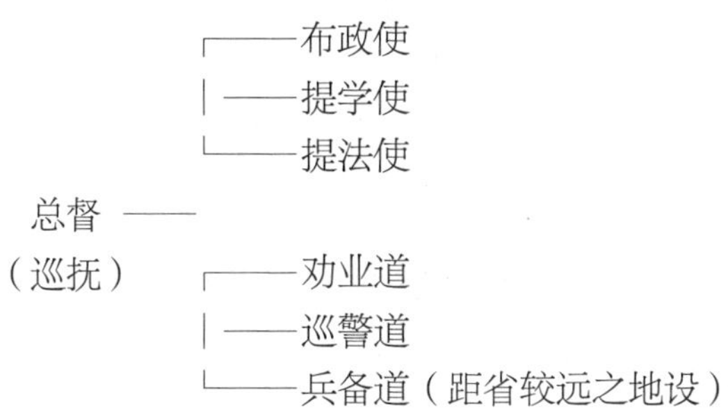

在公布地方官制改革方案稍后，修订法律大臣沈家本编成《法院编制法》，并于 1907 年 9 月 9 日（光绪三十三年八月二日）上奏，清廷随即送宪政编查馆考核。但是由于各方对法律条文的争论，导致《法院编制法》也被搁置。在这种情况下，1907 年 12 月 4 日（光绪三十三年十月二十九日），法部又奏拟了一个《各级审判厅试办章程》，该章程共 5 章 120 条，请求先行试办，再通行各省。上谕予以批准。此后各地开始试办审判厅。直至 1910 年 2 月 7 日（宣统元年十二月二十八日），清政府正式颁布《法院编制法》及《法官考试任用章程》、《司法区域分划章程》、《初级暨地方审判厅管辖案件章程》。上谕并命：“嗣后各审判衙门，朝廷既予以独立执法之权，行政各官，即不准违法干涉。”[②]

按照上述有关章程，清末将审判定为四级三审制，即初级审判厅，

① 《清末筹备立宪档案史料》第 510 页。

② 《宣统政纪》卷二八（宣统元年十二月），中华书局 1987 年版。上谕指示有关宗室案件，应另订细则办法。

地方审判厅，高等审判厅，大理院。大理院为最高法院。凡初级审判厅审判之案件，可上诉至地方审判厅、高等审判厅，高等审判厅为终审；凡地方审判厅审判之案件，可上诉至高等审判厅、大理院，大理院为终审。

即便是这种不完全的司法独立，在中国也是破天荒的事情，所以遇到不少难题，也发生不少争论。在中央，当时法部和大理院为权限问题常发生争论，即使技术层面也是如此。法部和大理院甚至分别找还受通缉的梁启超为之解释权限。在地方，因为司法独立可能削弱督抚权力，以至很多地方督抚抵制，包括一向对新政非常积极且有成效的湖广总督张之洞[①]。所以，清末司法独立实施过程中，地方的审判并没有真正脱离督抚的控制。

四、各地独立审判和检查机构的建立

司法审判的具体操作更重要的是在基层，也就是设立初级审判厅和地方审判厅，结束行政官员同时任法官的局面。由于中国幅员辽阔，各地情形不一，初级审判厅的设立在各地也是参差不一。审判厅的设立和开展工作，自也遇到不少困难，其一是人们的习惯和观念问题；其二是各种实际困难如经费、合格法官的缺乏等；其三是审判厅可能与地方官员权力的冲突。

事实上，必须指出这样一个事实，即地方各级审判厅的设立是在地方督抚的直接领导下进行的，而不是在中央法部或大理院的领导下进行

① 参见李细珠：《张之洞与清末新政研究》，世纪出版集团、上海书店出版社2003年版，第275—280页。

的，这对审判厅的运行有着决定性的影响，即审判厅的运作也将在督抚的领导之下进行。

地方上法院的设立分两个阶段。

第一个阶段，是试点。

就笔者所知，由专门的法院办理独立审判最早是在直隶。还在清廷宣布地方官制改革之前，1907 年 3 月（光绪三十三年二月），直隶总督袁世凯在直隶试办独立审判。试办之地为天津府，天津府中又于天津县先行试办。袁世凯在天津府设高等审判厅，天津县设地方审判厅，又在天津城乡设乡谳局四处。办事的人员，选择平日对法律素有研究者、日本法政学校毕业者及原有府县发审各员，均经考试后再录用。袁世凯还制定了《天津府属审判厅试办章程》、《天津府属试办审判厅员弁职守》，又创办谳法研究所（后更名审判研究所）[①]。此为清末试行独立审判之始。前述法部编定的《各级审判厅试办章程》，就有不少取法天津府的《天津府属审判厅试办章程》。

京师的高等、地方、初级各审判厅是 1907 年 12 月 9 日（光绪三十三年十一月初五日）同时成立的。在内城设三处初级审判厅，外城设二处初级审判厅。法部于 12 月 7 日奏准，京师民刑诉讼事件，均自次日起，概归初级、地方各审判）厅起诉。[②]

东三省的司法独立工作也是在 1907 年拟订方案，随后就开始实施的。东三省于 1907 年改设行省，徐世昌出任东三省总督。奉到地方官制改革的上谕后，徐世昌于 1907 年 10 月 3 日（八月二十六日）将

① 均见甘厚慈辑:《北洋公牍类纂・吏治二》卷四，光绪三十三年（1908）印行，据台湾文海出版社 1966 年影印本。

② 宪政编查馆编:《政治官报》第四十七号（示谕报告类），光绪三十三年十一月初七日出版；朱寿朋编:《光绪朝东华录》，中华书局 1958 年版，总第 5787 页。

奉天省提法司衙门及各级审判厅、检察厅官制、职掌上奏[①]。徐在奏折中述改革的原则为："以提法司管理一省司法上之行政，而以审判之事专属之各级审判厅，以提法司监督之，以期达于司法独立之地位。"各司法机构的职任是，提法司"掌全省司法上之行政事务，监督本省各级审判厅及检察厅"；高等审判厅"掌不服地方审判之上控案件，为第二审，其由初级审判厅起诉者，则以此为终审"；地方审判厅"掌审判不属初级审判厅之刑事、民事案件，及不服初级审判厅判结而上控之案"；初级审判厅只审判较轻的刑事案件和民事案件。由于两大困难，即缺少合格法官和资金困难，限制了审判厅的普遍设立，因此，奉天最初只能是试点设立审判厅。按照徐世昌的计划，在省城盛京设立了高等审判厅。在奉天府设立了地方审判厅一厅。在承德、兴仁两县（均为省垣附郭首县）地方按巡警区域分设初级审判厅六厅。审判厅均附设检察厅。[②]后来兴仁县移驻抚顺，改为抚顺县，兴仁的初级审判厅即改归抚顺，又将承德的第三、第六厅合并为承德第二初级审判厅；第四、第五厅合并为承德第三初级审判厅。高等审判厅、地方审判厅都分设了检察厅、检察长，但初级检察厅因为经费和合格人才的关系，检察官由各巡警局的巡警官兼任。为培养合格的法官，奉天还举办了一期法律讲习所，学员百名，一年毕业。学习的课程为《大清律例》、法学通论、宪法、民法、刑法、商法、国际公法、国际私法、民事诉讼法、刑事诉讼法、裁判构成法、监狱学等。学院毕业派赴各审判、检察厅实地练习。后奉天法政学堂添设法律专科，讲习所停办。

第二个阶段，司法独立工作在全国展开。

---

① 徐世昌：《退耕堂政书》卷十，台湾文海出版社1968年影印本。奏折未署时间，徐在其后的一次上奏中提到此折日期。

② 参见《光绪朝东华录》总第5826—5829页。

1908年，清政府在颁布《钦定宪法大纲》的同时，颁布《逐年筹备事宜清单》，其中规定：1909年开始筹办各省省城及商埠等处各级审判厅，1910年一律成立；1911年筹办各省府、厅、州、县城治的各级审判厅，1912年初具规模，1913年一律成立；1913年筹办乡镇初级审判厅，1914年初具规模，1915年一律成立。根据清政府的决定，全国审判厅的设立工作自1908年以后全面开始。1909年初，法部又在此基础上拟订了更详细的计划。除了审判厅的设置外，还规定了《法院编制法》、审判厅章程等的颁布时间表。清政府的这一计划有着相当大的理想化的成分，按照清单的规定，自1909年起，至1915年，仅仅六七年的时间内，就要在全国全面推广审判厅，时间未免过于仓促，不仅财力艰窘，而且设审判厅需要大量合格的法官，谈何容易；同时，就中国当时的情况、条件来说，恐怕还没有在乡镇设审判厅的条件（时至今日，中国也还没有在乡镇全面设初级审判厅）。

无论如何，各省督抚们大多还是行动起来了。广西巡抚张鸣岐率先于省城设立了审判厅筹办处，负责筹办审判厅，也就是设一个专门机构并在巡抚的直接领导下负责审判厅的筹办。这一做法为各省所效法。我们举山东为例。山东省于旧历宣统元年五月二十四日开办"山东全省审判厅筹办处"，由巡抚袁树勋委派"藩、学、臬三司为总办，加派娴习法政人员，分充会办各职务，以助进行"①。

我们再举浙江为例看筹办审判厅的情况。根据浙江巡抚增韫于宣统元年六月三十日的奏折，浙江有2厅1州75五县，按照法部的规定，浙江省除高等审判厅外，全省应设地方审判厅78所。地方审判厅之下设初级审判厅，合计浙江应设初级审判厅234所，省城及商埠应特别加增，尚不在此数。合计约300所审判厅，推事、检事等职约需2000人，其难

① 《清末筹备立宪档案史料》第873页。

度可想而知。浙江巡抚增韫于宣统元年六月初二日设立筹办处，委派按察使为总办，内设法制、筹备两科。为了培养审判人才，增韫于筹办处内设立了审判研究所，招收法政讲习所及法政学堂毕业生八十人入所为甲班，拟学习研究八个月毕业；另又招收稍通法律者为乙班，学习十五个月毕业。学员毕业后，再实习三个月，然后正式委任职务。①

浙江的情况说的多是人才的培养问题。实际上另一个突出的问题是经费问题。据山东巡抚袁树勋宣统元年五月二十七日的奏报估算，在山东省，每一厅州县年需经费 3 万两左右；合全国 22 行省，年经费可能需要 5000 万两，这还不包括法庭的建筑用费。这在当时财政已经近乎崩溃的情况下，是一个无法负担的数字。因此袁氏建议适当减少初级审判厅的数目并扩大初级厅审判范围以节省经费。② 到 1910 年 8 月（宣统二年九月），据继任山东巡抚的孙宝琦奏报，山东已设地方审判厅 6 所，以后分年筹备，计划全省设地方审判厅 12 所，地方分厅 52 所，初级审判厅 51 所，乡镇初级审判厅 20 所。③

较为偏僻的四川省设立独立审判厅的工作是宣统元年开始的，这一年，四川总督赵尔巽在省城设立了审判筹办处负责承办工作，设编制、审查、文牍、庶务四科。赵尔巽计划在省城设高等审判厅一处；地方审判厅三处，分设于省城附属的成都、华阳二县及重庆商埠所在的巴县；初级审判厅筹设困难较多，也拟设三处，也是成都、华阳、巴县各设一处。赵尔巽奏报说，这些审判厅在宣统二年可以成立。④

1910 年，宪政编查馆派四人到各地考察宪政筹备情况，12 月 14 日宪政编查馆大臣奕劻等奏报说："按照筹备清单，各省会及商埠审判厅，

① 《清末筹备立宪档案史料》第 876—878 页。

② 《清末筹备立宪档案史料》第 875 页。

③ 《宣统政纪》卷三九，第 702 页。

④ 《宣统政纪》宣统元年七月癸酉赵尔巽奏。

今年应一律成立。除东三省业已次第开办外，直隶则天津早经成立，保定正在筹设。山西则本年四月，业经开庭试办。湖北、福建、暂就地方官署附设各级审判厅，殊非司法独立本意，现在另行组织，改良办法。而福建因财政困难，关于法庭建筑，司法经费，不能不因陋就简，此则该省特别之情形也。司法研究馆，广东课程最为美善，浙江亦在刻意筹备，力求完全，江苏则不免敷衍矣。其余各省，依次进行，尚可不误期限。至各级审判厅，除奉天、吉林、山西业经建筑完竣外，直隶、山东、河南、湖北、浙江、广东，约计年内均可一律竣工。江苏、福建，正在赶办，不免稍后时日。”①

为了既节省经费，又能尽可能较快的开设审判厅，1911 年 8 月 19 日，清政府命各省将与府治同城的首县，概行裁汰，并入该府管理。提取其经费并划拨县署，作为筹设地方审判厅之用。以期能够迅速设立府治的审判厅。

至于清亡之前到底设立了多少审判厅，笔者没有看到确切统计数字②，但从各方面的情形推断，各省的省城、通商口岸基本上设立了审判厅，另有部分重要城市也设了审判厅。如奉天除上述已有的抚顺、承德两地外，到宣统二年初，营口、新民、安东（今丹东）已设地方及初级审判厅；宣统二年十月，辽阳、铁岭又开设地方及初级审判厅。另外凤凰、法库、同江三处也在筹办中。③

下表是不完全的统计，借以进一步了解当时审判厅设立的情况。

清末还曾议及实行律师制度。1906 年 4 月 25 日（光绪三十二年四月初二日），修订法律大臣沈家本等将所拟《刑事诉讼法》、《民事诉讼

---

① 《清末筹备立宪档案史料》下册第 798 页。

② 清政府也作了若干统计，李启成根据清政府统计列了一个表，但显然该表很不准确。见李启成：《晚清各级审判厅研究》，北京大学出版社 2004 年版，第 221—224 页。

③ 《清末筹备立宪档案史料》上册第 87 页；《锡良遗稿》，中华书局 1959 年版，第 1279 页。

法》草案上奏，其中建言实行陪审员制与律师制，因而这两个诉讼法中也含律师法及陪审员法。[①]1911 年 4 月 10 日（宣统二年三月初一日），两广总督袁树勋又奏请实行律师制度，“请饬下法部订定律师专法颁行，一面通饬各审判厅准用律师参与审问”[②]。但是因为事情的复杂性，直到清亡，律师制度并没有实施。

至于清末对法律条文实行的改革，因论者已多，并且不属于本文的重点范围，这里不再赘述。

五、实施效果的考察

司法独立，即便只是将行政官与审判分开，在中国也是破天荒的事情，因而在实行的过程中，也发生了种种曲折。其中便有法部与大理院的权限分割问题。

官制改革后，将司法行政与审判分离，法部专管司法行政，大理院专管审判，然此乃中国前所未有之事，以是大理院与法部为权限事争论不休，双方多次上奏各申己见，甚至暗中请流亡海外之梁启超解释权限。清廷无奈，于 1907 年 5 月 23 日调大理院正卿沈家本为法部右侍郎，法部右侍郎张仁黼为大理院正卿。但是问题并没有真正解决。

如果说中央上问题比较多，那么从现有资料看，地方上的实行倒是颇著效果。

这里举实行得比较好的奉天为例，说明新的审判机构设立后的执行情况。前面宪政编查馆一节说过，宣统二年（1910），宪政编查馆曾派

---

① 《光绪朝东华录》总第 5504—5506 页。

② 《宣统政纪》宣统二年三月初一。

人到各地考察宪政筹备情况，其中负责到直隶及东三省一路的是陆宗舆。他考察的报告如今保存在中国第一历史档案馆里。

按照陆宗舆考察奉天的报告，奉天省城的司法审判改革是相当有成效的。陆宗舆将改革前与改革后作了多方面的比较，他说改革后至少在五个方面较以前大大进步，便利了民众。这五个方面是“收受诉状之便”、“传人之便”（传唤被告）、“审讯之便民”、“上诉之便”、“相验之便”。如他比较审判说：“（从前）州县问案，非老吏及有辩才者，鲜坐大堂，往往在花厅中秘密讯问，案外人无能前往观听。诉讼人到堂，无论刑事、民事，一体长跪，回答稍不如意，任意鞭笞。竟有为细故涉讼而受累千百、淹禁数年者。至结案时，由刑事写一甘结，勒令画押，任便发落，受罚者尚不知其所犯何罪。”改革后，“则除刑事应预审者不准旁听外，余则无论民事刑事，概许外人入庭听审，于庭内设有旁听坐位，并设有报馆人特别旁听席。诉讼人到庭，民事及刑事原告人并证人、鉴定人均系立供，未问及时，且可返坐于旁听栏外。”又比较上诉说：“向来上诉无一定期限、一定阶级，故今年所结之案，明年可翻；前任所结之案，后任可翻；州县所结之案，道府可翻，院司可翻；外结之案，京控可翻……至复审办法，除重大案件提审外，余皆发回原审，不惟不能昭雪上诉者之冤，适以重触问官之怒，而重其祸……今则于宣读判词后，问官向两造告知限期，刑事十日，民事二十日，准其上诉。其准上诉者，以审级而进诉，至第三审为终审。初级起诉之案至高等为终审，地方起诉之案至大理院为终审。案经终审判决后，即不得再行上诉。如此则不致有从前任意缠讼之弊。且第一审既经判决，其案内情节必已讯明，所争者不过处分之不合。故至第二审须传证人者甚少，至第三审仅至法律之解释……行之数年，举从前之积弊悉与廓清而扫除之。”[①] 陆宗舆甚至说，在此以前他只见过英法德俄日本

① 陆宗舆的报告见中国第一历史档案馆藏《政务处全宗》第1号。

的法庭，但是此次他到奉天考察，觉得奉天省城的审判厅，并不比各先进国的法庭差多少，由于法庭审判的进步，外国人也有不少人愿来中国法庭起诉。陆宗舆还特地私访了来法庭诉讼的老百姓，百姓都说“不要钱，不拖累，不能为专横之诬枉，自比以前州县衙门不同”。陆宗舆还谈道，奉天的独立审判“自（光绪）三十三年十二月开办以来，未及三年，各厅已结案17000余起。是结案之多而且速，以视从前之任意积压者，殆不可同日而语矣”。陆宗舆为当时政府中的新派人物，他的报告可能有夸张的成分，但总的说来，独立审判制度要胜过从前的行政与审判不分的制度。

直隶实施的情况，据袁世凯当年（光绪三十三年）六月奏报，说是试办数月，积牍一空，民间称便，甚至外国人也有不先赴该国领事投禀而径赴该厅起诉者。

直隶、奉天都是清末新政办得比较好的地方，其他省份可能多半不如上述的两个例子。陆宗舆在他的报告中也提到：“司法独立虽为筹备宪政清单内重要之大纲，而各省督抚奉行者往往疑信参半。或谓外国之法制不适用于中国，或谓中国现无适当程度之法官，或谓中国人民程度尚不应享受文明裁判之制。于是各省督抚推挽延缓者，至今尚居多数。”但是无论如何，清末的司法制度改革已经开始并取得了一定的成效。

以上是设立单独审判厅的好处，但是实际上也产生过一些问题，其中最大的问题就是增加财政的负担，而财政负担的增加必然转嫁到平民百姓身上。一位官员在宣统二年八月二十一日日记中写道：

> 皖臬吴佩蕙同年来拜，谈及外省财政，至宣统四年，将无一钱可措，而宪政经费之加增且数倍，即如审判厅成立，今年每省需银十七万，至四年份，须城乡普立，即需款七百万。

金非天雨，不知何以应之。呜呼！立宪美名也，吾国乃援以为营私牟利之美事。立宪，立宪，将亡三百年之宗社矣。岂不痛哉！故老相传有来如箭、去如线之说，世人以电线当之。夫电线岂能亡国？线者，宪也，其在斯乎？[①]

有鉴于此，有的官员如宣统二年底在江苏巡抚任的程德全认为，预备立宪，“费笔墨之事业可以提前，费钱之事业不能提前”，他认为审判厅就是费钱的事业，应该取渐进之道：“弟对于审判厅亦同此处，年内各处大半开厅，姑无论经费之困难也，试问人才安在？法律安在？将来丑态毕露，可以貌睹。何也，则以审判厅系费钱之事业。”[②]

行政官员与审判机构权限难清，是又一个问题。据宣统三年十二月河南巡抚的报告，出现了地方官对司法行政推诿不愿过问的情况：“当司法行政创始分权，行政官每于厅员司法内之行政事务，亦多任意推诿，甚至置缉捕命盗重案于不顾，转以应归审判衙门为辞。”[③]

另外的问题是，重大问题的审理，尤其是涉及政治的事件，仍是督抚亲自过问，这就是本文开头所说的并不是真正的独立。司法独立的实施是非常复杂的过程。既有观念的转变，又有从行政官员审判过渡到法院审判的具体程序问题。即便是政府全力去做，也需要相当长的时间，何况在当时财政竭蹶、人才匮乏的局面之下。

总括晚清司法“独立”的成绩，大体可以归结为如下几点：

1. 确立了司法“独立”的原则，即确立了由职业的受过系统法律知

---

① 史晓风整理：《恽毓鼎澄斋日记》，浙江古籍出版社 2004 年版，第 501 页。

② 《江苏巡抚程德全致锡良等电》，见《清末筹备立宪档案史料补遗》，《历史档案》1993 年第 1 期。

③ 《开缺河南巡抚宝棻、河南巡抚齐耀琳奏筹备宪政并目前困难情形折》，见《内阁官报》（宣统三年十二月二十日）第一百六十八号。

识训练的法官而不是行政官员审理民刑案件的原则。

2. 在京师、各省省城、重要城市（尤其商埠）设立了中国第一批审判厅及检察厅，分设法官（推事）、检察官，审判与起诉初步分离。

3. 培养了一批有专长、懂法律的司法人员。

以上这一切，在预备立宪中只是个开端，但这个开端仍然很重要，因为它代表了历史的方向，只有有这个开端，才有以后逐步的发展。进入民国以后，在北洋时期，虽然因为财力、人才以及军阀混战无力顾及等原因，司法独立进展不大，但国民政府时期进一步推进了司法独立工作。及至 1949 年以后，大陆、台湾都全面设置了法院并承担民刑诉讼的审理。追源溯始，不能不说晚清预备立宪期间是其开端。

至于晚清司法审判并没有脱离行政的控制，并且新旧交替之时有不少紊乱的现象，与其说是清廷的假意，不如说是中国的文化和政治传统以及习惯使然，并且是过渡时期特有的现象。

原载《首都师范大学学报》2007 年第 3 期

清季部分官员反立宪思想探略

——1906—1911

一、问题的提起

坚守传统还是引进西方制度？近代中国人在“数千年未有之变局”面前，面临极为艰难的选择。向来学界对开新人士和思想的研究较多，而对坚持中国传统的人士及思想的研究较少。本文拟对清末宪政改革时期反对立宪的思想作一番梳理和分析。①

坚守中国传统的保守人士，至少可以追溯到自强新政时期与洋务派抗争的倭仁等人，继之则为维新运动时期坚决反对变法的徐桐、刚毅等人。经过八国联军侵华事变，这些人受到了重大的打击，同时整个社会的思潮也发生了重大变化。因此，1901 年以后，一般不再有人公开反对设立新式工厂企业和用新式武器装备军队。但是实际上，保守思想仍然以各种形式顽强地表现出来。所谓保守，是说他们的观点和主张是倾向传统的，不符合世界发展潮流的，对当时的中国也是无益的，但是，这并不等于他们的见解一无是处。事实上，他们提出的一些问题还是值得认真思考和对待的。

自日俄战争之后，国人普遍认为是日本的立宪战胜了沙俄的专制，因此主张实行立宪制度的观点极为流行，成为影响最大的社会思潮。

---

① 关于主张立宪的官员的思想的研究，见笔者在《清史研究》2000 年第 1 期发表的《清季主张立宪的官员对宪政的体认》一文。反对立宪的官员的见解和思想，笔者尚未见到系统的研究。

在这一背景下，清廷先是派五大臣出洋考察政治，然后于1906年宣布将实行立宪政体并开始预备过程，1908年公布《钦定宪法大纲》，1909年召开各省谘议局，1910年资政院开院，立宪的措施在步步实行。但是清政府在推进预备立宪的过程中，始终有反对的意见，而这些反对的意见，或多或少干扰着立宪的进程。而要研究20世纪初中国的政治变革，不能不理会这些反对意见。另外，应该说明的是，这些反对立宪的官员，绝大多数对西方的宪政实在了解得很少，至少比主张实行立宪的官员的了解要少，因此，他们的立论较多的是站在中国传统的立场上，从而牵强附会的论述也就比较多。同时，他们在理论方面的阐述也比较少，而就利害关系的立论则比较多。

二、中国之法本善，三纲五常不可变

治国的根本靠什么，是“奇技淫巧”也即我们今天说的科学技术，还是三纲五常？这是几十年前自强新政时就争论过的老问题，现在仍然是某些官员坚持的议题。不过大体转化为：立国靠近代法律制度，还是某些伦理原则？用现在的语言说，就是要人治还是法治。在反对立宪的官员看来，三纲五常原则是国家的根本，只要有三纲五常，国就不会亡；退一步说，即使国亡了，只要三纲五常还在，就什么都好办。推而广之，什么父子平等、男女平权，都是些大逆不道的理论。事实上，中国传统的治国，主要依赖的是一些伦理原则，而不是宪政这种法制。所谓君君臣臣父父子子；所谓君使臣以礼，臣事君以忠，都是这样的伦理原则。实行立宪，将破坏这些伦理原则。温情脉脉的面纱，可能被冷酷的法律条文所取代。进一步，甚至可能造成天下大乱，这足以让这些保守人士忧心忡忡。

1907年8月，有章京鲍心增上条陈，他写道："人道所以参天地而立极者曰五常，五常之要为三纲……此天之经地之义，而圣人之大用也……自新学争腾邪说，父子平权，男女平权，而极之于革命，三纲已几乎熄。"他说在这种动乱的年代，应该特别维护三纲。[①]

西方列强不讲究三纲五常，就这一点来说，反对立宪的官员认为，中国之法并无不善处，西方反倒是不如中国。1907年8月，候补内阁中书黄运藩上书，请罢议立宪。他说："中国盛时，礼教修明，人物丰炽，君臣交儆，朝野荡平，淫巧奇技为上所禁，异端邪说不期自绝。内无吠犬之惊，外少谋夏之寇"，即使"时当末造，土地可亡，而人心之廉耻不丧，所谓兵食去而信断不可无，其道足以防范万世"。现在的西方怎么样呢？"今东西各国君臣上下悻悻谋利，阴谋篡夺，不遑不止，故国愈富强者，其趋利如鸷鸟猛兽之博噬，相角而相乱。而不知其实为中国所不取，盖其国本犹去开辟之时不远，草昧荒忽，祸乱相寻，即有渐立之宪能自治其国耳矣，乌足以为中国师哉。且查各国所有稍近文明之事，率多本之中土，而其人之自中土归者，又未尝不推我国为教化之最先，风俗政教，信多非彼国所及，使臣笔记，口语流传，不可诬也"。因此，他得出结论，立宪不惟不能致富强，反会招乱。"今所办新政，已非一端，而富强之效，胡茫若捕风也。又况男不尊君严父，女不敬父从夫，纲纪陵夷，怪变横出，至四品大员有敢于枪毙本管疆臣而图叛逆之事[②]，此等风尚，犹可与图富强哉？或者且谓惟立宪可以已之矣。此尤谬说。夫宪非法之谓而已乎？宪又有大且要于中国之所谓三纲五常者乎？尧、舜、禹、汤、文、武数圣人，所以治中国之天下，而可仪型夫亿万世者，胥恃此焉耳。今男无君父，女无夫，当更取何者

① 故宫博物院明清档案部编：《清末筹备立宪档案史料》上册，中华书局1979年版，第211—212页。

② 指光复会徐锡麟刺杀安徽巡抚恩铭，举行反清起义事。

为宪……岂不知破坏中国之宪以致乱者，实由事必学人而致然乎？今乃谓可藉立宪以定中国之乱，是欲以召乱贼者定乱贼耳，可乎否也？”①

与强调三纲五常不可变相近的，还有一种说法，即立宪中国本来就有，不必学之于外国。当然，他们所谓的立宪，与西方的立宪是表面也许相似而实际上风马牛不相及的东西。1907 年 11 月，第二次考察宪政大臣之一的邮传部侍郎于式枚于出国前上奏说：“中国旧章，本来立宪，皇朝制度，尤其修明。周官言宪法，言宪令，言宪禁，言宪邦。传称监于先王成宪，仲尼损益四代之制，以垂万世之宪。宪法为中国之名古矣。殷人作誓，汉代约法，尤与欧美所云立宪者相似。唐宋迄明，规模具在。其能贻数百年之基业，成数百年之太平者，无不以顺民情申清议为致治之本原。皇朝道监百王，治隆三代，科条律令备极精详，行政皆守部章，风闻亦许言事，刑掌予夺，曾不自私。朝廷虽有特旨之允行，所司能举定例以更正。若有大政事大兴革，内则集廷臣之议，外或待疆吏之章，且有下及儒官，询于庠士，所以勤求民隐博采公论者，与立宪之制无不相符。”②次年4 月，于式枚又上《立宪必先正名，不须求之外国折》，他再次强调说：“宪法自在中国，不须求之外洋……中法皆定自上，而下奉行。西法则定自下，而上遵守。此实亘古未有之事，乃为近日新说所宗。臣历取各国宪法条文，逐处参较，有其法为中国所本无，而不必仿造者，有鄙陋可笑者，有怪诞可骇者，有此国所拒，而彼国所许者，有前日所是，而后日所非者。”他说他受命考察各国宪政，“断不敢导扬异学，附会时趋，贻误国家，得罪名教”③。

总之，他们的结论是：要三纲五常，不要西方式的甚至当时日本式的立宪。

---

① 《清末筹备立宪档案史料》上册第 233—235 页。

② 《清末筹备立宪档案史料》上册第 305—306 页。

③ 《清末筹备立宪档案史料》上册第 336—338 页。

三、大权旁落

君主立宪国，不论当时的英国模式、德国模式，还是日本模式，都设有责任内阁，即便是在君主权力较重的日本和德国，君主也不直接处理日常政务，而是由内阁负责日常政务。当然，在英国，内阁是对议会负责；而在德、日，则是对君主负责。但君主不必直接处理日常事务，则是一定的。按照中国的经验，君主必须大权独揽，若设置宰相，并给以较多的事权，则有大权旁落的危险，甚至有可能危及君主的地位。这种情况，在中国的历史上绝非一两次，曹操的故事早已随着《三国演义》的流传而几乎家喻户晓。因此，倘若内阁制在中国推行，足以使信奉君为臣纲的人们担心大臣凌君，君主大权旁落甚至危及君主的地位。因此，反对立宪的官员们不愿意责任内阁在中国出现，有些声称并不反对立宪的官员也表示不能马上设责任内阁。

1906年讨论官制改革时，内阁学士文海上疏，说是立宪有六大错，第一错就是："细绎立宪各节，并无裕国便民之计，似有削夺君主之权。"他进一步阐述道："其言立宪也，率云取法日本，不知日本明治以前，权在大将军，其主仅称守府，故其国不能治，自明治收回主权，力图专制，而国乃骤强。今议者欲去军机大臣，而设大总理以为立宪之地，是欲学从前之日本权在大将军也，败坏国家，莫此为甚。"① 把日本倒幕维新过程看成是皇权的复兴，是一种独特的解释，在他看来，日本之强，不但不是学习西方，实行立宪的结果，反而是加强皇权，力图专制带来的。如果中国设责任内阁，不但不是进步，而是一种倒退。

在西方，议会和内阁的作用之一就是防止君主滥用权力，而一位御史赵炳麟，却是这样理解内阁和议会的关系的："凡君主立宪国，其君

① 《清末筹备立宪档案史料》上册第139页。

有统一之大权，一切关于政治之事，不经君主裁正，不能施行。而君主所以巩固其权力者，在有下议院以监督其行政诸臣，故政府（指责任内阁——引者）权虽重，而军政、财政议院不承认，政府无从逞其强权，虽有枭雄，不敢上凌君而下虐民者，群策群力有以制之。今……民智未开，下议院一时不能成立，则无以为行政之监督，一切大权皆授诸二三大臣之手。内而各部，外而各省，皆二三大臣之党羽布置要区……行之日久，内外知有二三大臣，不知有天子。虽谓二三大臣之进退操于君主，而党羽既成，根柢深固，天子号令不出一城，虽欲进退之，乌从下手，是流弊必至凌君。"在他看来，议会的作用主要是监督和防范行政大臣，如果没有议会的监督，某些行政大臣的权力将不可制。赵炳麟警告说，如果先设责任内阁，那就会造成这样的局面："立宪本欲尊君，而其弊乃至凌君，立宪本欲保民，而其弊乃至虐民，此所谓大臣专制政体也。民不堪其虐，揭竿起事，海外会党利而用之，必有以更宪法伸民权为名，阴行其革命之术者。"[①] 另一位御史王重羲也认为："朝廷虽宣布立宪，恐一二十年以内议院尚难望成立。未成议院而先设责任政府……恐此一二十年间宪政未成而权臣先起。"[②]

1910年10月，御史胡思敬上奏，要求停罢立宪，其中说，设责任内阁，"总理大臣而贤，牵掣多而一事无成，将有席不暇暖之势。总理大臣而不贤，沟通政党，且潜生睥睨神器之思。其谋甚拙，其势甚险……倒持太阿，而授人以柄，此内阁负责任之说也"[③]。

直到1911年2月，还有学部丞参上行走柯劭忞上奏说："臣作福威，凶家害国，经有明训，千古常经。虽君主立宪有命令之权，然政柄既已下移，将并其命令之权而亦移之，阳为君主之命令，阴实权臣之主

① 《光绪朝朱批奏折》第33辑，中华书局1995年版，第38页。

② 《光绪朝朱批奏折》第33辑，第39—40页。

③ 《清末筹备立宪档案史料》上册第345—347页。

使，莽、卓、操、懿，皆其前鉴。今使内阁大臣代负朝廷责任，万一主权稍替，有鹰扬跋扈之臣专吾政柄，密布心腹于各部大臣，广树党援于上下议院，履霜之渐，不审朝廷何以制之？”①

这里应该指出的是，反对设责任内阁的人并不是全放空炮，他们的担心也不是多余的，他们所指的，就是在清末权势十分显赫的袁世凯。所以，立宪的问题又纠缠着复杂的清政府内部的政争。

四、民气浮嚣

按照中国传统的政治理论，普通百姓只能听皇帝和长官的教导，只能服从尊长的命令，没有必要思考政治的是非，更不可以评头品足。孔夫子所谓“民可使由之，不可使知之”的言论，为历来王朝政府极力提倡。至于当时美国人、法国人说的主权在民，对于传统中国人来说，简直就是天方夜谭。现在要实行立宪，必须颁布宪法，宪法之中，即使是表面文章，也要有给予人民言论、集会、结社、出版的权利。这样做的后果，很可能导致人民大胆议论和批评政府，使政府以致君主的威信下降，至少可能使往日君主头上那神圣的光环黯然失色，严重了，甚至可能导致一代王朝的覆亡。因此，宣布立宪伊始，就有很多人担心“民气浮嚣”、“邪说横行”。

陈夔龙，是地方督抚中较为保守的一个，1906 年宣布预备立宪时任江苏巡抚，清亡前任直隶总督。1906 年 10 月 15 日，陈夔龙上奏谈立宪问题时说，报纸、电信、演说，都有不少弊端。报纸“往往附会其词，任意讥评，以讹传讹，胥用浮言，荧良懦之聪，生莠民之心，流传海外，

---

① 《清末筹备立宪档案史料》上册第 347—349 页。

益启外人轻视中国之心”。他还得出一个奇怪的结论，即报纸如此，会“阻碍立宪进步”。演说也是如此，“出于私见小忿，妄逞臆说，簧鼓听闻，以致激成事端者，亦在所不免……若漫无稽核，势必横议成风，妄言妄听，职为乱阶”。结论是演说与报纸一样，“阻碍立宪进步”。集会与团体也是如此，“近世译书，盛言团体，各省风气所趋，商有商会，学有学会，其余凡有一事，必有一会……地方一切公事，越俎搀与，甚且恃众抵抗……此开会之阻碍立宪进步也”。[①]次年4月，陈夔龙以民生日困，导致民气日嚣为由，干脆奏请毋庸扩充新政，包括预备立宪，“凡一切改弦更张之举，已经宣布者不论，其尚未宣布者，暂缓施行”[②]。

应该指出的是，反对立宪的官员所攻击的“民气浮嚣”，矛头所指的，主要还不是革命党，而是要求加快改革步伐的立宪派。如于式枚的奏折就指责要求速开国会的立宪派：“我皇太后、皇上曲体舆情，俯从廷议，特允非常之举，实为莫大之恩……应如何感颂奋勉，以待推行，岂容欲速等于索债，求全同于谐价……至敢言监督朝廷，或一又云推倒政府。读诏书则妄加笺注，见律令则至肆讥弹。□动浮言，几同乱党。”因此，于式枚说须防法国大革命前那种立宪未成，反致祸乱不已的状况[③]。

御史胡思敬特地设计了应付局势的上中下三策，上策为“宣明国会以下劫上，长奸堕威，大乱天下之道不可行。自申谕之后，毋得渎请，渎请者付所司案治”。

正因为担心民气浮嚣，对于开国会，保守派官员主张能拖便拖，即便不能拖延，也要事先想好应付的办法。前述柯劭忞的奏折就说：“近日本东京以日俄战事，议院与政府抵牾，聚众万余，焚烧官廨，君臣

① 《清末筹备立宪档案史料》上册第149—150页。

② 《清末筹备立宪档案史料》上册第176—178页。

③ 《清末筹备立宪档案史料》上册第336—338页。

屏息，莫敢谁何。况吾中国创办之初，规则未能完备，尤易滋生事端。”“宜防国会既开，奸民暴动之弊。查去冬天津各处要求速开国会，奸民煽惑聚众横行，几至酿成大变。况上下议院成立之后，设有不安本分者，羼入其中，遇事生风，藉口公义以簧鼓愚民，祸机猝发，恐有出寻常意计之外者。”①

五、只需军事改革

当五大臣出洋考察政治时，就曾听到不少这方面的议论和建议。戴鸿慈和端方拜会德皇时，德皇说：“中国变法，必以练兵为先。”“变法不必全学外国，总须择本国之所宜，如不合宜，不如仍旧。”②他们报告在德考察情形的奏折中，也重点谈德国的军事：“德国以威定霸，不及百年，而陆军强名，几震欧海。揆其立国之意，专注重于练兵，故国民皆有尚武之精神，即无不以服从为主义。至于用人行政，则多以兵法部勒其间，规矩正肃。”他们还就德皇的谈话评论说：“至于德皇所论，适自明其强盛之由，在中国虽不必处处规随，而其良法美意行之有效者，则固当急于师仿，不容刻缓者也。”③

宣统朝摄政王载沣，1901年曾作为致歉专使赴德国，他在德国曾参观军事学校、兵工厂，并观摩军队的操练和演习，印象甚深。德皇在接见的时候告诉他保持皇权的秘诀：要有足够数量的军队，并一定要由皇帝直接掌握，他又“目睹德皇族从幼年时起，就身受极严格的军事

① 《清末筹备立宪档案史料》上册第348页。

② 《清末筹备立宪档案史料》上册第9页；戴鸿慈：《出使九国日记》，岳麓书社1986年版，第407页。

③ 《清末筹备立宪档案史料》上册第9—10页。

训练，所以国势那样强盛，早就有心效法。及亨利亲王来华，旧雨重逢，对他又加以鼓舞”[①]。因此，载沣深受影响，特别注重军队的训练及军权的掌握。

本来，军事改革是清朝最后十年的新政改革的最重要的一项内容，也是新政改革中最有成效的部分，但是最主要的北洋六镇却很大程度上为袁世凯控制。慈禧太后在世时，虽也开始对袁世凯加意防范，但袁世凯尚可安于其位，并可通过他提拔的亲信、部下控制他一手训练起来的北洋军。而载沣摄政后，立即罢免袁世凯，随即自为（代理）陆海军大元帅，以其弟载涛为军谘大臣管陆军，其弟载洵为海军大臣管海军，图集中军权于皇族。这种做法，虽和当时少壮亲贵与奕劻、袁世凯等斗争的需要有关，也与载沣的观念有重大关系，即只要训练好军队，掌握住军权，既可图强御侮，又可保证皇权不至于旁落。

这里需要指出的是，载沣并不是坚决反对立宪的人，掌握他摄政时的思想资料有一定的困难，但从他的作为可以看出，他是对立宪既抱希望又疑虑重重的人。正因为如此，他既不否定立宪——当然客观条件也不允许他完全否定立宪——也不答应立宪派立即开国会、颁布宪法的要求。而在他的内心深处，练好军队，抓住军权，对于御侮图强和保证大清王朝的长治久安来说，可能远比立宪重要。

六、国情不同

就国情来说，中国和西方肯定有很大的不同，古代历史上中国和西

---

① 恽宝惠：《清末贵族之明争暗斗》，见中国人民政治协商会议全国委员会文史资料研究委员会编《晚清宫廷生活见闻》，文史资料出版社 1982 年版，第 64 页。

方就实行了完全不同的政治体制。但是当近代的工业革命及其所带来的交通通讯的便利使人类的交往越来越容易，以至地球好像被大大缩小的时候，国情的不同是不是仍然意味着中国和西方必须实行不同的政治体制？近代西方的法制原则、限制统治者权力原则、民主原则、人民权利原则是否具有普遍的意义？换句话说，是否西方就适合立宪，中国就适合专制？这不仅在近代中国，恐怕直到现在也是容易引起争议的问题。对此，反对立宪的人作出了否定宪政的回答。

1906 年 1 月，御史刘汝骥在奏折中说："君子之谋国也，必先究其受病之根源，以为下药之次序。欧洲百年前，其君暴戾恣睢，残民以逞，其病盖中于专制，以立宪医之当也。而我则官骄吏窳，兵疲民困，百孔千疮，其病总由于君权之不振，何有于专，更何有于制。知立宪之利，而不知立宪之害，彼曰立宪，我亦张皇其说曰立宪立宪，是犹之医者不寻其脉理，不察其症结，见萎弱之病夫，遽施以乌堇猛烈之剂也，奚其可？且夫立宪之说行之彼国，犹利害相兼者也，施之我国，则有百害而无一利。"① 这就是说，西方从前专制，所以实行立宪，能够富国强兵；但中国本来并不专制，而且不但不专制，其病因在于君权太小，所以中国不能立宪。

七、清政府内部围绕立宪问题的争论

清政府中，对于立宪问题，曾发生过激烈的争论。这种争论和分歧，影响了立宪的进程，也使清政府内部的矛盾加剧。同时，立宪问题又极大地影响着清政府与立宪派之间的关系。所以，这种争论和分

① 《清末筹备立宪档案史料》上册第 107—108 页。

歧也就直接间接地影响着清政府自身的命运。

第一次斗争发生在考察政治大臣回国、讨论是否立宪时。

1906年，考察政治大臣归国后一致奏请立宪，但遭到很多人的反对。铁良是最激烈的一个，另有一帮御史与之呼应。铁良曾赴日本考察军事，回国后任练兵处襄办大臣，1904—1905年间以兵部侍郎身份到各地考察军事，回京后任户部尚书、军机大臣，算是满族官员中的一颗政治新星。他以为当前最重要的是练新军，新军练成了，就可以有效地镇压革命，排满风潮不足虑。同时，铁良与主张立宪的端方、袁世凯都有矛盾，因此极力反对立宪。端方为推行自己的主张，疏通了大太监李莲英，“居然做到可以随时见（慈禧）太后，且可长谈。而铁与端甚为反对，端能随时进见，铁竟能随时阻止，彼此权力均属两不相下”[①]。“于是顽固诸臣，百端阻挠，设为疑似之词，故作异同之论，或以立宪有妨君主大权为说，或以立宪利汉不利满为言，肆其簧鼓，淆乱视听。泽（载泽）、戴（戴鸿慈）、端（端方）诸大臣地处孤立，几有不能自克之势。”[②]

考察政治大臣的主张得到了当时最有权势的地方官员——直隶总督北洋大臣袁世凯的支持。1906年8月26日，袁世凯奉命进京参加廷臣会议，他声言：“官可不做，宪法不能不立。”[③]8月27日、28日廷臣接连讨论两天，主张立宪和反对立宪的争执不下。一向独断专行的慈禧太后也觉得左右为难，因为对于长期处于深宫，对世界大势缺乏了解的慈禧太后来说，立宪的后果太难估计了。她甚至说：“我如此为难，真不如跳湖而死。”由于两派的争斗，北京空气相当紧张，“朝市之间莫不

---

① 陶湘：《齐东野语》，见陈旭麓主编《辛亥革命前后——盛宣怀档案资料选辑之一》，上海人民出版社1979年版，第26页。

② 《宪政初纲·考政大臣之陈奏及廷臣会议立宪情形》，《东方杂志》1906年增刊。

③ 《辛亥革命前后——盛宣怀档案资料选辑之一》第26页。

皇皇如，竟有人言戊戌将见者……日内市面且因此而生观望之心”[①]。最后，慈禧调和双方意见，既不否定立宪，又不马上立宪，而是宣布预备“仿行宪政”，至于预备期多少年则没有说。因此当时就有人指出，宣布仿行宪政的诏旨全篇都是空话，只有改革官制一条是实在的。就这样，立宪的脚步一开始就是蹒跚而行。

第二次斗争是紧接着的官制改革。

争论的焦点为是否设责任内阁。因为编纂官制馆拟出的新官制草案取消军机处，设责任内阁。消息传开，引发了从官场到社会的广泛争论。不少人认为袁世凯欲借此揽权，甚至有人认为袁将借责任内阁制架空光绪帝，以免在慈禧太后死后光绪帝向他报戊戌年告密之仇。因此，官员中反对奕劻、袁世凯专权者甚多，所以此次争论，性质十分复杂。

9月30日，御史刘汝骥率先上《大权不可旁落，总理大臣不可轻设折》。他说“臣窃见载泽密陈大计折内，有君主无责任一语。臣百思之而不得其解，己（已？）窃窃疑之。继闻厘定官制大臣，有设总理大臣一人之议”，他断言，如果真的设这样一个总理大臣，必定“把持朝局，紊乱朝纲”，将召内乱[②]。

接着，内阁学士文海、御史石长信、御史赵炳麟、御史张瑞荫等纷纷上奏，有的说设责任内阁会使大臣凌君；有的说立宪并无裕国便民之计，似有削夺君主之权，厘定官制馆应请即行裁撤，并请饬下直隶总督袁世凯速回本任；有的说军机处关系至大，尽善尽美，废之恐君权下移；有的说立宪是窃外国之皮毛，纷更制度，惑乱天下之人心，若设总理大臣，必至恣睢自擅，窃弄权柄，启奸人窥伺之渐。若更假以兵柄，

① 《辛亥革命前后——盛宣怀档案资料选辑之一》第27—29页。

② 《清末筹备立宪档案史料》上册第421—423页。

恐生他变。

御史赵炳麟又密奏说，不能以祖宗经营完善之天下，一旦乱于十数乳臭小儿之手。他还暗示：“应请于该大臣等编定奏呈以后，其宏纲所在，朝廷自有权衡。”[①]即在呈交慈禧太后的最后关头推翻责任内阁制方案。

官制之事正讨论间，忽又有给事中陈田直接奏劾疆臣揽权，庸臣误国。疆臣揽权，指袁世凯，庸臣误国，指军机大臣奕劻。折中说“奕劻庸污，引直隶督臣袁世凯为心腹。世凯以组织责任内阁为名，挟制朝廷，非将君主大权潜移于世凯手不止”，“各官闻之，乘隙交劾，共几十余次”[②]。考察政治大臣之一、主张立宪的端方见势不妙，不待官制改革之事完结，即匆匆请训，赴南京两江总督之任，避开此是非之地。袁世凯也以检阅新军演习为名离京。

在这种情况下，虽然编纂官制大臣拟订的是责任内阁制的草案，负责核定的奕劻等上奏的也是内阁制方案，但到最后，慈禧太后予以否决：不设责任内阁，军机处不变。

预备立宪过程中，袁世凯与清朝当权者的关系是非常值得注意的问题。

1901年以后，经过数年的新政，围绕袁世凯形成了庞大的北洋政治军事集团。对于朝政，袁世凯的意见也举足轻重。如日俄战争时，清廷就是采纳了袁世凯的意见而宣布局外中立。他的周围，网罗了一批文臣武将；他的权势和实力，已远远超过从前带兵的曾国藩和李鸿章。这足以让忠于大清朝的人对他产生警惕之心。

此次讨论立宪及改革官制，袁世凯极力主张实行立宪，并主张立即

---

① 《清末筹备立宪档案史料》上册第444页。

② 赵炳麟：《赵柏岩集·光绪大事汇鉴》卷十二，台湾文海出版社1969年影印，第8页；参见《辛亥革命前后——盛宣怀档案资料选辑之一》第29页。

实行责任内阁制，锋芒毕露，引起清廷亲贵的猜疑。慈禧太后也首次表现出对他的不信任和防范。根据改革官制的上谕，成立陆军部，恰恰由此次与袁世凯争论最为激烈的铁良出任陆军部尚书，并将原来事实上是袁世凯负责的练兵处归入陆军部，规定各省新军均归陆军部管辖。中央官制改革方案宣布后，1906 年 11 月，袁世凯奏请开去各项兼差。若照往常，慈禧太后很有可能会予以挽留。但是此次得到的上谕却是：现在新定官制，各专责成，著照所请，开去各项兼差。也就是剥夺了袁世凯对当时可以说是大财源的轮船、电报、铁路的管理控制权。

不仅如此，因为有了陆军部，袁世凯又被迫上奏将由他一手训练成的一、三、五、六各镇军队的管辖权交给陆军部，也就是交给他的对手铁良，又辞会办练兵大臣职。但又以直隶幅员辽阔，控制弹压，须赖重兵为由，要求将陆军第二第四两镇，仍归直隶总督统辖督练。但是慈禧太后的命令却是："现在各军，均应归陆军部统辖，所有第二第四两镇，著暂由该督调遣训练。"就是只允许袁世凯暂时调遣训练，而不允归其统辖。

对此，当时人有密函云："卧雪（指袁世凯——编者）兼差全去。以轮、电、路等而论，既设专部，自应归并。所难堪者，兵权也。片奏'谨将第四镇、第二镇仍归督练节制'，改为'暂由训练、调遣'。设非主上生疑，何至如此？闻七月中有日，卧雪召见时，慈圣（慈禧太后——引者）云：'近来，参汝等之折有如许之多，皆未发出。'照例应碰头，而卧雪以为系改官制之参折，即对称：'此等闲话，皆不可听。'慈圣色为之变。后来领袖（指奕劻——引者）进去，慈谕：'某臣如此，将何为？'适其时卧雪欲督办东三省、豫、（山）东、直等省训练事，慈更生疑，渐用防范之策。"[①]

① 《陶湘致盛宣怀密函》，见《辛亥革命前后——盛宣怀档案资料选辑之一》第 34 页。

袁世凯的失败，驻在中国的敏感的外国记者已经觉察到了。英国《泰晤士报》记者莫理循写道："据说这位总督很后悔，在命令发表的当天，他没有离开他的房间。那一天他本来已经安排去参加天津新桥的开放典礼，这座桥跨过海河通到奥地利租界……总督借口有病没有参加。他谢绝了一切约会，待在家里。他当真患了流行性感冒。"①

袁世凯闭门不出，是后悔这次讨论中他的莽撞吗？从后来的情形看，他并没有放弃立宪和设责任内阁的主张。那么他呆在家里想什么？也许，是考虑怎样打倒他的政敌。但是，他也许是认真考虑万一慈禧太后去世，清廷与他决裂，他怎么办？造反吗，有几成把握？但是如果和革命党联合呢，会增加多少成功可能性？袁世凯不是像曾国藩那样谨慎的人，更不是一个只会为大清朝卖命的愚忠的人，也不是张之洞那种多少有些老夫子性格的人。背叛清廷的念头是可能的。孙中山后来说过，袁世凯曾与革命党联络，这话未必是全无根据，如果有的话，也许就是这时候做的决定吧。

在这里，笔者想要再次强调的是，预备立宪一开始，清政府内部就已出现了重大的裂痕。

前述的斗争虽然发生，立宪的进程还是在蹒跚前行。然而到了宣统年间，情形又有变化。1909 年初，载沣为首的少壮亲贵罢免了袁世凯，接着逐步清除袁世凯的党羽，并且排斥与袁世凯关系密切的首席军机大臣奕劻。这一系列政治变动，对立宪的前途有很大影响。

在怎样巩固统治的问题上，掌握最高统治权的载沣有自己的想法。前面说过，《辛丑条约》签订后，载沣作为"谢罪专使"到过德国，他"目睹德皇族从幼年起，就身受极严格的军事训练，所以国势那样强盛，早就有心效法。及（德国）亨利亲王来华，旧雨重逢，对他又加以鼓

① 骆惠敏编：《清末民初政情内幕》上册，知识出版社 1986 年版，第 483—484 页。

舞”[①]。载沣以为抓住了军权，训练一支得力的军队，就可以保持皇统于永久了，当然，若有外敌来犯，一支训练有素的军队也可以有效地抗击敌人。另一方面，“载沣怕立宪以后……皇帝无权，摄政王自然也就无权了”[②]，因此，维护皇权的使命，使他对立宪疑虑重重，对立宪派开国会的要求，他尽可能拖延。1911 年各省立宪派请愿召开国会，由于载沣震怒，以致各衙门和政府大臣不敢接见请愿代表。由于善耆主张开国会，他把善耆从民政部尚书调到权力小得多的理藩部。

政府要人中，奕劻原非十分糊涂的人，他的政治经验超过载沣等少壮亲贵，也有一套笼络人的办法，然而此时的奕劻已年纪老耄，毫无进取意识，只知贪财纳贿，得过且过。袁世凯在朝，他尚听袁世凯的建议，袁罢后，他对立宪也不积极[③]。

另一个重要人物载泽，本为考察政治大臣之一，然而后来在宪政改革方面却不见有什么作为。而且康有为、梁启超设法请清廷解除戊戌党禁，载泽是最主要的阻挠者。宣统年间，他一心夺取内阁总理大臣的位置，未见其对宪政改革有何积极主张。

这样，宣统年间，随着袁世凯和端方的罢免，随着张之洞的去世，中央朝廷实际上趋于保守。对朝廷政策影响最大的两个地方官，直隶

---

① 恽宝惠:《清末贵族之明争暗斗》，见《晚清宫廷生活见闻》第 64 页。

② 李泰棻:《独树一帜的善耆》，见《晚清宫廷生活见闻》第 85 页。

③ 在1908 年光绪和慈禧去世以前，立宪派已请愿开国会。当时奕劻与袁世凯、张之洞有过争论，张之洞、袁世凯主张即时宣布开国会年限。奕劻反对，他坚持应先将筹备各事办好，然后再开议院。并在上慈禧太后的密折中说：“今本朝立宪，一切应办各事，尚未举办，先宣布开设议院年限，无此办法。此事关系甚大，唯有据实声明，恭请圣意坚持，总以应办各事，实力奉行后，届时再行宣布开设议院年限，不可先定准期，庶权操自上，于大局有益。”（中国第一历史档案馆藏档案，转引自孔祥吉《张之洞与清末立宪别论》，《历史研究》1993 年第 1 期）

总督陈夔龙、两江总督张人骏都较为保守[①]。中央朝廷中再无有力的主张立宪的大员。这正如守旧御史胡思敬所说的："自古变法，必有一揽权专断强有力之人主持其间，如秦之卫鞅，汉之王莽，宋之王安石是也。主持者一败，其势立转……袁、端则既罢矣，宣统初年，在朝并无一贵幸大臣能以权力主持变法者。"[②]

然而，当朝廷处于这样一种状况时，它与立宪派以及主张立宪的地方官员的矛盾就愈益严重。因此，不仅是革命的爆发宣告了君主立宪的破产，当清政府以武力押解东三省国会请愿代表回籍时，当清政府以武力解散天津的学生集会时，当清政府流放天津学界请愿同志会会长温世霖到新疆时，当皇族内阁成立之时，清政府已经宣告了预备立宪的失败，也宣告了大清朝的灭亡已经为期不远了。

原载《北京档案史料》2001 年第 2 期

① 早在1907年，陈夔龙就奏请毋扩充新政，缓行立宪（见《清末筹备立宪档案史料》上册第176页）。1911年又奏请把鼓动请愿国会的温世霖押送新疆（《梦蕉亭杂记》卷二）。张人骏是督抚中与谘议局冲突最激烈的，以致一向温和的张謇都愤而率谘议局议员辞职抗议。直到武昌起义以后，张人骏仍"大诋立宪"，归咎主张立宪的瑞澂（见张怡祖编《张季子九录·专录》卷十，中华书局1932年版，21页）。

② 胡思敬：《国闻备乘》卷四《主持新法罪魁》，台湾文海出版社1966年影印本。

中国第一次“省议会”的试验：晚清谘议局

1908年7月，已经年迈体衰、苟延残喘的慈禧太后以懿旨公布《谘议局章程》，同时命各省总督巡抚马上筹办，一年内成立。

谘议局类似省议会，但不是正式的省议会，是为将来的省议会做试验的机构，是清末预备立宪的重要举措。为什么要设谘议局？这要从日俄战争说起。

1904年至1905年，日俄两强为了争夺对朝鲜和中国东北的控制，打了一场空前的大仗，而主要战场，又是在中国的东北。东北本是大清朝的发祥地，清朝统一全国后，也一直视东北为根本重地，然而此时既贫又弱的清政府只能眼睁睁看着两个强盗在“龙兴之地”厮杀而毫无办法。战争结果，小小日本打败强大的沙俄，许多中国人认为，日本已经颁布了宪法，召开了国会，而沙俄却还是中世纪的政治模式，是日本的立宪战胜了沙俄的专制。中国要想富强，要想摆脱列强的欺辱，也要像日本那样实行君主立宪。在这个背景下，清政府于1906年宣布预备“仿行宪政”，也就是仿效当时的英国、德国、日本，实行君主立宪。

君主立宪很重要的一环，是设立议会。主张设议会的人士，列举了很多理由，最重要的是议会可以集思广益，可以凝聚民心，进而可以强国，就像日本、德国和英国那样。但是当时宪政是在预备阶段，不召集正式议会，另一方面，清政府对设立议会充满了疑虑，所以只是设立试验性的准议会，省为谘议局，中央为资政院，为将来的正式议会做准备。

谘议局怎样设立？投票选举。这是中国历史上的第一次选举。

不是所有人都可以参加选举，按《谘议局章程》规定，需要25岁以上，在有财产、有学历、任过官职，或者从事过公益活动中等至少具备一项才有权投票。满足上述条件，30岁以上，才有被选举权。有犯罪记录的不能参选；现任政府官员、军人、警察、在校学生和小学教师，类似今天的公务员，都不能参选。所有女性都没有选举和被选举权。

《谘议局章程》公布后，议员选举开始了。这第一次选举可不是小事，中国历史上从没有议员这样的职务，多数人不知道这漂洋过海来的是何等样的东西。有的人积极，有的人却极力回避。光是确定哪些人有选举和被选举资格就极不容易。比如其中一项资格规定，须有5000元以上的资产，当谘议局筹办处调查财产时，许多稍有资产的人士以为又要增加捐税，并不愿申报财产；而有的人却觉得议员像是当官，有权势又体面，于是千方百计钻营，甚至贿选。

尽管曲曲折折，但经过一年时间，初选、复选都完成了。当选议员的，多半是地方绅士名流，也有新知识分子。议长则大半为较知名的地方绅士，但往往又有一定的新学背景。如江苏谘议局的议长是著名的状元实业家张謇；湖南谘议局议长是进士谭延闿；湖北谘议局议长汤化龙是进士，又留日学法政；奉天谘议局议长吴景濂，举人，曾入京师大学堂学习，又到日考察教育；四川谘议局议长蒲殿俊，进士，曾留学日本。这些人是晚清民国初政坛的活跃分子。

在清代，绅士大体是有科举功名或任过官职的人士，他们居于故乡。1901年起清政府推行新政，不少绅士参与新政甚至自己到国外学习或考察，成为新型绅士。过去绅士威望很高权势很大，但那局限在地方，新政开始以后，尤其谘议局设立以后，新型绅士有了合法活动的场所，并且利用报刊、电报等新式媒介，全国呼应，成为举足轻重

1909 年广东成立咨议局，图为广东咨议局开幕纪念照。

偏远的新疆也设立了谘议局。

的政治力量。

1909年10月14日，除新疆外，各省谘议局同时开幕。清政府设想谘议局能够收到集思广益的效果，能够凝聚民心，能够起到强国御侮的作用；但同时又希望谘议局在政府的控制之下。这样《谘议局章程》也就十分矛盾：谘议局既是咨询性质的机构，在总督巡抚的领导下工作；但又议决本省财政预算决算等重大事件，可以否决督抚要办的事情，有争执时上报中央的资政院，所以具有一定的立法权和监督权。这样就给谘议局和地方官员的矛盾冲突造成了相当大的空间。

议员们一上任，就想让谘议局成为名符其实的地方议会，与地方督抚成为对等的具有立法权并可以监督行政的机构。但是，晚清自镇压太平天国以后，地方督抚的权力非常大，这些一方土皇帝岂能将权力拱手相让，于是多数省份谘议局和督抚发生过不愉快的事件。督抚开明的，还能稍作妥协，或尽量与议员们搞好关系；保守的，心里只有皇帝的上谕，什么民意代表，在他们头脑里根本不算什么东西。当时江苏谘议局和两江总督张人骏的冲突就很有代表性。清末最后几年，清政府试办财政预算决算，省级由谘议局议决，中央由资政院议决。在督抚，希望财政尽可能宽松，并有较大的自由处理的空间，并且当时并无很专业的财务人员，往往是督抚大笔一挥，说多少就是多少。而在谘议局议员们，则觉得财政收入支出，是本省纳税人老百姓的血汗钱，所以能节约的就该节约，能核减的就要核减。但这样一来，谘议局却限制了督抚长期以来形成的财政大权，而督抚向来在本省独断专行，财政上连中央都难以核查，他们怎会把谘议局放在眼里。1911年初，江苏谘议局讨论江苏预算案，颇有核减，两江总督张人骏认为核减过多，拒不照章答复，也不肯公布谘议局议定的预算案。谘议局议员极为气愤，僵持数月，1911年5月3日，议长张謇率全体议员愤而辞职，而张謇本是位温和持重的状元实业家。事情闹到中央，清廷最初支持总督张人骏，但包括资政院在内的社会各界支持江苏谘议局。又争执好几个月，清政府不得已让步，公布谘议局议决的预算案，谘议局议员才宣布复职。

1911 年四川保路风潮，也是在四川谘议局的领导下进行的。原来川汉、粤汉铁路商办已有数年，1911 年 5 月 9 日，清政府突然宣布铁路干路收归国有，但清政府自身并无资金，只能是向各列强借款。川、湘、鄂、粤各省绅民认为借款可能导致列强控制中国铁路，掀起保路运动。尤其是，清政府对川路公司无论已收已用路款，一律不还，只填给空头的铁路股票，因此四川保路最为激烈。6 月中旬，四川成立保路同志会，四川谘议局议长蒲殿俊为会长，谘议局副议长罗纶为副会长。8 月，成都罢市，9 月 7 日，署四川总督赵尔丰先诱捕四川谘议局正副议长及保路同志会首领，又枪杀和平请愿民众 30 余人，激起四川人民武装起义并围攻省城。四川暴动直接推动了武昌起义。

谘议局议员们并不满足在本省与督抚大员们抗争，他们更致力推动立宪尤其是正式国会的召开。

日俄战争以后，民族的危机进一步加深。日本控制了东三省南部，沙俄控制了东三省北部，两个拼命厮杀的强盗反倒勾结起来，防止其他国家染指东北，根本不把中国官厅当回事；西北方面，沙俄加紧在新疆和蒙古地区的渗透；西南方面，英国自印度、缅甸向西藏、云南等地渗透。偌大个中国，就像待宰的羔羊。立宪派认为，只有迅速立宪，召开国会，动员全国人民，加快发展步伐，才能避免被瓜分的命运。1908 年 11 月，光绪皇帝和慈禧太后隔天先后去世，此后三岁小儿溥仪即位，其父载沣摄政，一群少壮亲贵粉墨登场，控制中央政权。立宪派认为，这些少不更事的亲贵求其不腐败贪财已不可得，若要其领导国家走出困境，无异南辕北辙。解决的办法，只有迅速召开国会，由国会产生责任内阁，实际上就是由立宪派领导国家，才会有转机。换句话说，立宪派虽然认可清政府的统治，但必须以清政府让步和开放政权为前提。1910 年，江苏谘议局议长状元实业家张謇召集各省谘议局代表至上海，推举代表，赴京请愿，要求清政府立即召开国会。第一次，清政府断然拒绝。第二次，立宪派人士发动 30 万人签名，并组织十个请愿团体，甚至包括满族代表，还是被清政府拒绝了。第三次请愿，声势更为浩大，各省谘议局成立联合会专门讨论国会等政治问题，资政院也通过“请速开国会议案”，并有 18 位各省将军、督抚联衔上奏清廷要求开国会。清廷迫于压力，宣布宣统五年（1913）召开国会。但不久后清廷成立的所谓“责任内阁”，皇族占绝对多数，不肯开放政权，时称“皇族内阁”，致使大部分立宪派人士彻底失望。武昌起义爆发后，各省谘议局或者支持革命甚至直接策动革命，如著名的活跃分子吴景濂（奉天）、张謇（江苏）、谭延闿（湖南）、汤化龙（湖北）、蒲殿俊（四川）等，其中谭延闿、蒲殿俊等还作了革命阵营的都督（蒲殿俊仅短时间）。谘议局绅士们支持革命的立场加速了清王朝的灭亡。

对于清政府来说，谘议局的试验显然是失败的，清政府期待的集思广益的效用尚未见分晓，它倒是成了持不同政见者——立宪派的合法活动阵地，并且对清王朝的灭亡起了推波助澜的作用。民国以后，各省谘议局多数成了民国的省议会。

原载《北京日报》2013 年 9 月 16 日《理论周刊》

革命再解

革命、改良与革命、晚清革命的起因

本文讨论革命的起因特别是晚清革命的起因。认为现存政权统治衰弱、社会的广泛不满和新思潮的兴起、社会结构的变化是历史上革命发生的基本原因。就革命与改良的关系来说，有时改革会避免革命，但更多的情况是改良引起了革命。19世纪末20世纪初，列强的冲击造成清政府的加速衰落，清政府无力抵抗列强侵略导致广泛的社会不满，从而引起了清王朝的统治危机，而晚清新政引起的社会结构及社会思潮的变革加速了清政府的灭亡。

一、缘起

近20年来，学术界有一种相当流行的见解，就是批评历史上的革命，赞成改革和改良。极端的甚至否定历史上比较激进的改革和改革主张。笔者并不同意上述观点，但必须承认，这一观点促使学术界不少人更深入地、也从更多的角度思考革命问题。而结束中国家族世袭王朝统治的晚清革命，更是人们关注的焦点。作为晚清史的研究者之一，笔者也是如此。就这一点来说，关于革命与改良的争论，对于深化我们对历史尤其是对近代的历史的认识是有益的。下面仅就一般的革命和史学界比较关注的晚清革命，谈一点自己的看法。敬请方家指正。

二、何谓革命?

既然是谈革命，则应将革命的概念作一个简单的梳理。

革命，是中国历史上早有的一个词。《易》传曰:“汤武革命，顺乎天而应乎人。”这里面既有那成功的新统治者自称顺应天命改朝换代的意味，也有正义和适应社会发展变革的成分。尽管孟夫子对这种革命曾加以赞赏，但是，为了自己的一姓帝业传之千世万世，历朝历代统治者对这两个字绝对是讳莫如深。

到了近代，把革命作为行动口号响亮地喊出来并且赋予了新的意义，是辛亥革命时期。其中最激动人心最有煽动力的要数充溢着年轻人特有的激情的邹容的《革命军》。

革命，意味着突发的变动和变革，意味着剧烈的冲突和流血。对于革命这个概念，政治学家和历史学家有着各种各样的界定，不过，至少现今在我们中国人中间，在政治上、在历史学家笔下，革命大体上在这样两个意义上被使用:

第一，用暴力推翻现存的政权或王朝。中国历史上，这样的革命多得很，历代的造反者，从陈胜、吴广、刘邦，张角，黄巢，朱元璋，一直到李自成和近代的洪秀全，都是。这种革命，与《易》上说的顺乎天而应乎人的汤、武革命大致相同。

第二，以暴力改变旧的政治制度(不一定绝对改变社会结构和体制)，同时推翻现政权，建立新的政治制度和新政权。这是政治意义上的革命。马克思说，1648 年的英国革命和 1789 年的法国革命，“宣告了欧洲新社会的政治制度”[①]，便是这种革命。列宁说，革命“就是用暴

① 《资产阶级和反革命》，见《马克思恩格斯选集》第一卷，人民出版社 1972 年版，第 321 页。

力打碎陈旧的政治上层建筑”[①]，也是指的这种革命。这样的革命的范围就小得多。在中国，自秦以后的历史，恐怕只有辛亥革命和中国共产党领导的革命可以称得上是这种意义上的革命。而且，也只有辛亥革命以后，革命一词才有这种新的意义。

应该说，这两种革命是完全不同的。但为了讨论的方便，本文所说的革命，这两种意义都有，当然更多的是第二种意义上的革命。研究第一种革命，我们可以探讨和分析一个现存政权在什么样的情况下会垮台。研究第二种革命，我们可以探讨社会迅速变动和变革的时代革命怎样发生，或者说社会变动和革命有什么样的关系。这对于我们本文下面所要探讨的晚清革命都是有益的。晚清的革命，从暴力来讲，符合第一个条件；从改变政治制度来讲，符合第二个条件，虽然它并不完全成功。近年也有人主张，用和平方式改变旧的制度的事件也可以称作革命，如戊戌变法便是，这种看法有道理，国际上也有不少人从这个角度看革命。但是这毕竟与暴力冲突的革命发生条件、运行方式及结果都很不同，所以本文暂时不从这个角度论述问题。

至于技术革命、科学革命、文学革命等，因为不是政治层面上概念，这里不作讨论。

三、革命的起因

那么，什么情况下会发生革命，在什么情况下革命能够取得成功？这才是笔者要着重探讨的问题，也是与晚清革命最有关系的问题。

---

① 《社会民主党在民主革命中的两种策略》，见《列宁选集》第一卷，人民出版社1972年版，第616页。

在我们现行的历史教科书中几乎千篇一律地写着：在中国封建社会，地主阶级的压迫（经济的政治的）十分（或日益）沉重，人民大众被迫反抗，于是发生了革命。我们不能低估专制压迫下民众的不满情绪和反抗精神，但是反抗的激烈程度与压迫的黑暗程度在很多时候并不成正比，这我们下面还要谈到。所谓哪里有压迫，哪里就有反抗，是一种简单化的概括。

还有一些比较了解历史学或政治学理论的人会说：革命是在旧政权的统治陷入严重危机的情况下发生的，对于上述第二种意义上的革命来说，不但是旧政权遇到了危机，而且旧制度也遇到了危机。但这只是笼统的概括。要知道革命怎样发生，还必须细致分析。

第一，革命必定是在统治者或现政权的力量极为衰弱的时候发生。前面说的两种革命都必须具备这一条件。如果现政权强硬有力，那么即使有人发动了革命，也很难推翻它。政权的强硬有力，取决于很多方面，如王朝和整个统治阶层是否还有向上的朝气，是否过度腐败，统治者内部是否团结，最高统治者个人的能力、意志、威望、权术，以及军队、官员队伍、财政的状况，等等。政权的衰弱，也表现为多个方面，如最高统治者交替，致使政权缺乏核心，造成权力真空；统治者缺乏可靠的武力，这对专制政权尤其重要；统治阶层内部矛盾尖锐，无法动员它的整体力量对付反叛者，甚至统治阶层中有人倒向反叛者或革命者；现政权财政崩溃，等等。秦始皇的统治够残暴，但秦始皇在位时没有爆发革命，因为秦始皇的统治强硬有力，秦始皇个人也是雄才大略，稍有不满和反抗，他便可以用焚书坑儒等办法将其镇压下去。秦二世的时候便爆发了革命并导致秦朝的灭亡，因为统治者的自相火并已使其统治力量大大削弱，而且秦二世或赵高等人的能力、意志也远不及秦始皇。法国路易十四的时候不会发生革命，因为自称“朕即国家”的路易十四的统治强劲有力，而到路易十六的时候才发生革命。过去总以为，革命总是在现政权的统治最坏最残暴的时候发生，“哪里有压迫，哪里就有反抗”，几乎成了人们的口头禅，其实历史的真实情形未必如此。如果压迫严重的同时又是统治者的统治强有力的时候，是难有反抗的；而且压迫到了极端，受压迫者麻木不仁，或根本不知道这是压迫，就根本不会有反抗；另一方面，如果统治者强有力，被压迫者觉得反抗亦无益，多半也不会轻易反抗。

自秦直至清亡的两千年的王朝统治历史上，没有任何一个王朝能逃脱这样一个怪圈：王朝初建时，武力强盛，政治清明，最高统治者精明强干，王朝统治比较稳固；可是随着时间的推移，武力逐渐衰弱，政治愈趋腐败，最高统治者非懦弱无能即昏庸无道，中央政府甚至缺乏稳固的统治核心，于是王朝衰落，发生革命，王朝灭亡。中国历史上改朝换代的革命比哪个国家都多，与中国的君主专制制度有密切的关系[①]。

第二，革命必是在社会广泛不满的情形下发生的，没有这一条，即便是现政权比较脆弱，也不会发生革命，或者发生革命而不会成功。因为如果没有广泛的不满，就不会有较多的人加入到革命的阵营或支持革命。社会的广泛不满有各种各样的情况，有的是因为官场过度腐败，人民无法忍受；有的是因为政府无能，不足以处理国内发生的各种问题或国家所面临的各种各样的外部事件；有的是因为新思想新观念的输入，使旧的政权在道义和伦理上不能立足。这种不满的到来是悄悄地，然后慢慢地却是不断地增长，而一旦发动便如洪水决堤，统治者无法抗拒。太平天国革命的声势很大，军力也极为强盛，但那时士大夫还拥护清朝，还没有真正包含了各个阶层的广泛的不满，太平天国的失败有很多原因，这应该是其中的一条。1895 年兴中会试图趁清政府甲午战败之机发动起义，结果不但起义夭折，反倒招来社会上一片责备甚至谩

① 君主专制政治与革命的频繁发生的关系是值得深入研究的问题，希望将来专文探讨。

骂声。因为此时的清政府虽然战败，但在人们心目中它还是国家的核心，它在人心中的合法性的宫墙还没有倒塌。而 1911 年的武昌起义一爆发，几乎社会各个阶层甚至不少政府官员都希望清廷退位，于是清廷很快就被迫退位。

第三，新思想的产生和发展。这一条本来和第二条有些重合，但对于我们前面说的第二种意义上的革命却是必不可少的。新思想的传播使旧的社会制度不能被认同，如果社会上多数人已认为旧制度不合时宜，而其中相当多的人则迫切要求改变它，那么旧制度就有可能垮台。各国近代所发生的推翻专制王朝的革命大都如此。法国如果没有启蒙运动传播的新思想，那么后来的大革命是很难想象的。换句话说，启蒙运动为大革命奠定了思想基础。清末的思想变革使君主制度被看成是腐败、无能的象征，近代中国被侵略受欺辱大半要由君主制负责，因此清亡之后，无论什么人都无法恢复君主制，不管是袁世凯还是张勋。

第四，有新的社会力量和新的社会阶层产生，这一般发生在社会转型时期，以世界史上中世纪向近代的过渡最为显著。新的社会力量本来是在旧社会的母体中产生的，他们曾经处于附庸的或者次要的地位，但当他们的力量日益强大的时候，他们和旧的政权就逐渐不能相容或和平共处，矛盾尖锐到不可调和的程度的时候，就会发生革命。第二种意义上的革命多半伴随这种情况。西欧国家近代的革命，多半是因为从中世纪产生的市民阶级日益壮大，最初他们尚依庇于专制王朝之下，待到其力量日益强大，便要打破专制政权的束缚，独占政权，或至少在政权中分得一席之地，而专制王朝又大半不愿满足他们的要求，于是便发生了革命。换句话说，在社会转型时期，矛盾冲突最多最尖锐，因而最容易发生革命，也就是第二种意义上的革命，这一点，在后面论到改良与革命的关系时还要再谈。

四、革命与改良

改良（或改革）与革命，是社会政治变革的两种方式。过去说，只有革命才能改变旧的政治制度，现在看来，这种看法不全面，改良也能改变社会政治制度。而要改变比政治体制更深层次的社会结构和体制，恐怕更多的要依赖改良，包括革命后的改良和革命前的改良。特别是，革命与现代化并不完全是一回事，因为革命固然可能促进现代化，而成功的改革同样可以加速现代化。第二次世界大战后东亚四小龙的经济腾飞证明，改良（或不经过激烈的政治革命）也可以达成现代化的目标，也可以完成社会政治制度的变革。改良与革命并不一定相悖，过去总是批评改良只是在传统制度（或旧制度）内修修补补，不从根本上改变它，这是一种误解。革命与改良不是一回事，但在社会制度变革的时代，两者往往是相辅相成的。改良是一种渐进方式，革命是突变方式。但是，革命前如果没有改良，恐怕革命难以发生；革命后没有改良，恐怕革命的成果也不易巩固。

那么，革命与改良究竟有什么关系呢？

第一种是，改良避免了革命。改良以渐进的方式，逐步改变不适应社会进步和发展的政治制度，缓解社会矛盾，同时社会各阶层特别是旧的特权阶层能够作出妥协，从而避免了激烈的冲突和革命。到现今为止，在笔者所知的范围内，改良最成功的当属英国和南非。英国步入近代社会之初也发生过革命，但自 1688 年“光荣革命”之后，就不再有大规模的流血冲突或革命。人常说英国人保守，其实英国人并不是真正的保守，而是不作激烈的变革。他们总是在可能发生激烈的变动之前对政治作出相应的调整，因而也就避免了革命。在南非，为反对违反人道的种族隔离制度，尽管也发生过许多次严重的冲突，但南非人民在曼德拉和德克勒克两位英明的政治家的领导下，终于在 20

世纪的末期，在没有经历大动荡的情况下结束了这一为全世界诟病的制度。

第二种是，改良引起了革命，而且这种情况甚至比前一种还要多，其原因相当复杂。

改良的时候政治比较宽容，新的与现存统治相矛盾相冲突的力量容易在这种宽容的环境下聚集成长，当新势力成长到一定程度时，就会要求或独占政权，或在政权中获得一定的席位而与旧势力分庭抗礼，如果这些要求无法达到，就可能采取极端的方式，即革命。

改良的时候会造成社会的变动，会引发各种各样的矛盾，也会产生各种各样的新思想，掌权者难以驾驭。这就好像杂技艺人走钢丝，熟练的艺人表演的时候，虽然不是完全没有危险，但绝大多数情况下是会成功的。但是一个不熟练的蹩脚的艺人就难说了，左不行，右不行，稍有不慎就会摔落下来。但是改革和杂技又是多么不同。走钢丝的艺人可以事先作无数次的练习，但是改革却不会给统治者以练习的机会，所以它的难度又不能与走钢丝同日而语。而且一旦人们的处境因为改革而有所改善，便会要求更多更大的改善，并且更能体会现实政治的弊端和现存政府的种种缺点，一旦由于某种原因使改革陷于停顿，不满情绪就可能爆发，即发生革命①。

社会政治变动采取革命还是改良，不但与发生变动时的各种社会条件有关，甚至与民族特性有关。在近代世界历史上，法国人激进，屡

---

① 托克维尔指出，大革命之前的法国，已经比过去繁荣，政府也在努力进行改革以促进社会的进步，而革命就是在这种情况下爆发的。“对于一个坏政府来说，最危险的时刻通常就是它开始改革的时刻”，长期以来，人民一直忍受着苦难，人们以为这是不可避免的，“但一旦有人出主意想消除苦难时，它就变得无法忍受了。当时被消除的所有流弊似乎更容易使人觉察到尚有其他流弊存在，于是人们的情绪便更激烈”，革命因此爆发（见《旧制度与大革命》第三编第四章，第二编第一章，商务印书馆 1992 年版）。笔者认为，晚清革命与此非常类似。

屡发生革命；而英国人则在政治上也显示其绅士风度，少见有激烈的政治举动。即从民族独立革命来说，美洲大陆各国多采暴力方式，而印度独立则以“不合作主义”实现，但这并不影响它们对本国历史发展的推动。华盛顿固然备受世人推崇，而圣雄甘地也得到全世界人民的景仰。贬低其中的一个而抬高另外一个，恐怕都是不妥当的。

五、清末革命的起源

那么，备受人们关注的晚清革命是怎样发生的呢？笔者以为：

第一，清末的革命是在现存统治极端衰弱的情况下发生的。

第二，清末的革命是在社会广泛不满的情形下发生的。

第三，清末的革命是在社会上产生了新的阶层和集团的情况下发生的，而这些阶层的产生与清最后十年的新政密切相关。

但是，这一切是怎样发生的呢？也就是这些造成革命的条件是怎样造成的？

前面说过，在中国历史上，几乎每一代王朝初起时都非常兴盛，随着时间的推移，王朝逐渐衰落直至灭亡，这种中国历史上一再出现的循环对清朝也不例外。现在史学界一般认为，清朝的衰落，大体从乾隆后期及嘉庆朝开始，笔者也同意这一说法。不过应该注意的是，这一过程相当缓慢，在度过白莲教叛乱的危机后，道光初的清朝又好似一个四海承平的时代。但是，1840 年以来列强的多次打击，包括两次鸦片战争、中法战争、甲午战争、八国联军侵华等，大大加速了清王朝衰落的速度，如果没有列强的东来，这个王朝也许可以再延续二百年、三百年甚至更长的时间。当然，加速清王朝衰落的，不仅是列强的东来，还有太平天国，而太平天国的发生与列强的东来也有一定的关系。外来的侵略战争加上内乱，致使清朝统治的最后十年呈现这样的场景：中央权力衰微，地方势力坐大；巨额战争赔款导致财政破产；因为战败清政府只好进行军事改革，而大练新军的结果，北洋军掌握在袁世凯手里，南方新军又是革命党活动的大本营，朝廷手中甚至没有一支可靠的军队；统治集团内部无休止的斗争也削弱了它的统治，这一切，都使清政府的统治处在十分危险的境地。正因为如此，武昌起义后革命阵营的军力远逊于太平天国，却能迅速将清王朝推翻。

社会的不满是一个缓慢增长的过程。当咸丰、同治年间，曾国藩、胡林翼、左宗棠、李鸿章率领的湘淮军击败了太平天国和捻军，稳定了清王朝的统治，这件事情说明中国的士大夫阶级已从从前的怀有反满情绪变到完全认同清朝的统治。但是好景不长，仅仅30多年后，不满情绪再次产生。自从第一次鸦片战争以来，中国备受列强的欺辱。要摆脱这种局面，就要学习西方，实行改革，富国强兵，即实现现代化。然而第一次鸦片战争以后，有整整20年的时间，清政府无所作为。20年对于整个人类历史来说，只是一瞬而已，但是，一个人的人生有几个20年？20世纪60年代以后虽然也有洋务新政等措施，但清政府一直没有全盘的现代化的计划和措施。及至甲午战争，中国甚至无力应付从前从未放在眼里的日本的侵略。正因为清政府无力抵御列强的侵略，在士大夫的心目中，它统治的合法性开始丧失。谭嗣同、梁启超一面力图推动清政府变法，另一方面却对它的统治相当不满，这是知识阶层政治倾向变化的先兆。如果清政府能够有效改革提高中国的国际地位，则它可能重新获得士大夫的信任和支持。无奈慈禧太后等保守派在粉碎变法运动后，极端的排外招致八国联军的铁蹄践踏京师的悲剧，这一事件对清王朝的打击是致命的。庚子事件两三年后，社会的不满全面兴起，导致革命的发生。

创巨痛深的庚子一役后，清政府不得不推行改革，即新政。而改革不但引发和加剧了原来潜藏的社会矛盾，而且为清政府造成了自己的对立面——在改革中产生了新的社会阶层和集团，即革命派和立宪派以及政府中的异己分子——北洋派。革命的发生、清政府的垮台，都肇因于这新兴的社会集团。

立宪派主要由旧的绅士转化而来，他们不是现代资产阶级，是新政和预备立宪促成了他们的转化，新兴的商人及新式企业家阶层也与他们结合在一起。他们不信任日益腐败和无能的清政府，尤其是不信任宣统年间控制着中央政权的满族少壮亲贵。同时，他们强烈要求在政权中给他们一席之地（即开国会）。当这种要求得不到满足时，他们倒向革命。

革命派产生于新学堂和留学教育，他们多是20岁上下的年轻人，在新学堂或留学中学到了一定的新知识。他们也不是现代资产阶级，但他们是未来的社会精英，他们将取代由于科举制废除而没落的绅士阶级[①]。列强的严酷压迫，使他们有强烈的危机感。在他们的心中，中国遭受的侵略、压迫和苦难，全是无能的清政府造成的，而这政府又是异族人的，必须打倒这异族的政府，中国才有出路，才能摆脱列强的侵辱。这些年轻人成了革命的主动者。

在清朝存在的最后十年，围绕在袁世凯周围已经形成了相当大的势力，即北洋政治军事集团。北洋派的形成实际上也得力于新政，正是练新军的政策才导致袁世凯军事实力的迅速膨胀，当然这也由于满族亲贵实在缺少人才，没有人能挑起这一重担。北洋势力的膨胀导致其与满族贵族的统治发生了深刻的矛盾，所以在革命爆发后，北洋派最终背叛大清朝，为它的灭亡敲起了丧钟。

晚清的革命，就是以革命派为主导，立宪派响应，最后北洋派背叛清政府造成的。

---

① 关于立宪派和革命派的属性，笔者将另文论述，此处只能概括言之。

这一切仿佛是命中注定，但正如1853年马克思在评论太平天国时就天才地预见的："与外界完全隔离曾是保存旧中国的首要条件，而当这种隔绝状态在英国的努力之下被暴力所打破的时候，接踵而来的必然是解体的过程，正如小心保存在密闭棺木里的木乃伊一接触空气便必然要解体一样。"①

如前面所说，改良可能避免革命，也可能引起革命或加速革命的到来，清末新政就是属于后一种情况。换句话说，是新政引起或加速了革命。

原载《首都师范大学学报》2003年第2期。

① 《中国革命和欧洲革命》，见《马克思恩格斯选集》（第二卷），人民出版社1972年版，第3页。

孙中山与晚清革命党人社会背景的再认识

本文认为，孙中山早期革命（晚清时期）的社会背景（或基础）不是资产阶级，他所领导的革命也不是资产阶级革命。兴中会时期，他所依赖的社会力量是背离了传统社会体制、率先接受西方影响的边缘阶层，其社会基础十分薄弱，所以他的革命活动到处碰壁。1901 年以后，孙中山转向新政中产生的新的追求民族主义目标的知识分子，由于革命得到这一新社会精英阶层的认同，社会基础迅速扩大，终获辛亥革命的成功。

一、是资产阶级吗？

孙中山是伟大的革命先行者。是他率先举起革命大旗，向清王朝的专制皇权挑战。然而，从 1894 年到 1900 年，他的支持者少之又少，他的起义只是昙花一现，甚至未发即败。他自己也处处受人谩骂、嘲笑。用孙中山自己后来的回忆，是“举国舆论莫不目予辈为乱臣贼子、大逆不道，咒诅谩骂之声，不绝于耳；吾人足迹所到，凡认识者，几视为毒蛇猛兽，而莫敢与吾人交游也”①。他是孤独的先行者！然而在进入 20 世纪以后，他的境遇却大为改观，他的革命事业如一日千里般发展，

① 中山大学历史系孙中山研究室编：《孙中山全集》第六卷，中华书局 1984 年版，第 235 页。

终于在1912年使清王朝退位。

为什么会有这样的变化?

就革命的主动力量来说，是因为革命的领导者、参加者发生了巨大的变化——从处在社会边缘的与中国社会联系较少的先行者变为与社会联系较广的新的追求民族主义目标的知识分子。

按照中国大陆史学界传统的主流说法，孙中山及其所领导的革命党，是民族资产阶级的中下层，或民族资产阶级中下层的代表，“资产阶级革命派”是标准的定性描述他们的概念①。

笔者20世纪80年代初开始步入中国近代史学术研究领域时，对此曾深信不疑，甚至试图找出这种说法的更多证据。但是，80年代末90年代初以来，笔者的看法有了很大的改变，尽管这种改变是艰难的、逐渐的。事实上，孙中山及革命党人，根本不是资产阶级或资产阶级的代表，换句话说，资产阶级不是他们的社会基础②。

如果说孙中山与他领导的革命党是民族资产阶级或其中下层的代表，那么必须在孙中山组织兴中会的时候（也正是维新运动发轫的时

---

① 1981年在武昌召开的辛亥革命七十周年国际学术讨论会，便是以辛亥革命时期的中国资产阶级研究为主题，间接即强调孙中山及革命党的资产阶级属性。

② 20世纪80年代以来已有一些学者对资产阶级的阶级结构和政治态度问题提出新的看法，如1983年上海“近代中国资产阶级研究”讨论会上，耿云志先生对革命派代表中下层，立宪派代表上层的说法提出质疑：“这种观点不是在占有大量材料的基础上提出来的，而是适应某种需要，是先验的。”“从现有材料看，辛亥革命时期倾向革命、支持革命的，并非都是中下层。”（杨立强、沈渭滨：《近代中国资产阶级研究讨论会综述》，《历史研究》1983年第6期）郭世佑在提交给纪念辛亥革命八十周年国际学术讨论会的论文认为，革命派不仅是资产阶级中下层的代表，立宪派也不是上层的代表，他们是整个资产阶级的政治代言人。（郭世佑：《辛亥革命阶级基础的再认识》，见《辛亥革命与近代中国》上册，中华书局1994年版）另如应用较广的大学教材《中国近代史》（李侃等著，中华书局1994年第4版）在谈到革命派与改良派的论战时说：“革命派和改良派代表着同一个阶级——资产阶级的利益，是这个阶级在政治上的两翼：左翼……右翼……”（第354页）不分上层和中下层，这与郭说基本相同。但该书谈到同盟会成立时仍说：“同盟会的主要成员，是中小资产阶级及其知识分子。”（第346页）大多学者仍然坚持孙中山与同盟会是资产阶级或资产阶级的代表。

候），中国就有了一个资产阶级。这个阶级已经如此成熟，不仅已经分化出了民族资产阶级和官僚资产阶级，甚至在民族资产阶级之中，又分化出上层和中下层。而这实际是不可能的。因为在甲午战争之时，中国还只有少得可怜的现代经济！它不可能支撑起以这种经济为背景和活动舞台的新阶级[①]。更何况，孙中山和他的兴中会同志们与中国现代经济最发达的上海地区的资本家几乎处于隔绝状态。

那么，进入20世纪以后如何呢？笔者仍然认为，20世纪初，孙中山及其为领袖的同盟会，仍然不是资产阶级，也不是民族资产阶级的代表。诚然，在1905年同盟会成立的时候，上海、武汉、天津、广州、无锡等城市，确实有了一些近代企业和企业家，如果算到1911年，也就是辛亥革命爆发这一年，他们的数量就更可观一些。然而第一，这些资本家们决非革命的主动者和领导者，这只要列举一下革命的主要领导人物和我们现在能够知道的革命党人物就可以清楚；第二，如果说，那些革命者本身虽不是资本家，但他们是资本家们的代表，这种说法放到上述少数现代企业比较发达的地方，尚有探讨的余地，但是在广大的内地，在那些甚至要用放大镜才能找到现代资本家的地方，如云南、贵州、广西、四川、陕西、山西、江西等地，革命党人也相当活跃，上述说法就很难自圆其说。像湖南这样的著名革命领导者很多的地方，现代企业也很少。当时中国的领土有一千多万平方千米，经济发展极不平衡，没有资本家的地方，革命者代表谁？况且，如果孙中山和革命党人只是代表那人数少得可怜的资本家们的利益、要求，而无关全中国人的利益，那么不但这革命是完全没有必要的，甚至其正义性也有很大的问题。因为凡正义性的事业，可以不为大多数人理解，但必须是对

---

① 参见林增平：《中国民族资产阶级形成于何时》，《湖南师范学院学报》1980年第1期；《近代中国资产阶级论略》，见《中华学术论文集》，中华书局1981年版。

多数人有好处。第三，我们再比较一组经济数据。晚清时代的经济统计极不完备，国内生产总值、工矿业及近代交通金融业这些现代经济部分的总产值几乎都无从谈起，但从我们可以见到的若干数字也能看出一些问题。1895 年到 1911 年，整整 16 年中，国人创办的资本超过万元的近代民用企业只有 490 家，总投资额 11131 万元。而 1910 年一年的进出口总额，即达 84400 万海关两（进口 46300 万两，出口 38100 万两）[①]。需要说明的是，上述近代企业还包括了官方拥有和官方控制的企业在内，如果只算私营企业，就更少了。1901 年《辛丑条约》签字，条约规定中国向列强各国的赔款总数为白银 45000 万两，这个数字也远远高于 16 年的总投资额。我们再比较一下财政收支。宣统二年，清政府试办财政预算，经过资政院修正公布的宣统三年预算岁入为 30191 万余两，岁出为29844 万两[②]。16 年的总投资额尚远不及一年的财政收入，远不及一年的出口。当时的预算与实际财政运行状况有相当大的距离，但大体可以说明问题。这些数据说明现代经济只占全国经济的很小部分。将少量的私人拥有的现代经济放到传统的经济体系中，那就只是汪洋大海中的一艘船。要这一艘船的拥有者和操纵者来搅动整个海洋（领导辛亥革命），几乎是不可能的，他们最多是在海洋中航行和趋利避害（见风使舵）而已。

今天看来，中国大陆史学界以往常说的资产阶级，是个极为模糊、笼统而又自相矛盾的概念。当人们谈论资产阶级的来源（惯常的说法为官僚、地主、商人包括买办）的时候，谈论资产阶级的两面性（对帝国主义、封建主义既抗争又妥协）的时候，实际指的是现代企业家；但当人们讨论戊戌变法、辛亥革命这些政治运动或其领导者参加者的时

① 张国辉：《辛亥革命前中国资本主义的发展》，见中南地区辛亥革命史研究会、湖南历史学会编《纪念辛亥革命七十周年青年学术讨论会论文选》，中华书局 1983 年版。

② 参见李文海主编、迟云飞撰：《清史编年》第十二卷，中国人民大学出版社2000 年版，第565 页。

候，所用的资产阶级概念，又极为广泛，不仅包括了现代企业家，而且包括了一定程度接受新观念的士绅、学堂学生和教师、留学生、科技人员、报刊社工作人员、新军军人甚至某些政府官员[①]。这种笼统的说法与经典的马克思主义的解释都不同。翻开马克思主义最权威的经典著作之一《共产党宣言》，在第一章《资产者和无产者》下面，恩格斯加有一段注释："资产阶级是指占有社会生产资料并使用雇佣劳动的现代资本家阶级。"[②] 权威的《中国大百科全书》《经济学》卷对资产阶级的解释是"占有生产资料剥削雇佣劳动者以榨取剩余价值的阶级"[③]；另一部许涤新主编的《政治经济学辞典》写的是"占有生产资料作为资本以榨取雇佣劳动者的剩余价值的资本家阶级"[④]，后两者基本相同，应是来自马克思和恩格斯的论述。显然，以往中国大陆史学界所理解的资产阶级与正式定义相比，太过宽泛，而且一本书中甚至一篇论文中概念前后都不一致。

不仅如此，关于资产阶级结构的划分，更是模糊、随意。我们向来把资产阶级划分为官僚买办资产阶级和民族资产阶级，民族资产阶级又分为上层和中下层。但是，究竟什么叫官僚买办资产阶级？什么叫民族资产阶级？民族资产阶级的上层和中下层是以财产划分还是以社会地位划分？其中有些问题已有学者提出质疑，但大都还为学术界习惯沿袭。对资产阶级按照不同的特点划分，研究其经营、管理、社会活动及其影响，完全是必要的，但如果机械地贴政治标签，则不可取。

---

① 我自己写的硕士论文中，也曾将某些倾向改革的政府官员作为向资产阶级转化的人物。见《端方与清末宪政》，《辛亥革命史丛刊》第九辑，中华书局 1997 年版。又这篇论文发表于 90 年代，但写作是在 80 年代中期。

② 《马克思恩格斯选集》（第一卷），人民出版社 1972 年版，第 250 页。

③ 《中国大百科全书》光盘 1.1 版，中国大百科全书出版社。

④ 许涤新主编：《政治经济学辞典》上册，人民出版社 1981 年版，第 328 页。

限于论文的篇幅和主题，笔者不能对现代经济问题展开更多论述，而较多直接从革命领导者和参加者的出身及社会背景立论。

二、孙中山出生地：边缘地带？前沿地带？

既然讨论的是革命党人的社会背景，我们就先从革命党的领袖孙中山谈起。

众所周知，孙中山1866年出生于广东省香山县（今中山市）翠亨村。翠亨村处于珠江三角洲，离澳门只有30多公里，体力较好的成年人步行一天便可以从翠亨村到达澳门。由于地理位置的关系，珠江三角洲是西方势力和西方影响都率先渗透的地方，同时也是近代中国最先对外开放和感受外来文化影响的地区，也是这里的人率先背离中国传统，倡导学习西方。另一方面，这里与北京距离遥远，又是偏远和清朝统治薄弱的地区，造反和革命者容易在这里滋生和成长。最早的中国留美学生之一，并且是第一个获得美国大学学位的学生容闳，出生地在南屏镇，比翠亨更靠近澳门（今属珠海特区）。太平天国起义领袖洪秀全、冯云山和洪仁玕出自花县，算是珠江三角洲的边缘。洪仁玕还写下《资政新篇》，主张学习西方。以后，维新运动的倡导者康有为是南海人，梁启超是新会人。算是孙中山的老师、被人们称作早期启蒙思想家之一、居住在香港的何启，也是南海人。出身买办商人，后来进入李鸿章等创办的洋务企业工作，也被人们称为早期启蒙思想家的郑观应是香山人。我们注意上述人物的出身背景，会发现除了康有为和梁启超外，他们都没有传统的功名——进士或举人，换句话说，他们没有传统士大夫的地位和经历，当然他们的学识并不低下贫乏，只是他们是从另一个途径获得知识的，他们已经背离或正在背离传统社会。

由以后的叙述我们可以看到，孙中山也正是如此。以色列学者史扶林把他们称之为“边缘集团”[①]，但是换一个角度，笔者更愿意把他们视作前沿人——率先接受外来影响的前沿地带的前沿人。

笔者就已故陈旭麓先生主编的《中国近代史辞典》（上海辞书出版社 1982 年版）所收籍贯在香山、南海、顺德、新会、番禺、花县、佛山、三水几个县的人物（除个别外，出生时间限定在 1800—1890 年）作粗略的统计（不包括孙中山）。该辞典共收这几个县的人物 96 人。其中有进士功名的只有 6 人，占 96 人的 6.25%；而在国外留学成就很高的就有 5 人，他们是容闳、伍廷芳、何启、詹天佑、王宠惠，他们都获得了货真价实的现代教育学位；在海外有学习、经商经历和华侨 39 人，占 40%；参加过晚清革命或太平天国等造反的有 56 人，竟占 58%，仅黄花岗起义牺牲的就有 16 人；相比之下，有过任官（包括军官）经历的只有 18 人，占 19%，而这 18 人中还有如下情形：清新军高级军官许崇智是同盟会员，做过知县的陈景华后来参加革命，侍郎级的伍廷芳和高级军官徐绍桢在武昌起义后站到革命阵营。

上面的粗略统计说明了一个事实：这里不仅是中国传统和现存秩序影响的边缘的和薄弱的地带，是西方影响率先登陆的地方，而且有着最适合造反者和革命者成长的土壤！中国最早的革命先行者在这里诞生绝非偶然！

三、孙中山的求学：西式启蒙

孙中山的早年经历，早已为人们熟悉，似乎已无须多费笔墨。但是，

① 见史扶林：《孙中山与中国革命的起源》，中国社会科学出版社 1981 年版。

为了说明作者的想法，还是需要对他的早年生活和经历作一番描述。

本来孙中山的家庭是比较贫寒的，由于哥哥孙眉在檀香山经营的成功，才使孙中山家的经济状况大为改观。1879年，孙中山到檀香山投奔他的哥哥。[①]他在这里进入英国教会办的意奥兰尼学校学习，这所学校全部用英语教学。1882年毕业后，他又入夏威夷群岛的最高学府奥阿厚书院学习，这是美国教会办的学校。

在到檀香山之前，因为家境并不富裕，孙中山9（周）岁才进村塾读书，时间只有两年，大概只能读到《三字经》、《千字文》之类较简单的入门书。孙中山自己就说："忆吾幼年，从学村塾，仅识之无。不数年得至檀香山，就傅西校，见其教法之善，远胜吾乡。"[②]换句话说，孙中山在少年时代没有接受传统士大夫们都要接受的儒家教育，至少是没有系统接受儒家教育，反倒是较系统地接受西方式的教育。孙中山对西式教育相当着迷，这从他在奥阿厚书院学习不久，就想正式接受洗礼入基督教一事上可以反映出来。

由于哥哥孙眉强烈反对孙中山入教，孙中山于1883年回到中国。但是回到中国的孙中山并没有研习传统学问，而是到香港的学校读书，在当时绝大多数读书人仍在努力研读八股，争取考科举的氛围下，孙中山的做法是耐人寻味的。因为这时他的家庭完全有经济能力让他学习儒家经书和八股文，以便通过科举考试获取功名，可以进入上等人的社会，可以获得一官半职。须知此时包括南海人康有为（比孙中山大八岁）在内的多少读书人都正在这条路上辛勤跋涉。而孙中山的智力是完全有可能走通这条路的。是孙中山自己对科举丝毫不感兴趣吗？

---

① 关于孙中山赴檀香山年代，有不同说法，参见陈锡祺主编：《孙中山年谱长编》，中华书局1991年版，第24页。

② 《在广州岭南学堂的演说》，见中国社会科学院近代史研究所民国史研究室编《孙中山全集》第二卷，中华书局1982年版，第359页。

是兄长孙眉的支持吗？还是孙中山的父亲孙达成——曾在澳门当过鞋匠——的意愿？可能都有。这一点足以说明孙中山周围的人的价值取向。当孙中山 1892 年从西医书院毕业时，他已经 26 岁了。

在相当长的时间里，孙中山的汉文阅读能力甚至不如他的英文阅读能力。直到 1894 年上书李鸿章的时候，他的文章还需要陈少白等人的润色。他最初阅读中国古典文献，需要先读英文的，然后再读中文的。如果说孙中山周围的文化氛围首先影响到他的话，那么早年的孙中山没有接受系统的传统教育这一事实，则对他以后选择反清革命的人生道路进一步发生影响。

1894 年，正是甲午战争爆发那一年，孙中山写了一封约 8 千字的《上李鸿章书》。通览孙中山的上书，思想内容和深度并没有超出一再上书皇帝的康有为，建议的系统性和语言的迫切也不如康有为。本文感兴趣的并不是他的上书本身，而是他上书失败后与康有为完全不同的选择。孙中山绝对不是遇到挫折就退缩的人，从他以后的经历我们应该明白，他反倒是一个屡败屡战、愈挫愈勇的人，那么，是什么使孙中山一次上书不成就走上了革命的道路，而康有为却可以一而再、再而三地上书以求得皇帝的支持？这还要到他们的经历中寻求答案：孙中山少受传统的儒家教育，他不是传统的士大夫，他的头脑中根本就没有传统的那套忠君观念。所以，他不同于康有为，上书不成，他立即开始了另一方面的活动。

从以上两节的探讨，我们可以说，使孙中山走上革命道路的，是他的出身和教育、地域文化背景，而不是他与资产阶级的联系。因为通观孙中山到甲午战争为止的活动，孙中山并没有与企业家打交道的经历，至于国内资本家的团体就更不存在。[①]

---

① 有的学者按照孙中山的回忆将其革命思想的形成放到中法战争时，果真如此，那时更谈不上资产阶级。

四、兴中会：背离传统社会的少数密谋者

1894 年秋，在孙眉的支持下，孙中山在檀香山组织成立兴中会。

1895 年，孙中山与以杨衢云为首的辅仁文社联合成立香港兴中会。

让我们考察一下兴中会骨干的出身和经历背景。

杨衢云（1861—1901）比孙中山大五岁，是兴中会领袖的竞争者。他原籍福建，出生于香港。他在香港的英国人办的学校读书，毕业后在香港担任英语教师、招商局职员、外国洋行职员。从他的经历看，他也像孙中山一样没有受到系统的传统教育①。

郑士良（1863—1901），广东人，比孙中山年纪略大。他与会党有广泛的联系，但是他的求学也是在广州和香港外国人办的学校，曾与孙中山为医校同学，并且也受洗入基督教。

陈少白（1869—1934），广东新会人。在孙中山的朋友圈中，陈少白受的传统教育算是比较多的，所以中文的功底比较好。1888 年他 19 岁的时候，入美国传教士在广州办的格致书院，次年入基督教。1890 年，陈少白结识孙中山，由于孙中山的怂恿，陈少白也入香港西医书院学习。

陆皓东（1868—1895），与孙中山同出生于翠亨村，少年时代即为好友。陆皓东在上海就学于电报学堂，毕业后进入电报局工作。他与孙中山同时受洗为基督徒。孙中山上书李鸿章时，陆皓东随行。

谢缵泰，原籍广东，出生于澳大利亚，在香港政府当职员。他也是基督教徒，毕业于香港皇仁书院。他是辅仁文社成员，杨衢云的挚友。

---

① 史扶林指出，杨衢云对政治的兴趣，是在一种比孙中山更为欧化的背景中成长起来的。杨衢云的反满思想比孙中山还早。见《孙中山与中国革命的起源》第 41 页。

青年时代的孙中山与友人合影，由左至右为：杨鹤龄、孙中山、陈少白、尤列，因常放言抨击清廷，人称“四大寇”。立者为关景良。

邓荫南，大孙中山 20 岁，檀香山华侨富商，离开檀香山回国进行革命活动，并变卖家财充当革命经费。

黄咏商，香港商人，其父即与容闳一同去美国留学的黄胜。

其实，兴中会还有一位幕后的总军师，他就是香港议政局议员、律师何启。何启是广东南海人，在英国学的法律，可以说是一位西方式的绅士，由于与胡礼垣合著有《新政真诠》一书，被现在的历史学家列为早期启蒙思想家之列。

这里列举的兴中会骨干之所以以香港兴中会为主，是因为檀香山兴中会的政治宗旨不够明确。檀香山兴中会的会员，除个别人外，大多数并没有参加后来的革命运动，包括其正副主席刘祥与何宽在内。①

上述这些兴中会骨干，有一些明显的共性：第一，他们与孙中山一样没有受过系统的中国传统教育，他们所拥有的是有关西方的知识和技术。第二，与前者相关，他们没有进士举人甚至秀才的传统功名，因此，他们不但不能被传统士大夫认同，甚至可能会被认为是一群没有文化的人。第三，他们没有显赫的家族和地位。第四，他们大多是孙中山的同乡广东人，或广东的出国华侨。第五，他们大多是基督教徒。由于所受的教育、出身、地域，他们是最容易萌生反抗现存体制思想的一群人。

兴中会的基本群众，是旅居海外的华侨和国内他们能够影响得到的部分会党。有学者根据冯自由《革命逸史》的不完全记载，对 1894 年、1895 年参加兴中会的 178 人的身份背景作了统计，其中商人 96 人，工人 39 人，会党 12 人，自由职业者 9 人，公务员 10 人，农牧等 6 人，

---

① 对于大多数会员来说，檀香山兴中会可能是一个类似甲午战后国内维新派人士创办的宣传改革的团体，而只有少数人知道孙中山的真正意图并支持他的革命。参见林增平：《孙中山民主革命思想的形成》第一部分，《历史研究》1987 年第 1 期。

军人4人，学生2人。而其中79%是华侨[①]。这里需要指出的是，所谓商人，并非近代企业的经营人，在这96个商人中，没有一个是产业资本家，他们大多是小店主，有的不过是我们今天所说的“个体户”而已。[②]武装起义依赖的力量，主要是会党。但会党不是兴中会的社会基础，而是作为一种可利用的对于现存社会秩序的破坏力量。孙中山等人走上革命道路，也决非会党的影响。

显然，兴中会的基本群众与骨干的出身背景非常近似，这些人不是深深扎根于中国社会之中，而是游离于传统社会体制之外。

从以上这些人的出身背景，我们还可以说，1900年以前的兴中会，是个在国内缺乏社会基础的组织，这些背离中国传统的人物只局限在珠江三角洲这样的地区和海外华侨中[③]。康有为的变法固然由于社会基础薄弱而失败，而兴中会革命比康有为变法的社会基础还要薄弱，士大夫们把这一小撮革命者当作洪水猛兽，所以兴中会的革命在1901年以前闹不起来几乎是必然的，甚至不能发动一次像样的起义。孙中山只是孤独的先行者，他真正发动起革命还要等待中国社会的一些变化。如果没有庚子事件对清廷的打击，没有后来的晚清新政对社会的重大影响，孙中山、杨衢云的革命可能就是孤独的绝响。

我们把上海与珠江三角洲作一下比较，就会印证孙中山及兴中会的活动与资产阶级无关。1900年以前，中国为数有限的新兴企业家差不多都集中在上海，与他们联系较多的知识分子也集中在上海和江浙一带。如果说孙中山和兴中会是资产阶级，他们的活动和出身更应该在上海江浙而不是广东。

---

① 章开沅、林增平主编:《辛亥革命史》上册，人民出版社1980年版，第90页。

② 参见冯自由《革命逸史》第四集，中华书局1981年版，第25—45页。

③ 冯自由说，兴中会存在期间，会员总数不满500人。见《革命逸史》第四集第64页。

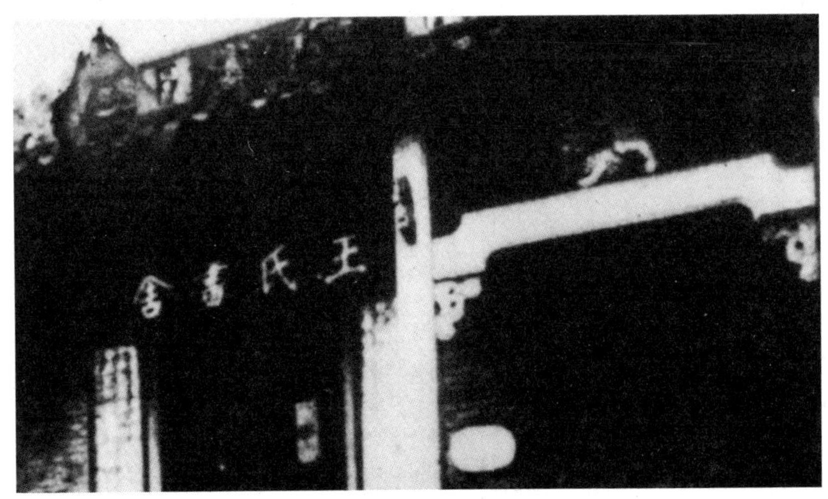

1894年11月，孙中山在檀香山创立兴中会。随后向国内各地发展。图为兴中会广州分会会址“王氏书舍”。

五、新民族主义知识分子的产生

1901 年以后，事情发生了变化。

从这一年开始，清政府开始推行新政。

新政的最重要的内容之一，是推广新式教育。

由于新学堂的设立和留学运动，产生了一个在晚清和民国初极为活跃的社会阶层，他们就是新学堂的学生和留学生，他们的活动给 20 世纪初的中国历史打上了深深的烙印。他们有的曾受过相当不错的传统教育，其中不少人是秀才。进入 20 世纪初，在清政府致力新政、列强的侵略咄咄逼人的形势下，他们猛然抛弃了旧八股学问，而从事新知识的学习。他们受过传统的很大影响，但正在背离传统。就曾受过传统教育，因而深深扎根于中国社会这一点，他们与孙中山、杨衢云等兴中会骨干形成了鲜明的对照。

这批新知识分子有什么特点呢？他们的思想核心和奋斗目标是民族主义。这民族主义是双重的：反对帝国主义侵略，希望中国摆脱落后和受欺辱的地位，进而反对以至试图推翻清朝的统治①。在他们的心目中，推翻了清王朝，由汉族人来领导国家，中国就可以转弱为强。其中一部分人认为，建立共和制国家是中国的唯一选择。

1903—1905 年，是新知识分子思想转变的关键三年。而其转变的关键又是影响深远的拒俄运动。中心人物是在日本的留学生和上海的新学堂里的教师、学生。

---

① 应该承认，新知识分子中，也有不少人不反对清王朝，他们参加到立宪派的行列，有些人甚至到清政府中任职。但是不能否认，他们的主流是民族主义，即反帝反满的双重民族主义。又，反对帝国主义和反满（也即反对现存统治）的关系，是尚未充分研究的问题。我认为，反满相当大程度来自反帝。也可以说，反帝强国是所有新知识分子的强烈愿望，而反满则是其中的大部分人的追求。

1903年，留日学生已有1242名；1904年有2557名[①]。他们大多是20岁上下的年轻人。人数虽然不多，却是中国最活跃的一群。年轻人活跃、敏感、容易激动、容易接受新思想和新观念，他们掌握的新知识在中国社会的各种人群中是最多的。就在这几年，他们发生了急剧的变化。

众所周知，1900年，沙皇俄国趁八国联军进军北京之机占领了我国东北的大城市和铁路干线，按照后来中俄签订的条约，俄军应分期撤出东北。但到1903年第二期撤军时，俄国不但不撤军，反倒提出七项无理要求，企图永远霸占中国东北。消息传开，以留日学生、上海教育界人士及学生为主，掀起拒俄运动。留日学生组织了拒俄义勇队，稍后改名学生军，进行军事训练，准备回国参军，与沙俄决一死战。不久学生军又改名军国民教育会。由于清廷压迫这些学生，说他们名为拒俄，实则革命，愤怒的留学生日益倾向革命。在上海，情况也与此类似。这说明排满风潮的兴起与反抗列强的斗争有密切的关系。在这以前，学生们大多是梁启超的信徒，这以后，倾向革命的越来越多。

就在这一年，邹容的《革命军》，陈天华的《猛回头》、《警世钟》相继出版。这三部宣传品有力地推动了革命。

我们以湖南出身的黄兴、陈天华、宋教仁，浙江出身的蔡元培、章太炎和广东出身的汪精卫、胡汉民为例来分析这些倾向革命的新知识分子骨干人物的特点。

黄兴，湖南善化（今长沙）人，秀才，善诗词。1898年入武昌湖广总督张之洞办的新式学校两湖书院读书。1902年为张之洞选派赴日留学。他在日本参加了拒俄运动，并作为军国民教育会的运动员于1903年回国。他很快组织了一批志同道合的同志，成立了华兴会。华兴会骨干除黄兴外，还有章士钊、刘揆一、宋教仁、胡瑛、周震鳞、秦

---

① 董守义:《清代留学运动史》，辽宁人民出版社1985年版，第196—197页。

毓鋆、陈天华、杨毓麟、刘道一等，他们主要是湖南人，经历与黄兴非常相近。

陈天华，湖南新化人。自幼家贫，但他天性爱好读书，民间少有艰涩的儒家经典，所以他读过许多民间话本弹词之类。1902 年赴日留学。拒俄运动中撰《猛回头》、《警世钟》。他的文笔通俗流畅，贩夫走卒之流皆可读懂，而又充满激情，所以影响特别大。

宋教仁，湖南桃源人，生于书香之家，秀才。1903 年入张之洞在武昌创办的文普通中学堂学习。黄兴自日本归国，在武昌宣传革命，教仁与之结识，遂相约投身反清革命。宋教仁攻边疆史地有心得，后又曾研究王阳明心学，再加上秀才的资格，说明他的传统学问有相当的功底。

章太炎，1869 年 1 月生于浙江余杭，书香门第。太炎少从外祖父及父亲读书，治文字音韵学。23 岁拜名儒俞樾为师，受业七年。以后成长为学术大家，堪称国学大师。同盟会中，论传统学问之精深，当以太炎为首。

蔡元培，浙江山阴（今绍兴）人。自幼饱读诗书，1892 年成进士。甲午战败后倾向维新，尤服谭嗣同。变法失败后，蔡立志投身教育事业。1902 年与友人创办爱国女学、中国教育会，复创办爱国学社。光复会成立，蔡为会长。而进士竟为革命党领袖，蔡元培实为第一人。

汪精卫，1883 年生于广东三水。自幼熟读经史，曾当过塾师。1904 年考取官费留日学生，就读东京大学学法政。

胡汉民，广东番禺人。少有才气，1902 年中举，次年赴日留学，其间一度归国任梧州中学教习。1904 年，与汪精卫、朱执信等再赴日，入日本法政大学速成科。

综合上述诸人，有这样的特点：第一，他们大多受过良好的传统教育，先学中学，后学西学。第二，比起兴中会领导人，他们与社会各阶层有更广泛的联系。第三，他们不限于珠江三角洲这样的传统文化

黄兴

章太炎

蔡元培

汪精卫

和地域的边缘地区（或接受西方影响的前沿地区），而是来自全国各地。

1901 年以后加入革命阵营的革命青年（章太炎和蔡元培年纪较大），是在庚子以后沉重的外患特别是庚子事变的刺激和新政这双重背景下成长起来的。新民族主义知识分子由新教育而产生，是新政造就的新人。他们是新的社会精英——即将取代传统绅士阶级的新的社会精英。他们反对帝国主义同时反满，其中部分人接受共和主义，但反帝反满也就是民族主义始终是他们的最主要特征。他们反帝不同于义和团，故称新民族主义。他们的成长，代表了中国民族主义兴起的一个阶段[①]，他们是中国人民族意识兴起的载体。他们成了革命的主动者。在国外，他们主要集结在日本；在国内，他们主要集结在新学堂和新军。比较之下，新成长起来的知识分子与兴中会成员有着明显的不同特点。除了人数较多之外，他们与中国社会的联系明显得多。他们不是兴中会骨干那种生活在中国社会边缘的人，而是深深扎根于中国社会之中，与这个社会同呼吸。因此，当他们加入革命阵营之后，才能动员社会成员投身或同情革命。

新民族主义知识分子们不是资产阶级，与实业家们也没有多少联系。把黄兴、陈天华、宋教仁、胡汉民、汪精卫、邹容、杨毓麟等活跃的新知识分子与上海有影响的资本家祝大椿、朱志尧、虞洽卿、严信厚、孙多森、王一亭、朱葆三、徐润、曾铸、沈缦云等相比，两者缺少共同点[②]。

新知识分子走上革命道路，不全是思想意识的原因。他们的反满，与他们自身的处境、利益有一定关系。但不是与资产阶级的共同利益的关系。他们具备了社会精英的学识和能力，但他们大多没有绅士的

---

① 笔者以为，从整个近代中国看，中国人的民族意识，甲午战争以前还处于低级的或萌生的阶段，维新变法和辛亥革命时期是兴起阶段，北伐及大革命时代为成长阶段，抗日战争时期为高涨阶段。

② 沈缦云、王一亭在辛亥革命前夕加入同盟会并有所作为，但很难代表这整个阶层的动向。

资格，不能进入上流社会，就这一点来说，他们与兴中会骨干有一定的共同点。由于科举制的废除，政府也已不能通过给他们一个可能的仕宦前途的办法笼络他们或使他们为政府所用[①]。另一方面，晚清最后十年新教育和留学极为迅速发展，但整个经济文化特别是现代经济部分的发展却没有给他们提供那么多合适的工作和谋生的岗位。这一切，使新知识阶层很容易变成反现存体制的力量。

我们再提上海。显然，1903 年以后，上海同日本一样，成了革命者的大本营。这是因为，上海是新学堂及新民族主义知识分子的聚集之地。上海当然也是新兴实业家集中的地方，而且上海商会也领导了 1905 年的抵制美货运动，但如前所说，显然新兴实业家与新知识分子有着非常大的差别，实业家们愿意抵制帝国主义的侵略，但大都不愿意反满，不希望社会动荡，不想看到革命的发生，至少在 1910 年以前也就是国会请愿失败以前是这样。他们的政治信念，更接近立宪派。换句话说，国内革命活动的中心从广东转移到上海，除了租界提供的可以逃避清政府的迫害（香港也可以）的客观条件外，主要因为上海是新知识分子的聚集之地。

六、孙中山转向新知识分子与同盟会的成立

1903 年以前，日益活跃的留日学界对孙中山缺乏了解。清政府为丑化孙中山，将他的名字孙文写成“孙汶”，让人看起来像个江洋大盗。由于孙中山联络的多为会党这些下层的社会边缘类的人物，有些留学生觉得孙中山非常神秘，甚至以为孙中山不识字。反过来，孙中山也认

---

① 学部、商部等新机构成立后，有部分新知识人进入这些部任职。

为读书人不足与谋大事，所谓秀才造反，三年不成。

这种情况在1903年前后发生了比较大的变化。1902年，一直热心支持孙中山革命的日本友人宫崎寅藏写了回忆录性的书《三十三年之梦》，书中不少地方写了孙中山的革命事迹。1903年，华兴会骨干章士钊将其中写孙中山的部分译为汉语印行（取名《孙逸仙》），章太炎为之题词。章士钊在序中说，孙中山是“近今谈革命者之初祖，实行革命者之北辰”，“谈兴中国者，不可脱离孙逸仙三字”。秦力山在书序中说：“四年前，吾人意中之孙文，不过广州湾之一海贼也，而岂知……彼独以一人图祖国之光复，担人种之竞争，且欲发现人权公理于东洋专制世界，得非天诱其衷、天锡之勇者乎！”[①]这部小册子在倾向革命的学生中产生了巨大影响，孙中山的威望大大提高。除了这本书外，在日本的程家柽、冯自由（兴中会员）以及日本人宫崎寅藏等也常向革命学生介绍孙中山的情况。

1903年到1904年，革命团体华兴会、光复会、科学补习所相继成立。这些革命团体聚集了一批有威望的能干的青年人，而青年知识人倾向革命的日益增多，组织大的革命团体或政党的条件渐趋成熟。但是，他们需要一个领袖，资格老、威望高、对西方有较多了解的领袖，孙中山就是这样的领袖。

与此同时，孙中山也开始了组织大的革命党的活动，并且逐渐改变了学生不足与谋大事的观念，转而积极联络学生。1905年初，孙中山到比利时，与在比利时留学的倾向革命的学生史青、魏宸组、朱和中等见面并商议革命方略。据说双方争论了三天三夜，孙中山同意以后大力向留学界做工作，让留学生做革命的领导[②]。

---

① 中国史学会编：《中国近代史资料丛刊·辛亥革命（一）》，上海人民出版社1981年版，第90—91页。

② 朱和中：《欧洲同盟会纪实》，见《辛亥革命回忆录》（六），文史资料出版社1981年版，第6页。

1904 年徐锡麟与龚宝铨等光复会成员在日本合影。前排左起：陶成章、陈魏、徐锡麟；后排左起：龚宝铨、陈志军。

1905年，孙中山再到日本，立即着手组织大的革命党，于是同盟会很快成立，孙中山与新知识分子终于结合。

同盟会就是新民族主义知识分子的政党，而不是资产阶级的党。有学者根据现今留下来的1905、1906两年同盟会员名册，指出同盟会成立之初，留学生和一般学生占会员90%以上[①]。那么同盟会的主要干部呢？根据冯自由所记，同盟会初期主要干部，几乎百分之百是学生。[②]如果说同盟会是资产阶级政党，如何想象没有一个资本家参加的组织却能代表这个阶级？那就如同没有工人参加的工会一样不可想象。同盟会的纲领也不是资产阶级的，反满的民族主义随着社会矛盾的加剧而得到大多数国人——包括许多社会阶层的支持，而不只是资产阶级的要求；民权主义只能得到部分人的认同，而还没有真正形成的资产阶级对此似乎不感兴趣，他们要的是权威主义而不是自由主义和民主；带有社会主义色彩的民生主义则既不符合资产阶级的利益，更没有得到资产阶级的支持，资产阶级要的是秩序，希望的是给他们发展现代企业最大的空间，而不是对他们可能的限制。

同盟会骨干甚至普通会员的社会背景与兴中会明显不同。除了孙中山成为众望所归的革命领袖外，原来与孙中山共事的兴中会的密谋者在同盟会中大多已退居次要地位，而内地出身的新政中成长起来的新知识分子充当了同盟会主要领导人。这决不仅是因为他们的才干超过了原来兴中会的骨干，更重要的是因为他们的出身背景更能得到广大的新知识分子和中国社会的认同。

从现有记载看，孙中山的改变，即从原来只在华侨和会党中进行革

---

① 章开沅、林增平主编《辛亥革命史》中册第63页。名册参见《革命文献》第二辑，台湾国民党党史会编纂、出版。

② 《革命逸史》第二集第139—142页。冯自由所记并不完备，如宋教仁代理过执行部庶务，冯氏就未记载。

命工作，转向注目和联合国内新知识分子——也就是新民族主义知识分子，在更广的范围聚集了革命力量，成了革命事业的一大转折。这正如孙中山自己所说：“自革命同盟会成立之后，予之希望为之开一新纪元。盖前此虽身当百难之冲，为举世所非笑唾骂，一败再败，而犹冒险猛进者，仍未敢望革命排满事业能及吾身而成者也；其所以百折不回者，不过欲有以振既死之人心，昭苏将尽之国魂，期有继我而起者成之而。及乙巳之秋，集合全国之英俊而成立革命同盟会于东京之日，吾始信革命大业可及身而成矣。”① 换句话说，孙中山主要是得到新知识分子的强有力的支持而不是新兴实业家们的支持，才成就了推翻清王朝的革命大业。事实上，不仅在辛亥革命时期，包括在孙中山以后的政治生涯中，他从未得到过资产阶级的有效支持。反过来，一个从未得到资产阶级有效支持的政治家，也很难说他是资产阶级或资产阶级的代表。

晚清产生的新知识分子也有很多的弱点。与兴中会阶段的革命领导者相比，他们的人数的确要多得多，与中国社会的联系也的确要广泛深厚得多，然而他们的力量仍然不足以领导全社会，他们的目标只有一个反满能够得到整个社会的赞同，只有在反满运动上他们才能做到广泛的社会动员，其他目标则很难得到广泛的支持。不仅如此，这些新知识分子，也就是未来的社会精英，他们本身的政治信仰还不够确定不够成熟。一旦反满的目标完成，甚至他们自己都发生很难调和的分歧：有的人信奉共和主义；有的人却更愿意在共和的名义下实行某种形式的独裁主义，民国初年，强有力政府论曾盛极一时，原因就在于此。

原载《史学月刊》2003 年第 12 期。

① 《孙中山全集》第六卷，第 237 页。

黄兴与民初政局

——以对袁世凯的关系为中心

在国民党的正统历史学中，涉及民国初年史事时，黄兴常被指责为“右倾”。1949 年以后，这种说法仍然非常普遍。今天探讨左倾右倾已无意义，但探讨革命党主要领导人在民初复杂政治局势中的动向，还是有意义的，因为这与民国初年及以后中国的政治走向密切相关。本文拟以黄兴为主展开论述，并与另两位同盟会主要领导人孙中山、宋教仁进行比较。时间断限为：1912 年 4 月至 1913 年 3 月。

一

1912 年 4 月 1 日，孙中山辞去临时大总统职，不久参议院也迁到北京，一个并不属于革命党的袁世凯当了民国临时大总统。怎样应付这种新的局面？革命党的领导人孙中山、黄兴、宋教仁等，并没有成熟的想法，他们也没有在一起认真商榷过对策。而袁世凯的目标倒是明确的：逐步扩大个人权力，攫取革命果实，推行专制独裁。

在让位的过程中，孙中山、黄兴、宋教仁都是矛盾和犹豫的，他们希望利用袁世凯推翻清廷，但对袁是否忠于共和，他们又有所怀疑。孙、黄坚持定都南京，宋教仁坚持责任内阁，都包含有限制袁世凯权力和改造袁系集团的目的。辞职之后，孙中山对局势的估计既乐观又悲观。乐观时他认为民族、民权两个目标已经达到，目前主要的问题是致力于民

1912 年 4 月，孙中山宣布解除中华民国临时大总统之职，让位于袁世凯。图为孙中山宣布解职后，原临时政府成员欢送孙中山时的合影。前排左起：胡汉民、唐绍仪、孙中山、黄兴。

生主义的实现。悲观时他觉得政治如一团乱麻，无所措手足。因此，他主张干脆让权袁氏，自己专力从事实业，争取民生主义的实现。[①] 孙中山让权袁氏的想法和他对共和政体的设想是一致的。孙中山一直认为，共和国的总统应有较大的权力。在他看来，如果袁世凯忠于共和，那么，由他自己还是袁世凯担任总统都是一样的。但是另一方面，从巩固共和的角度出发，他又支持宋教仁改组同盟会为国民党的活动。

在对共和体制的设计上，宋教仁与孙中山大不相同，宋一直是责任内阁制的鼓吹者，主张总统不负实际责任。南京临时政府结束之后，宋教仁也到了北京，他一面坚决主张责任内阁制，一面积极活动，准备联合其他小党，把同盟会改组为国民党，企图以扩大了的党势来限制袁世凯的独裁。

对袁世凯的评价，黄兴似介于孙和宋之间。1912 年 4 月到 9 月，黄兴与袁世凯方面曾多次发生冲突。临时政府北迁后，黄兴担任南京留守。留守府保存了一定的革命军事力量，但财政极为困难，士兵有时只能以稀粥充饥。黄兴时刻担心部队哗变，他多次向北京方面告急，但袁世凯借口财政困难，常常置之不理，而袁自己的军队却能够丰衣足食。即使如此，北京的袁系和立宪派的报纸还经常攻击黄兴拥兵自重，黄兴的愤懑心情是可想而知的。也许正是因为留守府的财政困难，黄兴比较关心北京政府的财政问题。第一届内阁刚刚建立，就开始了借款活动。在交涉中，英、美、法、德、日、俄六国银行团以监督中国财政为借款条件。此时倾向于同盟会的国务总理唐绍仪认为借债条件不应损害国家主权，他见银行团提出的条件过于苛刻，就拒绝并转向比利时华比银行借款 100 万磅。此举触怒了银行团，驻京外交团也提出

① 《致宋教仁函》，见中国社会科学院近代史研究所中华民国史研究室等编《孙中山全集》第二卷，中华书局 1982 年版，第 404 页。

抗议。袁世凯命唐绍仪向银行团道歉，被唐拒绝。袁世凯只知讨好列强而不顾主权损失的做法，遭到一些同盟会员的反对。1912 年 4 月 29 日，黄兴通电主张劝募国民捐，以减少外债，抵制外人的要挟。但袁世凯并不理睬黄兴的呼吁，反而改派倾向于立宪派的财政总长熊希龄与银行团交涉，而自己在背后主持。同时又在经济上给黄兴制造困难，迫使黄兴迅速裁减军队。5 月中旬，熊希龄与六国银行团签订了垫款银 300 万两的合同，其中有由银行团核计员监督垫款用途，由海关税务司监督军饷和遣散军队费用等条款。因损失主权太多，黄兴通电坚决反对，其中有“二十年来，海内各志士赴汤蹈火，粉身碎骨所辛苦缔造之民国，竟一旦断送于区区三百万之垫款。吾辈一息尚存，心犹未死，誓不承认”[①]之语。后来黄兴又提出成立国民银行以救危急，还是没有被采纳，而南京留守府的财政却越来越困难。黄兴只好提前撤销留守所，袁世凯假意挽留一番后批准，6 月 14 日，黄兴正式通电解职。

由于这些事件，增加了黄兴对袁世凯的恶感，也加深了他对民国前途的忧虑。黄兴辞留守职后对俄国外交官的谈话是深有含义的。他说：“从革命成功之日起，在共和派里面，就是说在政府、军队和行政机关的现有成员当中，混进了异己者，甚至是新制度的敌对分子。我个人认为，可能当我感觉到革命组织者内部不够统一和团结时，这个问题就存在了。这些人以为是时候了，可以慢慢地、小心地把国家机器转向，使我们走回头路，打着共和国的旗号恢复旧制度，照旧专横地、不受监督地任用某些人，照样卖国。起初仿佛出乎意外地振作起来的中国整个国家生活，在最近两个月内就悄悄地偃旗息鼓了。”[②]

下面一段话更加明确：

---

① 湖南省社会科学院编：《黄兴集》，中华书局 1981 年版，第 197 页。

② 《黄兴集》第 235—236 页。

当国内普遍地看到旧制度已穷途末路，少数清兵不管怎样挣扎已无法阻挡事物的自然趋势之时，清朝的大臣们就接二连三地转向共和国一边来了。他们纷纷背弃自己的政府。这类大臣的大多数都是行将就木的人了。我认为，他们只有一个想法，那就是不要断了自己的生财之道。一些比较薄情寡义的人，打算勉强顺从新制度，把自己衙门上的“大清”这两个字抹掉，照旧当官；而另一些死心塌地和沽名钓誉的人，则希望凭借他们的统治经验，在不久的将来把新潮流扭回到旧轨道。[①]

上引两段话是在 1912 年夏天说的，代表了黄兴对当时局势的见解，可以看出他的头脑是非常清醒的。

在国内公开场合，黄兴也表达了这种看法：“今日虽已推倒满清政府，而障碍之物尚多”；“中华民国成立已半年，而一切未能就绪。”[②] 黄兴忧虑的是，整个中国在共和国的招牌下向旧制度倒退，他对袁世凯进行过抵制和斗争，但并没有什么有力的措施。

1912 年 8 月 15 日，袁世凯与黎元洪合谋秘密杀害武昌首义领导人之一的张振武和他的部下方维，使黄兴、同盟会与袁世凯的冲突达到高潮。黄兴得到事件消息后极为愤慨，8 月 18 日，即案发后第三天，黄兴通电袁世凯质问。8 月 20 日，黄兴再次通电质问。他指出，即使“在前清专制时，汪精卫谋炸摄政一案，讯供确凿，尚能出于详审，仅予监禁”，“今不经裁判，竟将创造共和有功之人立予枪毙，人权国法，破坏俱尽。”[③] 本来黄兴是准备与孙中山一起到北京的，张案发生后，同盟会员竞相劝阻，结果孙中山单独于 8 月 24 日抵京，黄兴则留在南方。

---

① 《黄兴集》第 236—237 页。

② 《黄兴集》第 237、239 页。

③ 《黄兴集》第 249—250 页。

然而，袁世凯党羽却造出黄兴与张振武同谋二次革命的谣言，还说黄兴因此不敢进京。黄兴非常气愤，致电袁世凯要求彻底查办，于右任、胡瑛等人也通电要求“彻查研究，以杜群小肆恶之渐，借免国本倾覆之危”①。在这种情况下，直到黄兴赴京途经天津时，他还说：“共和二字乃理想中的空名词，如欲达成真共和，尚须人民之实力。”②

1912 年 4 月到 9 月这段时间，在同盟会三个主要领导人中，孙中山较为信任袁世凯，宋教仁对袁的恶感最甚，而黄兴与袁系集团的直接冲突最多。黄兴的想法介于孙、宋之间，而与宋教仁更为接近。同盟会的政治策略没有确定，在袁系集团的进攻面前显得软弱无力。

二

1912 年 8 月、9 月孙中山、黄兴与袁世凯的会见，对于黄兴与袁世凯的关系来说，是一个重大转折。张振武案发后，黄兴本来还是坚持同孙中山一起入京，但为同志劝阻，同时孙中山也主张黄兴暂留南方，于是黄兴没有赴京。孙中山到京后，很快就打电报给黄兴：

> 到京以后，项城接谈两次……以弟所见，项城实陷于可悲之境遇，绝无可疑之余地……千万先来此一行。③

于是黄兴决心成行，他和陈其美等人于 9 月 11 日抵北京，孙、黄到京的时候，袁世凯都布置了极为隆重的欢迎仪式。在与孙、黄的交

---

① 《黄兴集》第 252 页。

② 《民立报》1912 年 9 月 11 日。

③ 《孙中山全集》第二卷第 450 页。

谈中，袁故作姿态，表现得极为诚恳、谦恭，对孙、黄的建议几乎是言听计从。黄兴入京刚三天，袁世凯就说：“中山高明，克强笃实，一见可知，且均和蔼可亲，宜其为天下所倾服。”[①]袁世凯的“诚恳”甚至到了如此地步：“昨日（9月30日）袁总统寿辰，各国务员及他重要人物登门祝嘏，袁总统一概谢绝，至十二时犹与黄克强谈要政。即其家属男女老幼等环绕庭外，拟效老莱斑衣之舞，终……不获一见颜色……故此次寿辰，一若行所无事。”[②]

袁世凯甚至宣称：等到正式国会召集，选出新总统，“我可以退为国民，效法中山之兴办实业，富裕民国”[③]。袁世凯一番装模作样的“推诚相待”，使心地光明磊落的孙中山和诚厚笃实的黄兴落入了轻信的陷阱。孙中山明确宣布，自己不受第二次总统之职，并认为“嗣后国民党同志，当以全力赞助政府及袁总统”，“袁总统才大，予极盼其为总统十年”。[④]黄兴在初次见袁世凯之后就对人说：“袁公确是英杰，民国第一流人物。”当国民党的新闻记者访问他的时候，他又说：“袁公的是英杰，民国可靠人。今共和虽成，基础未固，望新闻界注意维持。遇有不法，随时纠正，方为妥善。万不宜心存成见。取过激之攻击态度。”[⑤]自孙、黄与袁会见后，国民党与袁世凯的冲突暂时停止。在黄兴的调节下，延搁很久的内阁问题也顺利解决。

黄兴到北京的时候，国民党刚刚成立。对宋教仁组织国民党，黄兴全力支持。他认为中国的政党太多，反而不能发挥作用，要“追踪法、美以收共和之美果，不可不造成伟大政党，俾对于国家政治力加研

① 《民立报》1912年9月14日《北京电报》。

② 《民立报》1912年10月2日《北京电报》。

③ 《民立报》1912年10月6日《北京电报》。

④ 《孙中山全集》第二卷第485、411页。

⑤ 《民立报》1912年9月14日《北京电报》。

究，以得稳健之主张，发表于国民之前，使全国人心有所趋响，而后得多数国民同情，政治进行可免障碍，国家之发达亦于此基之矣”[①]。在北京，孙中山、黄兴、宋教仁对于国民党的近期目标取得了一致意见，即争取议会选举的胜利和实现政党内阁。但是，对国民党的作用，黄兴和宋教仁的理解并不完全相同。宋教仁组织国民党，除了符合他早已有之的政党政治理想外，一个重要目的就是要结成大党以抵制袁世凯。黄兴自到北京会晤袁世凯后，就对之采取维护的态度。他在北京劝说国务员加入国民党，甚至劝袁世凯也来做国民党的领袖，说是如此政府方有后援，政局才能安定。袁世凯虽未加入，但他的亲信，当时的国务总理赵秉钧以及其他一些国务员却参加了，故人讥之为“内阁政党”。当然，黄兴虽然老实忠厚，却并未糊涂到认袁世凯、赵秉钧为革命同志的地步。黄兴的出发点有两个：一是想用国民党来改造北洋派，以达到巩固民国的目的；第二个，也是更重要的，是当时中国面临严重的外患，黄兴乃力求团结一致，共同对外。当时英国阴谋策划西藏“独立”，并唆使达赖逃往印度。更为严重的是蒙古问题，沙俄趁中国发生革命之机策动一些蒙古王公成立所谓“大蒙古国”。1912 年 11 月，沙俄竟与外蒙当局私自签订《俄蒙协约》，使外蒙实际上成为沙俄的殖民地。黄兴在京时，正值外蒙吃紧，他曾提出“征蒙四策”，并表示愿意担任征蒙总司令。他认为只有稳固的、强有力的政府，才能应付外部危机，而“欲组织强有力之政府。必须强有力之政党，然后足彰政府诚信，巩固国基，隐消外患。本党唯一宗旨，愿在扶助政府。然使政府与政党不相联属，扶助之责容有未尽——此次各国务员加入本党，实为维持民国前途起见”[②]。10 月 18 日，黄兴又在《民立报》上发表了

① 《黄兴集》第 288 页。

② 《黄兴集》第 278 页。

致北京国民党本部的公开信，主张乘沙俄内部局势不稳之际出兵外蒙，并主张“吾国此时亦当以一切党见之精神岁月移以对外，切不可迁延违误。”[①] 黄兴的做法得到了孙中山的赞同，孙还说：“嗣后国民党同志，当以全力赞助政府及袁总统，袁总统即赞成吾党党纲及主义，则吾党愈当出全力赞助之也。”[②] 黄兴进京，可以说是满腹狐疑而去，高高兴兴而回。然而，在表面上调和一致的背后，隐藏着可能发生的更为严重的冲突。因为在根本上，国民党要民主，袁世凯要独裁，两者无法调和。不过，直到宋教仁被刺以前，无论在公开的或私下的场合，黄兴对袁世凯都是推崇备至的[③]。这时候，黄兴真正感到宽心了。袁世凯是一个可靠的人物，革命事业终于完成了。他想象，几十年后，中国也会像日本一样，成为世界强国之一。自己可以像华盛顿一样，功成身退了。因此，在回乡的路上，他吟出了“卅九年知四十非，大风歌好不如归。惊人事业随流水，爱我园林想落晖”的诗句。

这时，只有以《民权报》为阵地的戴天仇等人绝不信任袁世凯，但他们的地位不足以影响大局。宋教仁对袁世凯仍然不信任，他到处演说抨击袁世凯政府，同时以扩大了的国民党与袁对抗。宋教仁因此深遭袁忌而被暗杀。

另一方面，黄兴支持袁世凯也不是无条件的，前提是袁必须遵守民主共和原则。在 1912 年至 1913 年初关于宪法问题的争论时，就反映了这种情况。1912 年 11 月，袁世凯在谈到蒙古问题时，说是交涉的失败是因为大总统不负实际责任，此后“不当为防制一人制定宪法……不当思为防制一人防制政府而为制定宪法宗旨。故制定宪法必须取消防

① 《黄兴集》第 285—286 页。

② 《孙中山全集》第二卷第 485 页。

③ 《黄兴集》第 282、290 页。

御主义”[①]袁世凯的用意，实际是指责临时约法规定的责任内阁制。随着1912年底1913年初国会选举的明朗化，围绕宪法问题的斗争也尖锐起来。1912年12月，梁启超在《庸言》上发表文章，声称国会不适于起草宪法。于是江苏都督程德全通电主张由各省都督各选二人，成立所谓宪法起草委员会，起草宪法后提交国会。他的意见得到不少都督的赞同。袁世凯大为高兴，宣布成立宪法起草委员会。因为国民党将在国会选举中获胜，所以，由国会起草宪法、将会起草一个民主的、限制总统权力的宪法；而由所谓宪法起草委员会起草，将是一个有利于总统独裁的宪法草案，并借重各省都督之力强加给国会。因此，国民党坚决反对这一非法行为，《民立报》、《民权报》等纷纷著论驳斥，各省推荐的起草员也多辞不就职，以致宪法起草员不能开会。宋教仁曾多次公开讲宪法问题："国会初开第一件事，则为宪法。宪法者，共和政体之保障也。使制定宪法时为外力所干涉，或为居心叵测者将他说变更共和精义，以造成不良宪法，则共和政府不能成立。"[②]又说："宪法问题，当然属于国会自订，毋庸纷扰。"[③]黄兴与宋教仁的立场一致。1913年1月，黄兴在国民党上海交通部的欢迎会上就说："现今最重大者，乃民国宪法问题。盖此后吾民国于事实上将演出何种政体，将来政治上之影响良恶如何，全视乎民国宪法如何始能断定。故民国宪法一问题，吾党万不能不出全力以研究之，务期以良好宪法，树立民国之根本。"[④]读了王宠惠的新作《宪法刍议》后，他写信给王宠惠："尊著《宪法刍议》虽未窥全豹，其绪论中'宪法非因一人而定，乃因一国而定，非因一时而定，乃因永久而定'，最为不刊之论。弟久欲撮斯议通电全

---

① 《民立报》1912年11月22日《蒙警汇报》。

② 陈旭麓主编:《宋教仁集》，中华书局1981年版，第460—467页。

③ 《宋教仁集》第460—467页。

④ 《黄兴集》第309—310页。

国，使人人皆明公义，不敢自私，所谓宪法研究会（按：系由宪法起草委员会变相而来）之手段及各省都督之主张，可一扫而空之。”①

综上所述，从1912年4月南京临时政府结束到次年3月这一年时间里，黄兴的心态和对袁策略有过重大转折。1912年9月之前，黄兴对共和的前途充满了忧虑，与袁世凯集团发生过多次冲突，与孙中山相比，黄兴对袁世凯有着更多的警惕和不信任感。可是自与袁世凯会见后，黄兴心头的那些疑虑有如烟消云散，与孙中山一样，他也转而对袁世凯持维护和调和态度，尽管这维护是以民主原则为前提的。这种状况一直到宋教仁被刺才彻底改变。不容否认。这种状况有利于袁世凯按他的既定方针推行专制独裁。

等到宋案发生，孙、黄认清了袁世凯的真面目，情况发生了根本性的转折，即由和平斗争转变为武装对抗，本文就不准备论述了。

原载林增平、杨慎之主编《黄兴研究》，湖南师范大学出版社1990年版。

① 《黄兴集》第309—310页。

孙中山与宋教仁关系论析

1913年3月，宋教仁被刺去世，孙中山写下挽联“作民权保障，谁非后死者；为宪法流血，公真第一人！”[①]这可以说是孙中山对宋教仁的盖棺定论。然而，在艰难困苦的革命斗争中，他们并非总是亲密无间，在真诚合作的同时，也会伴随令人苦恼的分歧、误解和矛盾。在同盟会中，原华兴会的重要成员都是它的骨干，而且，正如日本侦探的描述，“自黄兴离日后，宋教仁就是在日本的清国革命党员的首脑，负责一切事务”，“宋是在日本的革命党的中心”[②]。日本人的说法可能略有夸张，但说宋教仁是非常重要的革命党人则没有错。后来的史学家谈论晚清革命党的领导人时，常用“孙黄章宋”或“孙黄宋章”来描述。影响很大的章开沅、林增平先生主编的《辛亥革命史》称“以宋教仁为代表的多数资产阶级革命派”[③]。所以，考察宋教仁与孙中山的关系，并分析他们思想以及革命策略的异同，对于我们进一步理解20世纪初中国革命家的群体及其思想（当然也包括宋教仁的思想），了解当时革命的态势，是很有意思的。

---

① 宋教仁追悼会照片，见徐血儿《宋渔父》前编卷首，上海民立报馆1913年印行，台湾文海出版社影印本。

② 《关于宋教仁》，日本外交史料馆外务省档案，明治四十四年一月十日（1911年1月10日）。按日本政府经常派侦探了解中国重要革命党人的情况。

③ 章开沅、林增平主编:《辛亥革命史》中册，人民出版社1980年版，第80页。

1913 年 3 月 25 日，孙中山自日本回上海，当晚与陈其美、居正、戴季陶等会集黄兴寓所，商讨解决宋教仁被杀案的策略。图为孙中山与黄兴、陈其美、居正、戴季陶等在黄兴寓所合影。

一、反清革命：合作与分歧

1904年，华兴会起义未发而败，华兴会骨干之一宋教仁于这年年底流亡到了日本，性格活跃、组织能力强的宋教仁很快创办起新杂志《二十世纪之支那》，并试图继续进行革命工作。此时经过拒俄运动，留日学生倾向革命者日益增多，这是很适合宋教仁等革命者的土壤，善于交际的宋教仁很快认识了一批志同道合的青年人，但是，他还太年轻，刚到日本的他资望还比较浅，除了办《二十世纪之支那》进行宣传外，宋教仁还没有能够大力进行其他方面的革命活动。就湖南出身的革命家来说，成为革命青年核心的是诚厚笃实的黄兴。正在这时候，1905年7月19日，经程家柽介绍，宋教仁结识了热心赞助中国革命的日本人宫崎寅藏。热情豪爽的宫崎极力推崇孙中山“志趣清洁，心地光明，现今东西洋殆无其人焉”。这也许是宋教仁第一次听到的比较详细的关于孙中山的介绍和评价。就在这一天，孙中山由欧洲风尘仆仆来到日本，经宫崎寅藏介绍，孙中山和黄兴进行了具有重大历史意义的会见。紧接着，7月28日，经程家柽和宫崎寅藏介绍，在《二十世纪之支那》社，宋教仁第一次见到了孙中山。孙中山毕竟是一位遍历东西洋，有着十年反清经历的革命家，他的见解高出宋教仁和其他人，宋教仁在日记里记述：“逸仙乃纵谈现今大势及革命方法，大概不外联络人才一义，言中国现在不必忧各国之瓜分，但忧自己之内讧。此一省欲起事，彼一省亦欲起事，不相联络，各自号召，终必成秦末二十余国之争，元末朱、陈、张、明之乱，此时各国乘而干涉之，则中国必亡无疑矣。故现今之主义，总以互相联络为要。”[①]

第二天，华兴会骨干在黄兴寓所商议成立大的革命团体问题，意见

---

① 刘晴波、刘泱泱等点校：《宋教仁日记》，湖南人民出版社1980年版，第90页。

华兴会部分骨干在日本合影，前排左一黄兴，左三胡瑛，左四宋教仁；后排左一章士钊，左四刘揆一。

颇不一致，陈天华主张加入革命团体，刘揆一则主张“不入孙会”[①]，黄兴主张“形式上入孙逸仙会，而精神上仍存吾团体”，宋教仁似没有明确表示意见，而说“既有入会、不入会者之别，则当研究将来入会者与不入会者之关系如何”，最后以“个人自由”而罢[②]。会后华兴会主要骨干大都加入了同盟会。

就像旋风般迅速，孙中山7月19日到日本，仅仅10天，7月30日，同盟会宣告成立，8月20日召开正式成立大会。这中间，8月13日，在东京的中国留学生举行了欢迎孙中山的大会，宋教仁主持会议，并发表了热情洋溢的欢迎词。同盟会成立后，宋教仁等创办的《二十世纪之支那》也移交给同盟会作为机关报，即后来《民报》的来源。黄兴等已是革命学生的中心，宋教仁也有了相当的影响，孙中山之所以能成为同盟会的总理，华兴会领导人的拥戴起了决定性的作用。这一年，孙中山39岁，黄兴31岁，宋教仁23岁。

以兴中会、华兴会成员为中心的同盟会的成立，给日益高涨的革命运动带来了新的活力，“从此革命风潮一日千丈，其进步之速，有出人意表者矣”，孙中山开始相信，推翻清朝的革命大业可以及身而成[③]。

与孙中山的结识，也给黄兴、宋教仁等华兴会领导人以巨大影响。在同盟会成立以前，无论是以湖南人为主的华兴会，还是以浙江人为主的光复会，都缺乏明确的政治纲领；准确地说，是反清明确，民主共和不明确[④]。同盟会成立以后，革命志士们就在推翻清朝、建立民主共和

① 同盟会成立时，刘揆一没有加入，但后来萍浏醴起义其弟刘道一死难，刘揆一加入同盟会并曾任庶务部干事。

② 《宋教仁日记》第91页。

③ 《建国方略·有志竟成》，见中山大学历史系孙中山研究室编《孙中山全集》第六卷，中华书局1985年版，第237页。

④ 光复会誓词：“光复汉族，还我河山，以身许国，功成身退。”华兴会则只在策划起义时提出：“驱除鞑虏，复兴中华。”

国的统一目标下联合起来了。前此宋教仁虽然接触过一些民主、共和、自由的名词，但接受同盟会“驱除鞑虏，恢复中华，创立民国，平均地权”纲领，应是他确立共和民主信仰的标志。同盟会刚刚成立，宋教仁写了一篇《清太后之宪政谈》[①]，在这篇文章中，宋教仁已经开始用民主政治的观念分析宪政问题，如“立宪国民，其义务必平等”、“立宪国民，其权利必平等，其最普通者，则人人有被选举之权利是也”，等等。这篇文章的写作恰好是在同盟会正式成立大会后的第二天（1905 年 8 月 22 日），与孙中山的影响不无关系。就在 8 月 13 日宋教仁主持的欢迎孙中山的大会上，孙中山发表了颇富鼓动性的演说，在这篇演说中，孙中山曾以修铁路用最新式的机车还是用最初发明的机车，来比喻民主共和和君主立宪，呼吁不要君主立宪，直接实行共和。[②]

同盟会成立初期，宋教仁与孙中山的关系是融洽的。孙中山每到日本，两人必作长谈，这由宋教仁的日记可以证实。宫崎寅藏欲发行他撰写的《孙逸仙传》，也由宋教仁花费大量时间为之增润修饰。

然而，孙中山不大注意同盟会的组织建设，他的精力主要用在筹款准备武装起义上，对东京同盟会本部的事务很少过问，在日本的革命党人多是自行奋斗，经费和组织活动都有困难，时间长了，未免会有怨言。比如 1906 年 6 月，同盟会骨干数人因为“现今状态甚危，人才与财政尤为困难，欲邀集会中有常识者开一特别会议，研究善后办法，可办则办之，否则亦宜有以善其终”[③]。此时距同盟会成立不过一年而已。其后孙毓筠、康宝忠、董修武、杨笃生、黄复生、宋教仁六人集议，议定以后同盟会有事，此六人商议。[④]1906 年 8 月，四川会党领袖佘英来，

① 陈旭麓主编:《宋教仁集》，中华书局 1981 年版，第 16—18 页。

② 广东省社会科学院历史研究室等合编:《孙中山全集》第一卷，中华书局 1981 年版，第 180 页。

③ 《宋教仁日记》第 191—192 页，1906 年 6 月 12 日。

④ 《宋教仁日记》第 193 页，1906 年 6 月 14 日。

即由此数人议定接待办法。当时在日本的与孙中山较为亲近的胡汉民并未参与其事。[①]

1907年2月，由于孙中山、黄兴关于国旗问题的争执，孙、宋之间的隔阂发生了。

1907年2月，在讨论将来建成的新国家的国旗样式时，孙中山坚持用1895年兴中会广州起义时牺牲的陆皓东所设计的青天白日旗，黄兴不同意，认为太接近日本的国旗，并主张采用意味着平均地权的井字旗。这本是可以从容商量的事，然而两人都激动起来，孙中山声色俱厉："仆在南洋，托命于是旗者数万人，欲毁之，先摈仆可也。"[②]黄兴则发誓要退出同盟会。当黄兴把此事的经过告诉宋教仁后，引起了宋的一系列联想，"余则细思庆午不快之原因，其远者当另有一种不可推测之恶感情渐积于心，以致借是而发"，宋认为原因是孙中山"素日不能开诚布公，虚心坦怀以待人，做事近于专横跋扈，有令人难堪处故也。今既如是，则两者感情万难调和，且无益耳，遂不劝止之"，甚至想到"不如另外早自为计"。[③]第二天，宋教仁找到孙中山，固执地辞去了同盟会庶务干事职。

事后，忠厚的黄兴为了革命大局，听从了孙中山的意见，并且在以后的军事行动中采用了孙中山坚持的旗帜，同盟会避免了分裂。然而，蒙在宋教仁心头的阴影却一直没有消除。

一波未平，一波又起。1907初，日本政府应清政府的要求，驱逐孙中山出境，临行前日本政府向孙中山赠款5000元，日本商人铃木九五郎则赠款10000元。孙中山以2000元作为《民报》经费，余悉作为起义经费。章太炎等人认为给《民报》的钱太少，极其不满，甚至

---

① 《宋教仁日记》第206—207页，1906年8月2日。

② 《太炎先生自定年谱》，见汤志钧编《章太炎年谱长编》，中华书局1977年版，第240页。

③ 《宋教仁日记》第342—343页。

取下《民报》社的孙中山照片。写上“出卖《民报》之孙文，应即撕去”，寄给同盟会香港分会。紧接着，为了孙中山派萱野长知和宫崎寅藏购买一批旧式枪支，章太炎、张继等人要求改选总理，发起倒孙风潮，宋教仁支持章、张。在这次事件中，双方都意气用事。由于当时任同盟会庶务干事的刘揆一和黄兴顾全大局，同盟会避免了分裂。

由于内部连连发生风潮，孙中山不再过问东京同盟会本部事务，同盟会遂日形涣散。1908 年 11 月，清帝及西太后接连去世，对于这样一个发动革命的有利时机，同盟会没有能力采取行动。侦探中国革命党人情况的日本警察甚至有这样的记录，宋教仁“倡言像孙中山那样的野心家做首领，中国革命要达到目的，无论如何也是不可能的”[①]。

在这种情况下，孙中山有了另起炉灶的想法。至 1910 年 2 月，孙中山在旧金山组织同盟会分会时，改会名为“中华革命党”，改同盟会十六字纲领为“废灭鞑虏清朝，创立中华民国，实行民生主义”[②]，表现出分离倾向。与此同时，对孙中山成见很深的章太炎、陶成章也重新打起了光复会的旗号。

在东京的同盟会领导人也曾为重振同盟会作过努力。1910 年 6 月孙中山秘密到日本，宋教仁主动找孙中山商量改良党务，孙中山负气地说：“同盟会已取消矣，有力者尽可独树一帜。”宋教仁问故，孙中山答：“党员攻击总理，无总理安有同盟会？经费由我筹集，党员无过问之权，何得执以抨击？”谈话不欢而散。次日，谭人凤又与宋教仁一起见孙中山，谭批评孙说：“同盟会由全国志士结合组织，何得一人言取消？总理无处罚党员之规条；陶成章所持理由，东京亦无人附和，何得怪党人？款项即系直接运动，然用公家名义筹来，有所开销，应使全体

① 《清国革命党人的其他谈话》，日本外务省档案，1908 年11 月23 日。迟云飞译文载《国外中国近代史研究》第 16 辑。

② 冯自由：《革命逸史》第三集，中华书局 1981 年版，第 204 页。

与知，何云不得过问？”如果谭人凤所记属实，他的批评是中肯的，因此，孙中山答应召集各分会长讨论。[①] 但是，由于日本政府不准孙中山在日停留，孙中山只好匆匆离去，一次弥合孙中山与在日本的同盟会其他领导人的矛盾的机会失去了。

这时，由于同盟会在边境的多次起义均遭失败，关于起义地点的分歧突出起来。于是宋教仁和谭人凤召集各省同盟会负责人举行会议，宋教仁分析形势，提出了著名的“革命三策”：在边地进行为下策；在长江流域进行为中策；在首都和地方进行为上策。大家赞成集中注意力于长江流域。为了筹措款项，宋教仁于1910年底离日本回上海[②]，随后成为于右任主持的《民立报》的撰稿人。

毕竟革命党人的目标是一致的。所以，当1911年春同盟会再次组织武装起义的时候，应黄兴电召，宋教仁放下《民立报》的工作，赴香港参加起义。另一方面，曾激烈攻击孙中山的光复会的李燮和也参加了起义。我们看到，以黄花岗起义为契机，同盟会内部矛盾得到了缓和。

1911年4月，黄花岗起义失败，在两广地区再次举行起义的条件暂不具备，而内地革命党人则跃跃欲试。于是在宋教仁、陈其美、谭人凤等的主持下，1911年7月31日，同盟会中部总会正式成立于上海。

值得提出的有两个问题：其一，1910年原在东京讨论的是中部同盟会，它与同盟会南方支部是相对应的。而到1911年7月底正式成立时则定名“同盟会中部总会”，“总会”二字之增，反映出宋教仁等虽不想像光复会那样脱离同盟会另立组织，但其与孙中山另组中华革命党一样，也有某种程度的分离倾向。其二，革命首先在武昌爆发，率先响应的是

---

① 谭人凤：《石叟牌词》，甘肃人民出版社1983年版，第65页。

② 关于宋教仁从日本回上海的时间和活动，日本外务省档案有相当详细的记载。

湖南、陕西，说明宋教仁等人关于中部革命的主张是正确的。而自同盟会中部总会成立后，同盟会的主体事实上已转移到上海。但是，同盟会中部总会与各省革命党人之间，并没有严密的领导和被领导的关系，更多的是联络和指导的关系。这一事实在革命爆发后一再被证实。

引起宋、孙之间分歧的原因很多：其一是地域观念。我们的国家地域广大，人口众多，不仅有历史遗传下来的几十个民族，而且即使在汉族人民聚居的各省之间，语言、风俗习惯、自然环境、社会发展程度，也存在着相当大的差异。这种情况，反映到人们的思想意识和社会心理中，则带来了浓厚的地方主义和地域观念。生活在今天的中国人，仍然可以察觉到地方主义和地域观念的巨大影响，一百年前的中国人，这种倾向比起今天来要严重得多。当中国留学生在东京大量增加的时候，竞相建立的是各省同乡会，办起来的杂志，也多以省命名或带有地方色彩。更为人们熟知的是，最早建立的革命小团体，大多以省为基础，兴中会以广东人为骨干，华兴会以湖南人为中心，光复会以浙江人为中坚，科学补习所则活动限于湖北骨干也为两湖人士。同盟会成立后，这种地域观念并没有消失。孙中山最信任的，是广东人胡汉民、汪精卫、朱执信；与宋教仁关系最密切的，是湖南人黄兴、陈天华、谭人凤；而与章太炎一起另树光复会旗帜的，是浙江人陶成章，这些都是地方主义的表现，它妨碍了同盟会的团结。其二是对起义地点的不同看法，其实这也与地域观念有关，这里不再赘述。其三是意气用事。从个人性格和禀赋来说，黄兴忠厚坦诚，即使在最委屈的时候也能与孙中山密切合作，但宋教仁在遇到分歧和矛盾的时候，则有时会意气用事；而且，宋教仁性格中多少有些恃才傲物。另一方面，作为同盟会总理的孙中山，也有不能忽视的弱点：满足于边地起义和军事冒险，正如谭人凤所指出的："其谋举事也，始终局限于广州一隅，而未尝统筹全局”[①]；同样有地域观念；过分重视外援；行事专断等等。其四，孙中山和宋教仁的出身背景以及各自代表的社会阶层也不同。孙中山是海外华侨和国内通商口岸觉醒起来的华人阶层的代表，宋教仁、陈天华等人则是20世纪初在新政和民族危机的双重背景下成长起来的新民族主义知识分子。这导致双方的思维方式、行为方式都有不同。

这里还要指出的是，引起宋教仁和孙中山分歧的主要原因不是思想的差异。在宋教仁短促的生命旅程中，除了起义地点和革命方略规定的革命程序外，宋教仁对孙中山的三民主义主张从未表示过不满，而孙中山也没有对宋教仁的思想和主张提出过指责。而且即使对孙中山的不满比之孙中山有过之而无不及的章太炎，也没有针对孙中山的三民主义主张提出过批评。

中国历史上的造反者的结合，或靠宗教，可谓是信仰，如太平天国；或靠个人关系，如刘邦、朱元璋的起义（当然也有政治观念，如朱元璋推翻元朝统治，但其结合以个人关系为主）。只靠政治信念，由许多甚至原来完全互不相识的人士组成一个全国联盟，同盟会即使不算是中国历史上的第一，至少以往这种情况并不多。在这样的情况下，革命者联合了，却又有不少矛盾，是很正常的。中国没有西方的契约传统：只要选出的领袖大家都会倾力支持，否则重选领袖，大家支持新的领袖。这样的传统中国没有。所以，革命志士们虽然结成了同盟会，但内部还是免不了按个人的情谊构成亲疏远近的关系。

虽然同盟会革命者们不乏牺牲精神，但同盟会不同于后来苏俄的共产党和中国共产党，甚至不同于1924年以后的中国国民党。同盟会没有严密的组织系统，各级组织负责人的任免也很随意，更没有严格的纪律约束。所以，从这一角度，其内部的分歧和矛盾是可以理解的、正常的。

---

① 《石叟牌词》第65页。

二、思想比较：同中之异

辛亥革命的革命者中，擅长宣传的邹容、陈天华都过早死去；黄兴是实干家，他在思想理论方面的表述不多；章太炎、宋教仁的思想具有特色，尤其宋教仁，有较大的代表性[①]。所以，比较宋教仁与孙中山思想的异同，是很有意思的。

孙中山和宋教仁的大目标是相同的：反清、争共和、民生主义，也就是三民主义，但也有一定的差异。

民族主义

众所周知，孙中山生于香山，受教育却是在檀香山和香港，年轻的时代，他没有系统受过传统的儒家教育，得到的是西方思想的熏陶。因此，孙中山自幼就不受传统忠君观念的束缚，也正因为如此，甲午战争结束之际，思想上远不如康有为成熟的孙中山，却能树起康有为想都不敢想的反清旗帜。孙中山走上革命道路，固然有民族危机的刺激，但更重要的是与欧洲先进国家相比，孙中山强烈地感受和意识到中国政治的腐败。

宋教仁、黄兴、陈天华等出身内地的革命者与孙中山的经历大不相同。宋等早年受过系统的传统教育，是帝国主义的侵略、民族的危机才促使他们从宁静的书斋里走出来，他们本身正是在与列强的抗争中成长起来的，因此笔者称之为新民族主义知识分子。他们对列强的侵略极为敏感。陈天华的《猛回头》、《警世钟》可谓写出了这些人的心声。在《二十世纪之支那》第一期上，宋教仁就写了《黑龙江尚添设

---

① 章开沅先生指出，宋教仁是同盟会主流派的代表，见章开沅《论同盟会的性质及其内部分歧》，《历史研究》1978 年第 2 期。

民官耶》、《中立国之防务仅如斯而已乎》、《西方第二之满洲问题》等，都强烈地表达了反对列强侵略的倾向。这个杂志的第二期，因为刊登《日本政客之经营中国谈》，抨击日本的侵华政策，被日本政府没收。后来，宋在生活极端困苦的情况下，还不惜花费巨大的精力撰写《间岛问题》。特别值得重视的，是宋教仁对日本军国主义的揭露："其有假同洲同种之谊，怀吞噬中原之心，日日伺吾隙，窥吾间，以数数谋我者，此则真为东亚祸源唯一之主原因。吾中国既往将来之大敌国，吾人不可不知之，且不可不记忆之也。所云为何？则日本是已。"所以，如果说宋教仁、陈天华等人是民族主义者的话，那么，他们在本质上是反对帝国主义列强侵略的民族主义。

反过来，孙中山似没有宋教仁、陈天华等那样对列强欺辱的强烈的感受。在辛亥革命时期，孙中山没有表现出强烈的反帝倾向。在这一阶段对民族主义的解释中，孙中山从未讲到过反对帝国主义的内容，而且孙中山比起其他人来更希望得到外国的援助。《二十世纪之支那》由同盟会接收、改名《民报》并由胡汉民负责编辑后，其反帝倾向也为之一变。《民报》第三号揭示的《民报之六大主义》中就有两条：主张中国、日本两国之国民的联合；要求世界列国赞成中国革新之事业。这是孙中山影响的结果。孙中山的做法不是偶然的，这可能是因为他代表的社会力量与列强联系太多。孙中山在晚年才转向反帝的民族主义。

总之，对于宋教仁与陈天华等内地出身的革命者来说，更重要的是反对列强侵略的民族主义，其次或者说由第一个民族主义引出的，才是反满的民族主义。甚至可以说，反对帝国主义的民族主义是宋教仁、陈天华等为代表的新知识群体的本质特征。

民权主义

孙中山和宋教仁都是共和主义的忠实信仰者，在他们的思想中，这是共同点最多的一个方面。如前所述，笔者以为，宋教仁确立共和信仰的过程中，孙中山曾起过一定的影响，换句话说，同盟会的成立，是宋教仁确立共和信念的重要标志。而这一思想的进一步丰富，则来自宋教仁以后的研究和阅读。根据宋教仁的日记，宋教仁接连翻译了日本、英国、奥地利、匈牙利、美国、法国、普鲁士、等国的宪法、官制等书籍，他还翻译了《比较财政学》这一长篇财政著作，这些著作会提供关于政治、财政制度的知识。同时，清廷的立宪、国内声势非常大的国会请愿运动也引起了宋教仁的关注。因此，到 1911 年辛亥革命爆发的前夕，宋教仁已经形成了政党政治的成熟想法，为演出民国初年那场失败的政治悲剧作好了理论的准备，也形成了与孙中山不同的民主宪政模式和不同的实施步骤的想法。

孙中山主张美国式的总统制，强调最高领导人的权力，并在革命后实行军政、训政、宪政三个步骤，在相当长的时间内集中军政权力，带有以专制行民主的味道。宋教仁则主张英国式的内阁制（当然国家元首是非世袭非终身的总统），限制总统的权力，实行两党制，两党轮流执政。宋教仁并主张革命后马上进入民主宪政，放弃同盟会《革命方略》中军政、训政两步，以防像日本那样造成对革命有功的武人专权局面。

有意思的是，长期身居日本的宋教仁批评日本的政治模式是半专制，希望实行比较原汁原味的西方式政治，尤其是英国式政治（国王变成非终身的总统）。而自幼接受西方式教育，遍历东西洋的孙中山，却已对欧美体制不甚满意，他力图创造一个比欧美更合理、更完善的理想制度，即五权宪法和革命程序。

因为有这种见解的不同，武昌起义以后，1911 年年底，在讨论如何组织革命政府时，宋教仁与孙中山发生了争论。孙中山主张实行总统制，宋教仁坚持实行责任内阁制。胡汉民回忆孙中山的理由是："内阁制乃平时不使元首当政治之冲，故以总理对国会负责，断非此非常时代所宜。吾人不能对于惟一置信推举之人，而复设防制之法度。余亦不肯徇诸人之意见，自居于神圣赘疣，以误革命之大计。”[①]当时甚至还有人怀疑宋教仁是自己想当总理。但显然这场争论的关键是要一个权力较大的总统还是权力较小的总统，在宋教仁看来，无论是将来让给袁世凯当总统，还是现在推举孙中山当总统，为了防止专制独裁的发生，都要限制总统的权力。而孙中山的想法，让袁世凯当总统，确实担心其实行专制独裁，所以应该实行内阁制；但如果革命党人当总统，则不必限制其权力，应该实行总统制，或者说，在孙中山看来，有一段革命者的“独裁”是可以的或者是必要的。这就是这场争论的关键所在。

民生主义

因为宋教仁写过《社会主义商榷》，不赞成实行无政府主义和共产主义，并在《中国同盟会中部总会章程》中把同盟会纲领中的民生主义删掉，因而人们曾认为宋教仁是“二民主义”者，包括陈旭麓先生编《宋教仁集》时仍未改变这一看法。现在看来，宋教仁是赞成民生主义的。笔者认为，比较辛亥革命时期孙中山的民生主义，宋教仁要更宽泛的注重国家社会政策。在《二百年来之俄患篇》中，宋教仁说：“吾尝谓我国将来之土地政策宜亟师社会主义之意，禁豪强兼并，设增价税，以保护多数国民之利益，使一国经济平均发达。”[②]这与孙中山的解释并无二致。但宋教仁在《国民党宣言》中说：“采用民生政策，将以实行国家社会主义，保育国民生计，以国家权力，使一国经济之发达均衡而迅速也。”[③]尔后在长沙演说谈到国民党党纲时他又说：“民生主义，

---

① 《胡汉民回忆录》，中国社会科学院近代史研究所近代史资料编辑组编《近代史资料》1981年第2期，中国社会科学出版社1981年版，第55页。

② 《宋教仁集》第179页。

③ 《宋教仁集》第749—750页。

囊者他党多讥为劫富济贫，此大误也。夫民生主义，在欲使贫者亦富，如能行之，即国家社会政策，不使富者愈富，贫者愈贫，致有劳动家与资本家之冲突也。”[①]

所谓“国家社会主义”与“国家社会政策”应是一回事，他解释道：“国家社会主义，即所谓社会改良主义，亦名讲坛社会主义，谓现今国家及社会之组织不可破坏，宜假国家权力，以救济社会之不平均，改良社会之恶点。”[②] 可见宋教仁的民生主义是以国家权力促进经济发展，不使贫富过分悬殊，类似社会党的主张，不只是平均地权。

三、民国初年：为民主而斗争

民国成立，宋教仁年当而立，渐趋成熟，宋、孙关系也作了调整。自临时政府成立直至宋教仁被刺，两人关系较好，配合也较为默契。

武昌起义爆发后，清廷抬出袁世凯来企图镇压革命，袁世凯却趁机夺取政权。怎样对待袁世凯，就成为革命阵营的大问题。过去人们普遍认为，宋教仁、黄兴主张与袁世凯妥协，孙中山则坚持斗争。事实上，不存在早就看透袁世凯的先知，在让位的问题上，孙、黄、宋并没有重大差别。

宋教仁对袁世凯的印象本不佳。当武汉苦战，袁世凯试探议和时，宋教仁在给李燮和的信中说：“□氏号召私党，扶翼满族，阳假议和之名，阴为添兵之计。其人（袁世凯）本不学无术，其品更恶劣可鄙。”[③] 对南北议和，宋教仁也曾表示怀疑，1911 年 12 月，在给朋友的信中说：

① 《宋教仁集》第 447 页。

② 《宋教仁集》第 288 页。

③ 《宋教仁集》第 368 页。

“东南光复，军书旁午，不久组织政府于南京，与北军议和……然巢穴未破，终属障碍，今云议和，岂得已乎？”[①]但是，自武昌起义到南北议和告成，他并没有公开反对袁世凯。在任欢迎员与迎袁专使蔡元培等一同到京促袁世凯南下就职时，北方军队忽发兵变。宋教仁认为，兵变是袁世凯指使的，因此他在给朋友的信中说：“目下至京，忽逢大难，此中隐情，定是手段。”[②]但在公开场合，他却对记者说：“此次专使到北京，袁总统竭诚招待，至袁对于南京政府毫无私见。”[③]

孙中山如何呢？武昌起义爆发之际，孙中山远在海外，当他决定回国之际，曾致电《民立报》：“今闻已有上海议会之组织，欣慰。总统自当推定黎君。闻黎有请推袁之说，合宜亦善。总之，随宜推定，但求早巩国基。满清时代权势利禄之争，吾人必久厌薄。此后社会当以工商实业为竞点，为新中国开一新局面。”[④]此时袁世凯要利用一切机会扩大自己的权力，爬上民国大总统的宝座，他的面目数日一变，所以孙中山也认为袁世凯“狡猾善变”，他在一次谈话中说：“（革命的）成功是可以确定的。袁世凯的狡猾善变虽可迟滞革命行动，但决无法阻止革命的胜利。再者，正因袁世凯手腕表现太过灵活，反而自损清望。他在革命开头的犹豫，他的坚持想维系清廷于不坠，即使削弱自己的权利至于有名无实的地步亦在所不惜，凡此均使他与中国的开明精神乖离。”[⑤]但这时候孙中山主要担心的是袁世凯坚持维护清朝统治，而不是袁世凯自己夺取政权的行为。1911年12月21日，孙中山到达香港，胡

① 《致岑伟生书》，见《宋教仁集》第372页。

② 《致岑伟生书》，见《宋教仁集》第383页。

③ 《迎袁专使遇险记》，见《宋教仁集》第380页。

④ 《致民国军政府电》，见广东省社会科学院历史研究室等编《孙中山全集》第一卷，中华书局1981年版，第547页。

⑤ 《与西蒙的谈话》，见《孙中山全集》第一卷第564页。

汉民等人劝他留在广东，训练军队，准备北伐。孙中山不同意，他说："谓袁世凯不可信，诚然。但我因而利用之，使推翻二百六十余年贵族专制之满洲，则贤于用兵十万。纵其欲继满洲以为恶，而其基础已远不如，覆之自易。故今日可先成一圆满之段落。"①正是在这种思想支配下，在被选为临时大总统的当天，孙中山就致电袁世凯："文虽暂时承乏，而虚位以待之心，终可大白于将来。望早定大计，以慰四万万人之渴望。"②此后孙中山还曾一再表示自己的这种态度。不过，至少在南京临时政府结束以前，孙中山对袁世凯并不信任，最初是不完全相信袁世凯能够背叛清廷，所以一方面孙中山在宣誓就任临时大总统的次日，致电袁世凯表示"倘由君之力，不劳战争，达国民之志愿，保民族之调和，清室亦得安乐，一举数善，推功让能，自是公论"③，也就是可以辞临时总统职"让能"；一方面又于1912年1月4日密电广东都督陈炯明准备北伐④。等到明白袁世凯不会再维护清廷统治时，孙中山又顾虑袁世凯会推行专制独裁，就在这种矛盾的心态之下，孙中山最终还是决定"让位"，但他对袁世凯并不放心，为了防止袁世凯搞独裁专制，他又提出三个条件：临时政府设在南京；袁到南京接受临时大总统职；必须遵守临时约法。

仅由以上不完备的材料，我们就可以看出孙中山和宋教仁对让位都是非常矛盾的：他们既想利用袁世凯推翻清政府，从而免除战争所带来的痛苦，又担心袁世凯不遵守共和原则。就是在这种矛盾的心态下，和议告成。其实促使孙中山"让位"的，还有一个根本的原因，那就

---

① 《胡汉民自传》，《近代史资料》1981年第2期，第53页。

② 《孙中山全集》第一卷第576页。

③ 《复袁世凯电》，见中国社会科学院民国史研究室等合编《孙中山全集》第二卷，中华书局1982年版，第5页。

④ 《孙中山全集》第二卷第7—8页。

1912 年孙中山在临时参议院解除临时大总统职务时与临时参议院议员合影。

是在服膺民主主义的孙中山的心目中，民国大总统的职位，是为国民做事的公仆，不是一家一姓的私产，如果袁世凯能干好，也不妨让他干一干，何况又可以免除战争带来的破坏呢？正如孙中山 1912 年八九月份到北京时说的，“维持现状，我不如袁，规划将来，袁不如我。为中国目前计，此十年内，似仍宜以袁氏为总统，我专尽力于社会事业，十年以后，民国欲我出来服役，尚不为迟”[①]。反之，在服膺专制主义的袁世凯的心目中，大总统的职位和权力是他的私产，决不容他人染指。

南京临时政府结束后，孙中山和宋教仁的活动各有侧重点。孙中山的主要精力是宣传民生主义和社会革命，并希望在十年内修建二十万里铁路，他欣然接受袁世凯任命的“筹划全国铁路全权”。宋教仁除在短时间内任唐绍仪内阁的农林总长外，主要精力是直接领导和组织同盟会的政治活动，并主持把同盟会改组为国民党。孙、宋活动内容不同，但却是互相支持的。宋教仁尊重孙中山的领袖地位，支持孙中山的实业活动。比如宋教仁在国民党鄂支部欢迎会的演讲中说：“中华民国，是本党同志在孙中山先生领导之下，不避艰难，不恤任何牺牲，惨淡经营，再接再厉，才能够缔造起来的……我们可以自信，如若遵照总理孙先生所指示的主义和方向切实进行，一定能够取得人民的信赖。民众信赖我们，政治的胜利一定属于我们。”[②]孙中山支持宋教仁改组同盟会为国民党，支持宋教仁的政党政治和争取实现国民党责任内阁的活动。

但是，对袁世凯的印象和态度，两人却经历了不同的变化。如前所述，孙中山辞临时大总统时，对袁世凯能否遵守民主原则是怀疑的，但是，1912 年 8、9 月间在与袁世凯会晤和多次交谈后，心地坦直的孙中山就被袁世凯的欺蒙手段迷惑，转而相信袁世凯。他说：“袁总统

① 《与某人的谈话》，见《孙中山全集》第二卷第 440 页。

② 《宋教仁集》第 456 页。

1912 年 4 月 1 日，孙中山先生宣布解除临时总统职，将权力移交给袁世凯，声称在野发展实业。图为 1912 年 5 月 17 日商办粤路公司欢迎孙中山先生时合影。右一为詹天佑，右三为孙中山。

可与为善，绝无不忠民国之意。国民对袁总统不可存猜疑心，妄肆攻讦。”[①]并要求“嗣后国民党同志，当以全力赞助政府及袁总统”[②]，还表示“袁总统才大，予极盼其为总统十年”[③]。孙中山对袁世凯的态度可以理解，且不说孙、袁相见时，袁对孙的主张全部表示赞成，甚至民生主义都表示支持，得到孙的好感；还有孙对袁以前政治作为的评价：“在前清官场中，项城有真实能力，勇于干事，迥异常庸。其在北洋练兵，卓著成效，故此人而入民国，亦必为重要人物。”孙中山所说袁世凯在清末新政改革中做出的成绩，是事实，这也是包括革命党人在内的各方人士对袁有好感的原因。孙中山还解释：“当南北战争时，袁项城表示君主立宪，与吾人意见不合，故不能合气作事。后袁赞成共和，南北统一，袁与吾人意见已同。惟南方人士，尚有疑其非出于真意，目民国为假共和者，余则决其出于真诚之意……余在京与袁总统时相晤谈，讨论国家大政策，亦颇入于精微。故余信袁之为人，很有肩膀，其头脑亦甚清楚，见天下事均能明彻，而思想亦很新。”[④]孙中山还在多种场合谈道：民族主义、民权主义的目标已经达到，现在重点努力的，是民生主义和实业建设。

但是，宋教仁对袁世凯的印象却向另一个方向发展。南京临时政府时期，宋教仁与孙中山一样，对袁世凯将信将疑。之后，宋教仁担任民国第一届责任内阁——唐绍仪内阁的农林总长，他有与袁世凯合作并导之走上民主宪政轨道的想法。但 1912 年 6 月到 8 月发生的三件事使宋教仁对袁世凯的印象越来越坏。第一件事发生在 6 月，国务总理唐绍仪任命非袁系的王芝祥为直隶总督，袁世凯指使北洋将领通电反

① 《与某人的谈话》，见《孙中山全集》第二卷第 412—413 页。

② 《在上海国民党欢迎会的演说》，见《孙中山全集》第二卷第 485 页。

③ 《与汤漪的谈话》，见《孙中山全集》第二卷第 411 页。

④ 均见《在上海国民党欢迎会的演说》，见《孙中山全集》第二卷第 484—485 页。

对，并不经内阁副署而发布改任王为南方军队宣慰使的命令，公开破坏临时约法，迫使总理唐绍仪辞职。第二件事，唐内阁解体后，袁世凯任命陆征祥为内阁总理，由于临时参议院否决陆提出的阁员名单，袁就指使军警爪牙等对临时参议院进行攻击和威胁，迫使参议院通过了第二次提出的阁员名单。第三件事是黎元洪和袁世凯合谋，不经任何审讯杀害革命党人张振武和方维。因此，宋教仁在多个场合指出，建设民主政治还任重道远，在武汉，他说“民国虽然成立，而阻碍我们进步的一切恶势力还是整个存在”[①]。在上海，他强调“今革命虽告成功，然亦只可指种族主义而言，而政治革命之目的尚未达到也。推翻专制政体，为政治革命着手之第一步，而尤要在建设共和政体。今究其实，则共和政体未尝真正建设也”[②]。在南京，他断言“民国建设以来，已有二载，其进步与否，改良与否，以良心上判断，必曰：不然……现在政府之内政、外交，果能如民意乎？果能较之前清有进步乎？吾愿为诸君决断曰：不如民意之政府，退步之政府”[③]。

由于对袁世凯的看法有差别，孙中山、宋教仁对袁的策略也显出一定的差别，孙中山认为，国民党在争取成为第一大党和组织国民党内阁的同时，应和袁世凯密切合作。宋教仁则认为，袁世凯推行专制独裁，应该竭力抵制。责任内阁制和政党政治，既是宋教仁的理想，又是他用来限制袁世凯的武器。

我们今天回过头来观察这段历史，发现在当时中国的精英和民众都还没有真正在民主制下运行政治的心理准备的情况下，无论孙中山还是宋教仁，都不是袁世凯的对手。作为书生的孙中山和宋教仁，远远没有官场老手袁世凯的政治斗争经验和手腕。但假若按照西方民主原则

① 《国民党鄂支部欢迎会演说辞》，见《宋教仁集》第 456 页。

② 《国民党沪交通部欢迎会演说辞》，见《宋教仁集》第 459 页。

③ 《国民党宁支部欢迎会演说辞》，见《宋教仁集》第 465—466 页。

运作政治，则袁世凯就不会是孙中山和宋教仁的对手，因为组织公开的政党、组织选举直接诉诸舆论的支持，袁世凯远不如宋教仁。但是中国的社会不是西方的社会，中国的人民不是西方的人民，甚至中国的精英也不是西方的精英，这注定了宋教仁的悲剧命运。

唐绍仪愤而辞内阁总理职时，为了维护责任内阁制，宋教仁等同盟会员连带辞职，同时宋教仁主持的同盟会本部提出了政党内阁的主张，也就是典型的英国模式责任内阁。但要组织政党内阁，必须要有一个人数众多、能够获得议会多数席位的大党。因此，宋教仁等积极活动，以同盟会为基础，联合统一共和党等党派，于 1912 年 8 月 25 日成立国民党。

过去，人们认为孙中山不同意改组同盟会为国民党，并作为批评民国元年的国民党的理由之一。主要根据，就是孙中山后来的回忆：

> 当组织国民党之时，我已经辞了临时大总统。我当时观察中国形势，我已经承认吾党立于失败之地位。我当是时极为悲观，我以为在吾党成功之时，吾党所抱持之三民主义、五权宪法尚不能施行，更复有何希望？所以只有放去一切，暂行置身事外。后来国民党成立，本部设在北京，推我任理事长，我决意辞却。当时不独不愿意参加政党，且对于一切政治问题亦想暂时不过问。但一般旧同志以为我不出而担任理事长，吾党就要解体，一定要我出来担任。我当时亦不便峻却，只得答应用我名义，而于党事则一切不问，纯然放任而已。[①]

---

① 《在广州大本营对国民党员的演说》(1923 年 11 月)，见中山大学历史系孙中山研究室等合编《孙中山全集》第八卷，中华书局 1986 年版，第 433 页。按此次演讲发表时曾用题目《人民心力为革命成功的基础》，个别词字略有修改，见《孙中山先生最近讲演集》，1924 年 7 月广州出版。

还有，1912 年孙中山致宋教仁函也说：

> 民国大局，此时无论何人执政，皆不能大有设施。盖内力日竭，外患日逼，断非一时所能解决。若只从政治方面下药，必至日弄日纷，每况愈下而已。必先从根本下手，发展物力，使民生充裕，国势不摇，而政治乃能活动。弟刻欲舍政事，而专心致志于铁路之建筑，于十年之中，筑二十万里之线，纵横于五大部之间[①]。

但是，历史当事人的回忆不能作为研究历史的唯一根据。我们观察孙中山 1912 年到 1913 年宋教仁被刺前的实际言行，他是支持宋教仁改组同盟会的。翻开《孙中山全集》，可以看到很多当时孙中山的这类言行。1912 年 8 月 13 日，孙中山与黄兴一起致电各同盟会支部通知改组。电文中说改组“非独同人之幸，亦民国前途之福也。文等深为赞成……可谓一举而两得”[②]。如果说电文是公开文件，为了表示对宋教仁的支持和同盟会的团结而不是真心的话，那么孙中山还有许多支持改组的行动。1912 年 9 月，孙中山直接主持了山西同盟会的改组，他在山西同盟会的欢迎会上说：“现破坏告终，建设之事较破坏尤难且大，非合大多数人才，同负此责不可。故近已联合各党，并为一国民党……得此最强健之政党，建设不难完全进行。是同盟会即国民党。山西自今日起，亦可改为国民党。”[③] 孙中山还单独致函南洋同盟会支部命其改组，函中说：“今国民党基础已定，势力已宏，此后当体察大局情形，从稳健上相机行事……再，国民党本部当然立于中央政府地点，凡分立于

① 《孙中山全集》第二卷第 404 页。

② 《孙中山全集》第二卷第 395 页。

③ 《孙中山全集》第二卷第 472 页。

各都邑者，称为支部或分部，尊处宜即日改称国民党南洋支部为要。”[①]一些女革命党人对删去党纲中“男女平权”一条有意见时，孙中山在国民党成立会上解释：“男女平权，本同盟会之党纲，此次欲组织坚强之大政党，既据五大党之政见，以此条可置为缓图……然苟能将共和巩固完全，男女自有平权之一日。否则，国基不固，男子且将为人奴隶，况女子乎？”[②]事后，孙中山又特地致函南京女同志解释：“党纲删去男女平权之条，乃多数男人之公意，非少数人可能挽回，君等专以一、二理事人为难无益也……更有一言奉献：切勿倚赖男子代为出力，方不为男子所利用也。”[③]

赞赏组织国民党的话，孙中山还说过多次。如1912年10月6日在上海国民党欢迎会演说：“今日合六党成一国民党，其功与南北统一同。”[④]1913年1月10日在上海国民党恳亲会演说：“吾国民党，由革命志士合各政团组织而成，本吾民国之盛举。”[⑤]1913年1月19日在上海国民党茶话会上又说：“中华民国成立以来，一切建设，尚未完备，今日实为草创时代。然有一事，吾等深可引为庆幸，实生前途绝大之希望，即政党成立是也。政党之基础巩固，则中华民国之基础自然巩固。”[⑥]

孙中山之所以赞成宋教仁组织国民党，是因为革命以来的形势。民国建立，军政训政宪政的革命程序无法实行，那么对于同盟会来说，有几条路可走：1. 同盟会不参与任何政治活动，成为一般性的团体甚至实业团体，袁世凯专制独裁也好，遵守民主原则也好，同盟会概不干

---

① 《致南洋同志书》，见《孙中山全集》第二卷第486页。

② 《在国民党成立大会上的演说》，见《孙中山全集》第二卷第409页。

③ 《复南京参政同盟会女同志函》，见《孙中山全集》第二卷第438页。

④ 《孙中山全集》第二卷第485页。

⑤ 《孙中山全集》第三卷第1页。

⑥ 《孙中山全集》第三卷第4页。

涉。2. 同盟会仍为秘密组织，如果袁世凯推行专制独裁或帝制自为，同盟会随时准备将其推翻。3. 同盟会改组为政党，竞选成功则组织内阁，失败则处于监督地位。显然，第三条路是最现实的。对于孙中山来说，既然理想的革命程序无法实行，那么支持宋教仁是最佳选择，更何况，政党政治也是孙中山革命程序中最终的目标。所以，我们看到孙中山赞成两党制的谈话：

1912 年 7 月，也就是国民党正在酝酿之际，孙中山和美国传教士兼记者李佳白有一段谈话，其中说："对于一个政党是否构成共和政体的主要部分此一问题，我的答复是：中国和其他所有国家一样，不管政府是民主的或是君主的，政党总是存在的，而且政府的指导权也总是从此一党转移到彼一党的。中国也已开始有了自己的政党。事实上，中国的党、社，已经太多，最好他们能联合成两三个有力的大党。"①

在 1912 年 8 月 25 日国民党成立大会上，孙中山说："要知文明各国不能仅有一政党，若仅有一政党，仍是专制政体，政治不能有进步。吾国帝皇亦有圣明之主，而吾国政治无进步者，独裁之弊也。政党之必有两党或数党互相监督，互相扶助，而后政治方有进步。"②

1913 年 3 月 1 日，孙中山在东京一次演说中又说："横览全球，无论为民主共和国，为君主立宪国，莫不有政党。党之用意，彼此助政治之发达，两党互相进退。得国民赞成多数者为在位党，起而掌握政治之权；国民赞成少数者为在野党，居于监督之地位，研究政治之适当与否。"③

从利害和亲疏关系上来说，由国民党和宋教仁组阁，总比其他党派好得多。另一方面，国民党组成以后的一段时间，孙中山并不希望与袁世凯对抗，并表示支持袁世凯继续做总统，但孙中山对袁世凯的支持

① 《孙中山全集》第二卷第 393 页。

② 《在国民党成立大会上的演说》，见《孙中山全集》第二卷第 408 页。

③ 《在东京留日三团体欢迎会的演说》，见《孙中山全集》第三卷第 35 页。

不是无条件的，那就是袁世凯必须遵守民主原则，如果国民党和宋教仁组阁，双方合作很好，就可以较快地把袁世凯和北洋系引上宪政轨道。同盟会改组为国民党直接由宋教仁领导而不是由孙中山、黄兴领导，不仅是由于孙、黄此时的兴趣在实业，更是由于他们是德高望重的革命党领袖，为了国家的统一和人民免遭战争之苦，他们一个辞去了临时大总统、一个辞去了南京留守（包括原来的陆军总长），此时再由他们来领导和组阁显然不太合适。而由宋教仁直接主持却是顺理成章的。因此，组织国民党的过程，就成了宋教仁主持，孙、黄以他们的威望从旁支持和帮助的局面。

不过，革命之后立即实行政党轮替的政党政治，在孙中山的心中并不是上上之选，孙中山最理想的是革命方略中革命程序的设计。因革命程序无法实现，退而求其次，不得不支持宋教仁的方案。二次革命失败以后，孙中山再次回到他的革命程序的设计，因而有中华革命党的组织。再往后，他开始对民初国民党多所批评，尤其是 20 世纪 20 年代他希望一定程度效仿苏俄模式以后，对民初国民党以及宋教仁的批评就更多。这就是前引孙中山否定国民党的回忆的由来，这回忆有特殊的时代背景和孙中山当时对历史的评断，可以理解，但并不能当作我们历史研究的结论。

由于宋教仁一意坚持政党内阁制，构成对袁世凯权力的极大挑战，宋教仁和袁的矛盾也就比较尖锐。在当时的中国，最善于选举运作的，就是宋教仁和他的国民党同志，再加上国民党前身同盟会是推翻清朝建立共和的功臣，因此，到 1913 年初，国民党在国会选举中获得胜利。宋教仁又试图联合部分曾与国民党对立的共和党人，而社会上已经传言宋教仁要在正式总统选举时把袁世凯拉下总统宝座，代之以黎元洪，宋教仁终于遭袁世凯嫉恨而被暗杀。

民国初，宋教仁和孙中山之所以合作得较好，除了他们都主动调整关系（例如，孙中山推荐宋教仁入唐绍仪内阁、又认为宋教仁可任总理；宋教仁则在公开场合维护孙中山的领袖地位等）外，主要是由于他们对民主共和、民生主义及实业建设的目标是大体相同的。正因为如此，宋教仁被刺去世后，孙中山才如此评价宋教仁：“为宪法流血，公真第一人！”这也可以说是孙中山对宋教仁的盖棺定论。

原载《孙中山与现代文明》，苏州大学出版社 1997 年版。

宋教仁与社会主义思潮

20世纪之初，社会主义思潮曾在中国发生相当大的影响。宣传并一定程度推崇社会主义学说的，主要是晚清民初革命党人，这表现了这些年轻的革命志士对国家乃至人类未来前途的关怀和思考。本文的主人公宋教仁，也是关注社会主义的人士之一。厘清宋教仁对社会主义的关注、宣传和思考，不仅对于研究宋教仁非常重要，对于了解20世纪初的中国思想界，以及理解后来中国政治变动的走向，也有很大的意义。①

---

① 关于宋教仁与社会主义思潮的研究，笔者见到三篇论文。谢正清《宋教仁对社会主义思想的传播和认识》(《益阳师专学报》1994年第4期)，该文概略介绍宋教仁接触和介绍社会主义思潮的过程，认为宋教仁把无政府主义与共产主义等同，对社会主义的认识不清晰。此点恐有以后来的社会主义观强加当时人之嫌。该文又称宋教仁与幸德秋水有交往，恐尚缺乏资料佐证，幸德秋水1906年6月自美国回日本，但已渐转向无政府主义，此正宋教仁接触社会主义学说之时，无政府主义为宋教仁所不能同意，且宋教仁日记未见与幸德交往记录。该文甚至认为宋教仁拒绝平均地权，"连民主革命的土地纲领也当作社会主义革命的纲领加以一概拒绝"，则恐是对宋教仁的思想有误读。

陶季邑《宋教仁对社会主义的探索》(《衡阳师专学报》1994年第3期)，认为宋教仁全部接受孙中山的社会主义思想，并重点宣传平均地权。民国初年，宋教仁选择了国家社会主义，并主张在中国推行。该文对宋教仁与孙中山的差异似重视不够。

郝延军《简论宋教仁的社会主义观》(《西安联合大学学报》2001年第1期)，认为宋教仁"接触和研究社会主义，只是他思想发展过程的一个插曲"，这一插曲集中于1906年，与当时革命党人和保皇党人的论战有关。该文又认为，宋教仁对其所理解的社会主义，不一般赞成也不一般反对，在实践层面，排斥"真正的社会主义"，倾向于国家社会主义。宋教仁对社会主义的理解和态度，立足于他既定的政治立场，他把社会主义作为实现他政治理想的工具，不可能成为社会主义者。该文似对1906年以后宋教仁仍同情社会主义估计不足。

上三篇论文对宋教仁与社会主义的关系作了初步梳理，但对资料的整理解读尚有欠缺，论述仍有待深入。本文即在上三篇论文的基础上，进一步论述宋教仁与社会主义思潮的关系。

那么，什么是社会主义？它是思想体系、社会思潮、社会政治运动，也是政治制度。笔者认为，如果从思想和社会思潮的角度，社会主义可以分为狭义的和广义的。第一，关怀下层社会、普通民众的生存状况，并以一定的制度保障之；强调社会的公平。由此，中国传统的平均思想是带有一定的社会主义色彩的。此种色彩达到极致，也就是狭义的，就是主张工农专政（20 世纪初称“劳农专政”）。第二，经济政策方面，主张较多的国家主导和控制，并且这种主导和控制是保证下层民众较好的生存条件的措施之一。此种做法到极致，也就是狭义的社会主义，就是一切生产资料归公有，实行计划经济。这两条，应该适合宋教仁时代的社会主义理念，也是笔者探讨宋教仁与社会主义思潮关系的基本点。如果这两条成立，那么可以说，宋教仁即使不是完全意义上的社会主义者，也是对社会主义抱有同情，并愿意一定程度实施社会主义主张的政治家，虽然他毕生关注和奋斗的重点不是社会主义。

一、不是“二民主义”

20 世纪 20 年代以后，孙中山对宋教仁多所批评，影响国民党人也不少人批评宋教仁，其中理由之一便是宋教仁在民初组织国民党时放弃民生主义纲领。1949 年以后大陆学界也有不少人认为宋教仁为“二民主义者”[①]。另一方面，由于意识形态的原因，20 世纪 80 年代以前，台湾则有人赞扬宋教仁是对抗社会主义的先驱，角度不同，见解则近。褒也好，贬也好，至少有些人认为宋教仁不主张民生主义。

---

① 如有的学者说：“在同盟会中，有更多的人是幻想在中国建立一个纯粹西方式的资产阶级共和国而赞同‘反满’和拥护民权革命的，但对于同盟会纲领中以‘平均地权’为内容的民生革命思想不感兴趣。

民生主义好不好，是否适合中国的国情和中国发展的需要，是需要另外讨论的问题。不能以领袖之是非为是非。而宋教仁究竟是否“二民主义者”，则是一个需要认真研究的问题。

说宋教仁是二民主义者，有一定的理由。我们试观察和比较以下几件事情：

1911 年 7 月，宋教仁、谭人凤、陈其美等在上海组织同盟会中部总会，其核心人物是宋教仁。宋教仁起草了《同盟会中部总会章程》，阐述同盟会中部总会的宗旨：“本会以推覆清政府，建设民主的立宪政府为主义。”[①] 显然，宗旨中包含了同盟会的民族主义和民权主义，但没有民生主义。我们试比较此前于 1910 年 2 月孙中山组织的带有与同盟会分离倾向的中华革命党的盟书，可以观察其宗旨的微妙不同。中华革命党规定宗旨为“废灭鞑虏清朝，创立中华民国，实行民生主义”[②]。可见一个坚持民生主义，一个似乎不太重视民生主义。

中华民国临时政府成立后，同盟会于 1912 年 3 月改为公开政党，宣布其宗旨为“巩固中华民国，实行民生主义”，其政纲的第三条又有“采用国家社会政策”[③]。此次改组是在孙中山直接领导下进行的，故坚

宋教仁、胡汉民便是如此。宋教仁对于孙中山的民生主义的社会革命学说从来不赞一词，只说‘今而后吾乃益知民族的革命与政治的革命不可不行于中国’（宋教仁:《我之历史》）。胡汉民因为不同意‘平均地权’思想与孙中山进行过激烈的争论。他们是同盟会中的‘二民主义’者。”见吴剑杰《论同盟会的内部矛盾及其分化》(《武汉大学学报》1978 年第 4 期)。有的学者认为“以宋教仁为代表的多数资产阶级革命派，对于资产阶级共和国政治方案是很信仰的，(但是)这些人在‘平均地权’问题上程度不同地持保留态度，缺少孙中山那样的激进色彩”。见章开沅《论同盟会的性质及其内部分歧》(载林增平等编《辛亥革命》，巴蜀书社 1989 年版，第 260 页)。笔者在“百度”检索“宋教仁　二民主义”，有 89 篇，可见学界和社会仍有不少人认同此说。

① 陈旭麓主编:《宋教仁集》，中华书局 1981 年版，第 277 页。

② 广东省社会科学院历史研究室等合编《孙中山全集》第一卷，中华书局 1981 年版，第 439 页。按此中华革命党不是二次革命失败后孙中山成立的中华革命党。

③ 迟云飞:《宋教仁与中国民主宪政》(修订版)，湖南师范大学出版社 2008 年版，第 142 页。

持民生主义的政纲。1912 年 8 月，宋教仁组织将同盟会改组为国民党。新的党宗旨为："巩固共和，实行平民政治。"党纲中则有一条"采用民生政策"[①]。民生主义党纲淡化为不够明确的"民生政策"。在同盟会与统一共和党等党派筹划合并时，统一共和党提出的三条件之一就是废去民生主义。另一个愿意与同盟会合并的国民公党也反对将民生主义写进党纲。经过同盟会代表的力争，用了折中的"民生政策"[②]。所以，新的国民党之所以淡化了民生主义，主要是向其他党派妥协的结果。

即便是为了争取他党与同盟会合并的妥协，我们观察，至少宋教仁不像孙中山那样坚持民生主义。我们可以假设，如果是由孙中山主持同盟会的改组，孙可能即使不组织大党，也要坚持写进他的民生主义。

那么宋教仁的真实想法究竟如何呢？

1911 年 2 月至 3 月，宋教仁在《民立报》发表长文《二百年来之俄患篇》。文章不是讨论土地问题或社会主义，而是揭露沙俄对华侵略的，长文在论述不应允许俄人在蒙古、新疆购地造屋时说：

> 吾尝谓我国将来之土地政策宜亟师社会主义之意，禁豪强兼并，设增价税，以保护多数国民之利益，使一国经济平均发达。[③]

分析这段话，有一些问题值得注意：第一是观点的表达是自然流露，没有勉强，也没有任何顾忌，显示宋教仁是完全赞成或者是主张民生主义的。第二是这段话中表达的几个意思，他把几点主张作为符合社会主义理论或是社会主义的一部分，然后他的主张有三点，即禁豪强

① 《宋教仁集》第 418—419 页。

② 《宋教仁与中国民主宪政》（修订版）第 146 页。

③ 《宋教仁集》第 179 页。

宋教仁

兼并、设增价税、保护多数国民利益。这几点，都与当时孙中山表达的见解惊人的一致。

1912年8月，宋教仁将其起草的《国民党宣言》公开刊登在《民立报》上，其中阐释国民党的党纲“民生政策”为：“采用民生政策，将以实行国家社会主义，保育国民生计，以国家权力，使一国经济之发达均衡而迅速。”[①]虽然宋教仁的解释与孙中山对民生主义的解释稍有不同（“国家社会主义”），但显示宋教仁此时仍然是赞同民生主义的。因为“国家社会主义”涵盖的范围比较广，无论是今人的理解还是宋教仁当时人的理解，都可以把以“平均地权”为核心的民生主义包括在内。

如果说《国民党宣言》的坚持国家社会主义是为了争取孙中山支持改组，并平息一些同盟会员的不满的话，那么宋教仁在以后的演讲中又谈到民生主义，并且直截了当：

> 第四，民生主义。曩者他党多讥为劫富济贫，此大误也。夫民生主义，在欲使贫者亦富，如能行之，即国家社会政策，不使富者愈富，贫者愈贫，致有劳动家与资本家之冲突也。[②]

我们再对比孙中山的一段解释：

> 我们实行民族革命、政治革命的时候，须同时想法子改良社会经济组织，防止后来的社会革命。
>
> （欧美各国）社会党所以倡民生主义，就是因为贫富不均，想要设法挽救。

① 《国民党宣言》，见《宋教仁集》第749—750页。

② 《国民党湘支部欢迎会演说辞》，见《宋教仁集》第447页。

> 文明有善果，也有恶果，须要取那善果，避那恶果。欧美各国，善果被富人享尽，贫民反食恶果，总由少数人把持文明幸福，故成此不平等的世界。
>
> 闻得有人说，民生主义是要杀四万万人之半，夺富人之田为己有，这是他未知其中道理。
>
> 总之，我们革命的目的是为众生谋幸福，因不愿少数满洲人专利，故要民族革命；不愿君主一人专利，故要政治革命；不愿少数富人专利，故要社会革命[①]。

可以看出孙、宋的理解是很相近的，当然宋强调的重点是“国家社会主义”。

由此我们也可以观察，虽然有些同盟会革命党人不太理解孙中山的民生主义，但其实赞成的人还是很多的。换句话说，带有某种社会主义色彩的思想，在革命党人中间还是很能引起共鸣的，包括以前很多人误解为二民主义的宋教仁，也是如此。

二、对社会主义的研究和宣传

宋教仁不仅不是二民主义者，他对社会主义问题还抱有很大的兴趣，并且作过宣传。

同盟会成立时，孙中山提出平均地权作为同盟会宗旨之一，稍后在《民报》发刊词正式提出三民主义，民生主义是孙中山要解决中国还没

① 《在东京〈民报〉创刊周年庆祝大会的演说》，见广东省社会科学院历史研究室等编《孙中山全集》第一卷，中华书局 1981 年版，第 326—329 页。

有发生的社会问题，并且超越欧美的手段。宋教仁就担任《民报》的庶务，孙中山的这些文章他都会读过，当然孙中山的演说他也都听过，不过从宋教仁日记观察，最初认识孙中山和同盟会成立的时候，孙中山的民生主义的确并没有引起宋教仁十分注意。我们可以推测：宋教仁从个人的交往中，从阅读孙中山的文章和听他的演讲，比较清楚知道了民生主义。但宋教仁不是一个可以轻易信从别人的人，要他接受孙中山的民生主义主张，需要宋教仁自己的研读和思考。

中国知识人有深厚的关心民疾民苦的传统，所谓“先天下之忧而忧，后天下之乐而乐”，所谓“民吾同胞，物吾与也”，都是如此。这使知识人很容易接受重视下层社会、同情民众疾苦和带有平等平均色彩的社会主义理念。另外，中国的历史上，每当社会动荡、民不聊生的年代，都有不少知识人渴望没有战争、没有欺诈、生活安定均平的桃花源般的社会，这也使中国知识人容易憧憬描述了未来美好远景的共产主义理念。自鸦片战争以后，短短几十年时间，就有洪秀全的太平天国、康有为的大同世界、孙中山的民生主义，绝非偶然。这是宋教仁这一代新知识人接受某种程度社会主义理念的心理基础，而宋教仁到日本之际，正是中国留学生大量介绍社会主义学说之时。宋教仁正是在此种情境下开始对社会主义的了解、研究和某种意义上宣传的。

依据现有资料，宋教仁注意社会主义从1906年初开始。我们先看宋教仁的两则日记：

1906年1月1日：“至宫崎滔天家贺年，晤得滔天兄宫崎民藏，日本之社会主义者也，谈良久。”①

1906年1月18日：“至宫崎滔天家。滔天未归，晤其兄民

① 刘晴波、刘泱泱等点校：《宋教仁日记》，湖南人民出版社1980年版，第113页。

藏，谈良久，出其所著《人类之大权》一书观之，言平均地权之说者也。”①

这说明，宋教仁最初接触社会主义，曾受了宫崎民藏乃至日本社会主义者的影响。宫崎民藏及其弟宫崎寅藏是孙中山、黄兴、宋教仁的好友，后来宋教仁患神经衰弱症，曾在宫崎寅藏家休养，得到寅藏及其一家的大力帮助。20 世纪之初，日本流行各种社会主义学说，1903 年，幸德秋水的《社会主义神髓》一出版，立即被翻译成中文，在中国知识人中间流传。与宋教仁接触较多的宫崎民藏则曾潜心研究美国学者亨利·乔治的单税论，又曾专门到西方各国考察土地问题。他认为天造物的土地是人类的基本人权之一，应该由人类共有，主张对土地进行再分配，并组织土地复权同志会。1905 年，民藏出版《土地均享·人类之大权》，即前述他向宋教仁介绍的书。

也许与宫崎民藏的影响有关，1906 年 2 月 10 日至 20 日，宋教仁花费很多时间翻译《露国之革命》，后来以《一千九百零五年露国之革命》的题目刊登在《民报》上。② 文章里提到俄国社会主义运动及俄国共产党的情况，也介绍俄国工人总罢工的情况：

圣彼得堡职工之响应，为昨年一月二十一日之大骚动是也。盖传播自由主义社会主义于职工及农民间，而使之投入革命党者，此既往四十年间革命党所皆劳心焦思者也。夫欧洲劳动问题之大势，前已侵入露国而不能拒矣……露国劳动社会之夙受影响于西欧之劳动问题，无可疑矣。

---

① 《宋教仁日记》第 121—122 页。

② 见《宋教仁集》第 27—40 页。

> 总同盟罢工之令下，各处汽车（日语，火车之意——引者）遂一时停止……国内交通断绝，宛如太平洋之孤岛，消息不灵，食料腾贵……如此现象，国人皆欢迎翼赞不绝，虽穷困苦迫之境日甚一日，而乃不少变。革命党诸首领，皆有蹈死不悔之气象。

宋教仁对这篇文章的感悟，更多的是专制独裁将让位于民主宪政的历史趋势，但俄国的社会矛盾和社会主义运动已引起他的注意，此后宋教仁对社会主义问题有更多的关怀与研究。前面说 1906 年 1 月 18 日宫崎民藏向他介绍所著《人类之大权》一书，宋教仁尚没有更多注意，及至 1906 年 3 月 8 日，宋教仁主动向宫崎民藏索要该书[①]。

宋教仁不仅得到了《人类之大权》，还由民藏介绍，接触俄国波兰籍民粹派党人彼尔斯特基（ビルストスキ）。宋教仁 1906 年 3 月 10 日日记记：

> 上八时，宫崎民藏来，赠余以《人类之大权》一部，并言今日下午邀余同至芝区访俄国革命志士ビルストスキ，余领之。下午……遂至芝区……坐良久，俄国人ビルストスキ乃至……（ビルストスキ）云革命之事，不可从一方面下手，专讲政治的革命，必不能获真自由，专讲社会的革命，亦必不能获真自由。必二者俱到，然后自由之权利可得，而目的可达也。又云，己向来系极专主张民主主义的，然观之于美国，民主国也，而其人民仍不自由也；法国，亦民主国也，而其人民亦不自由也；日本、英、德诸国，其人民于政治上之自由未尝不获多少也，

① “写致宫崎民藏一片，索其以所著《人类之大权》一书赠余也。”见《宋教仁日记》第 152 页。

然社会上之不自由乃益加甚矣，故余近年所主张者，较前稍变，实兼政治、社会上二方面而并欲改良者也云云。[①]

彼尔斯特基（ビルストスキ）所讲的“社会的革命”的内容尚不十分明晰，但从其对美国、法国政治的批评，显然是一位有社会主义倾向的人物，而其将政治革命、社会革命同时进行的主张，与孙中山颇相类似。

如果说以前宋教仁还只是一般地听听、了解社会主义的思想学说及其运动，这以后宋教仁则是认真进行了一些研究。而在他的购书单上，也增加了有关社会主义的内容：

1906 年 4 月 3 日日记：购得《孔夫子传》、《社会主义研究》各一。[②]

1906 年 4 月 8 日，宋教仁开始翻译《万国社会党大会略史》，文章原载日本《社会主义研究》[③]。《社会主义研究》为日本社会党所办刊物。日本社会党 1906 年成立，日本马克思主义者堺利彦、片山潜、幸德秋水等创建。在《社会主义研究》的创刊号上，首次刊登了日文版《共产党宣言》的全文。《社会主义研究》刚刚创办，宋教仁就已经阅读并动手翻译其文章，可见宋教仁此时对社会主义问题已经相当关注并有良好的信息。

“万国社会党”现译为第二国际（The Second International）。文章先介绍第一国际（The International Working Men's As-sociation，宋教仁

① 《宋教仁日记》第 152—152 页。

② 《宋教仁日记》第 164 页。

③ 《宋教仁日记》第 166 页。

译为“万国劳动者同盟”），主要的篇幅介绍“万国社会党”，即第二国际。

宋教仁不仅翻译这篇文章，而且以自己的了解，对文章的内容及文字作了改动：“译《万国社会党大会略史》，嫌其文不秩序，多为易之。”[①]在《民报》刊登时，宋教仁又说明：

> 万国社会主义进行之势方兴未已，故记事亦不得即视此为杀青之期，如近日法国社会党两派已经复合，别生出“社会主义与爱国心”之一问题，将来次期万国大会必为剧烈之争点。吾人暂搁笔，以拭目候之可也[②]。

从这个说明可见宋教仁对国际共产主义运动的关注和了解程度。

宋教仁在翻译《万国社会党大会略史》的过程中，感觉有必要进一步加强与社会党的国际联系，因此，他于1906年4月16日致函日本社会党要求交换杂志。当时宋教仁担任同盟会机关报《民报》的庶务，负责刊物的印刷、发行诸事。他的日记记：“译《万国社会党大会略史》。夜，写一信致平民舍，日本社会党之本部机关也，询问其有无《平民新闻》及《直言》报，并欲与之交换《民报》云云。”[③]显然，宋教仁是把日本社会党看成是自己的同道，但究竟是推翻专制建立民主政治的同道，还是进行社会革命建立社会主义制度的同道？笔者以为是前者居多，后者也有一定的分量。当然，当时日本的社会主义运动也比较复杂，有的实际上是主张一些类似社会主义的政策，这宋教仁完全赞成；有的如幸德秋水后来就转向无政府主义，这恰恰是宋教仁所不赞成的。

---

① 《宋教仁日记》第167页。

② 文刊《民报》第五号，说明见《宋教仁集》第56页。

③ 《宋教仁日记》第169页。

从4月3日购买《社会主义研究》，4月8日开始翻译《万国社会党大会略史》，4月17日译完[①]。可见宋教仁对文章的重视。翻译的过程，也是研究和艰苦求索的过程。那么，宋教仁从《万国社会党大会略史》中可以了解哪些共产主义运动的事情，可以知道哪些国际共运的理论呢？

文中开头就说：

> 世界者，人类共有之世界也。现世界之人类，统计不下十五万万，然区别之，得形成为二大阶级：掠夺阶级与被掠夺阶级是矣。换言之，即富绅（Bourgeois）与平民（Proletaruns）之二种也。前之一种，独占生产之机关；一种以劳力而被其役使。资本与劳力乃生出佣金之一问题。其不平等之极，一若陟天堂，一若居地狱。不有以救之，世界人类其尽为刍狗矣。

又叙述《共产党宣言》最后的一段：

> 马尔克（Karl Marx）之作《共产党宣言》（*Communist Manifesto*）也，其末曰："吾人之目的，一依颠覆现时一切之社会组织而达者，须使权力阶级战栗恐惧于共产的革命之前，盖平民所决者，惟铁锁耳，而所得者，则全世界也。"又曰："万国劳动者其团结！"[②]呜呼！是可以观万国社会党之大主义矣。

---

① 《宋教仁日记》第169页。

② 今译文为："共产党人不屑于隐瞒自己的观点和意图。他们公开宣布：他们的目的只有用暴力推翻全部现存的社会制度才能达到。让统治阶级在共产主义革命面前发抖吧。无产者在这个革命中失去的只是锁链。他们获得的将是整个世界。全世界无产者，联合起来！"

文章述一切生产资料归公有的1877年大会决议：

> 社会所以存在之基础之土地，与其他一切之生产机关，若被握于个人或特别之阶级之掌中而为私有财产时，则其必然之结果，必使劳动阶级受压迫贫穷饥饿而不能遁免。故大会宣言：以自由自治之团体组织之，而以土地及其他一切之生产机关，归于代表全国民之国家之所有。

文章对社会主义运动内部的派别和意见分歧也作了介绍，宋教仁后来能够撰写《社会主义商榷》，恐怕此时已经奠定基础。

《万国社会党大会略史》刊出后，宋教仁继续对国际社会主义运动进行研究。1906年5月10日“上午上课（早稻田），回时至同文馆购得《独立评论》一册，中载有《社会主义年表》，记自德国大革命以来至近日各国社会党之运动，按年列表，甚详也。”[①]《独立评论》一期会有不少文章，宋教仁独独注意此篇文章，可见他对社会主义问题的关注。

1906年8月25日日记：“定购《读卖新闻》一份，是晨即至。阅之，有俄国一般同盟罢工事及古巴之叛乱。又有《记世界之社会党》一篇，言美国新闻《评论之评论》中有ブリス氏，计算世界社会主义者之总数为七百六十万一千三百八十四人，其国别如左（按此但西洋各国之社会主义者）。”宋教仁将各国社会主义者的情况详细列表记在日记里，有德、法、美、英、意、俄等22国，包括其社会主义者数、在下议院中的议员数、所办报刊数。宋教仁如此不厌其烦列了这样的表，可以表明他对社会主义问题的关注。按宋教仁所列表，可以看到德、法两国社会主义者最多，占议院人数比例也较大。德国社会主义者300余万人，下议院议

① 《宋教仁日记》第178页。

员 397 人，有社会主义者 81 人；法国社会主义者 112 万人，下议院议员 584 人，社会主义者 75 人。社会主义者占议院比例最大的是瑞典，议员 23 人中，有社会主义者 14 人，超过了半数[①]。

从本节的叙述，我们完全可以说，宋教仁对社会主义作过宣传，并且是晚清时期社会主义思潮的宣传者之一。

三、四种社会主义的取舍

宋教仁虽然对社会主义作过研究、宣传，但他没有想真正做个社会主义者，他也似乎没有把平均地权完全当作社会主义。宋教仁的主要兴趣和目标，还是建立现代民主政治。1911 年，宋教仁在《民立报》发表《社会主义商榷》一文，集中谈了他对各种社会主义学说流派的意见。

为什么会有风起云涌的社会主义运动和社会主义学说的广泛流行？宋教仁的解释是：

> 社会主义之发生，盖源于社会组织之弊。自欧西各国物质文明进步，产业制度生大变革，经济组织成不平等之现象，贫富悬隔，苦乐不均，于是向来所有平等自由之思想，益激急增盛，乃唱为改革现社会一切组织之说，而欲造成其所谓理想社会。其说逐渐繁衍，殖长于欧西各国[②]。

作为一种影响巨大的社会思潮和社会政治运动，社会主义的发生和

---

① 《宋教仁日记》第 216 页。

② 《社会主义商榷》，见《宋教仁集》第 287 页。本节以下未注明者，均出此文。

发展，应该既有现实的社会原因，又有自己的思想渊源。按宋教仁的思路，工业革命以后，“产业制度生大变革”，“贫富悬隔，苦乐不均”，是社会主义发生的现实根源。而“向来所有平等自由之思想”，则是社会主义的思想来源。今日我们从学理的角度观察，欧洲社会主义的思想资料，笔者以为更多的是平等思想，当然，古希腊柏拉图的理想国、基督教的平等观念，都是社会主义的思想资料。宋教仁之所以再加上“自由”二字，应该不是随意为之，而是意味宋教仁把社会主义思潮、社会主义运动视为自己争取民主政治的同道。

宋教仁把社会主义学说分为四种：

一是“无治主义”，也就是“无政府主义”。无政府主义认为国家是专保护“资本家与地主”的，故主张“国家及政府万不可不废去之”。

二是共产主义，包括“各国之共产党及科学的社会主义家皆属此派”。主张“一切之资本及财产皆为社会共通生活之结果，以为私有实为不当，宜归之社会公有”。

三是社会民主主义。“谓现社会之生产手段，皆归于少数富人之私有，实侵夺大多数人之自由，宜以一切之生产手段归之社会共有，由社会或国家公经营之，废止一切特权，而各个人平等受其生产结果之分配云云，各国之社会民主党、劳动党、社会民主主义修正派皆属此派”。

四是国家社会主义。“即所谓社会改良主义，亦名讲坛社会主义，谓现今国家及社会之组织不可破坏，宜假国家权力，以救济社会之不平均，改良社会之恶点云云，各国之政府及政治家之主张社会政策者皆属此派。”

按我们今天的了解，第二种是马克思、恩格斯所说的达到共产主义社会时的情形，即生产资料全归公有，消灭了一切私有财产，社会上所有的人按需分配。第三种则基本上属于向共产主义过渡的社会主义阶段，生产资料公有，但个人尚可保留一定的私有财产，按人们的能力和贡献的大小获取报酬，即按劳分配。不过宋教仁所理解的第三种社会主义，是谋求“参与政权”，然后“改革现在之主权者与政府之组织，并一切生产分配手段”，宋教仁虽然没有明确说明，但似乎此种社会主义运动不是采取暴力方式夺取政权，因此与现代中国人理解的列宁主义并不同，更像是曾被列宁批评过的改良主义。

宋教仁评论道：“四派之根本理想与见解虽各不相同，而要皆有其立足点，以卓然成一家言，且皆有其手段，推行运动，以期其理想的社会之实现。”

在总的同情社会主义的前提下，宋教仁认为，如果要在中国实行社会主义，必须考虑中国的实际情况。“凡唱一主义，不可不精审其主义自身之性质与作用，并斟酌其客体事物之现状，以推定其将来所受之结果，夫如是乃可以坐言而起行。”

宋教仁认为，上述四派中，真正的社会主义其实只有前两者，即无治主义和共产主义。其他两种，算不上真正的社会主义：

> 社会民主主义与国家社会主义则不然，前者所主张仍非政治权力不能实行，实不过改良国家组织与国家经济组织之说，而不可语于改革社会组织，谓为社会主义，毋宁谓为社会的国家主义；后者乃国家政策之一端，其所主张，不但不能改革社会组织，且与“主义”二字亦相去远矣，只宜称为社会的政策。

那么，前两种在宋教仁看来“真正的”社会主义在中国是否可行呢？按宋教仁的思路，“凡一主义之推行，每视其客体事物之现状如何以为结果，其客体事物之现状与其主义相适者，则其结果良，其客体事物之现状与其主义不相适者，则其结果恶。”良结果是什么样的呢？会是“真正之自由平等”，“人类社会乃成太平大同之景象”，所谓“大道之行，天下为公，选贤与能，讲信修睦，人人不独亲其亲，子其子，货恶其弃于地（原文作‘货物弃于地’——引者），不必藏于己者，夫然后实现于今日，各国社会主义学者所拟之理想的社会而求之不得者，而吾人竟一跃而达”。但是，宋教仁认为，要实现这种制度，必须是“国家之内部外部皆已康乐和亲，达于安宁之域，而无待维持，人民之精神方面物质方面皆已充实发达，臻于幸福之境，而无待增进，社会经济之生产分配皆已圆满调和，适于生活之用，而不必再求满足之方”。显然，中国还没有达到这样的条件。

另一方面，实行真正社会主义所可能得到的“恶结果”，则是一幅很不美妙的图景：

> 政治或不足以维持安宁，增进幸福，财产或不足于满足国民生活，国家之内部外部忧患丛生，人民之精神方面物质方面颓落备至，社会经济之生产分配耗竭凌乱，莫可名状。国之所以幸存者，盖亦不过赖有此仅存之政治与财产制度以为维系，一旦变本加厉，并此而去之，人类社会必至全然不得安宁幸福及生活，以成为毫无秩序之世界，亡国灭种之祸，因是促成，乃至欲求政治与财产制度时代之不自由不平等而不可得，画虎不成，反至类狗，吾人试想象此悲惨之状况，其亦不能不生恐怖之心矣。

宋教仁虽然没有明确给出答案，但从他的行文思路看，显然他不赞成无政府主义和共产主义。宋教仁的意见应系有针对而发。20世纪之初，中国尚无真正的马克思主义信仰者，但是无政府主义的主张者则大有人在。1907年，革命党人张继和刘师培在日本组织社会主义讲习会，办《天义报》，宣传无政府主义，章太炎也曾参与其事，日本由马克思主义转为无政府主义的幸德秋水与他们引为同道，互相影响。在欧洲巴黎，另一些革命党人吴稚晖、张静江、李石曾等创办《新世纪》，也宣传无政府主义，尤其是克鲁泡特金的互助论[①]。显然，要建立现代民主政治的宋教仁，不可能同意无政府主义者不要政府甚至不要任何社会组织的观点，这就是宋教仁对前两种社会主义提出疑难的原因。上一段，笔者之所以用很长的引文，是想让读者体会宋教仁是针对无政府主义的批评。

但是，宋教仁对后两种社会主义在中国是否可行并未评论，只是认为其不是真正社会主义。笔者综合宋教仁此前此后的言论，认为他倾向于平均地权和“国家社会主义”。1911 年，英国国会通过《国会法案》，削减上院的权力，也即削减贵族的权力。宋教仁写了文章评论此事件，文章的发表与前述的《社会主义商権》都是在 1911 年 8 月。文章中说：

> 更有一影响及于英国政治者，则为社会主义的政策。英人以重保守之故，原无多数人主张急激之社会主义，故希望政府之行社会政策者不鲜。前次政府所提出预算案，虽以有土地增价税计划为上院所斥，然一般人民甚欢迎之。兹上院之否决权既被制限，此后之财政法案既可由下院自由决定，则此土地增价税计划必见诸实行（即以土地价格为标准之单税论，谓土地不由自己之勤劳，仅以社会经济上之变化而自然增加价格者，则依其价格加税），且与此计划相类之政策，亦或逐渐发生，亦未可知。夫社会主义之派别与实行方法固甚多，然

① 今日中国人常以为无政府主义是马克思主义的敌人，但实际上马克思主义与无政府主义常在一起倡导社会改革运动，大可视为社会主义运动内部的分歧。这也是宋教仁将无政府主义列为社会主义之一端的原因。

> 重征土地税，固亦社会主义中之一大主张也。此社会主义中之一大主张，而竟实行于素重保守之英国，社会主义的国家政策将风靡世界之大势，盖又可知矣。故由此次政变观之，更可谓为社会政策将盛行之见端也。①

孙中山最初阐述平均地权的办法简单说就是“核定地价，涨价归公”。宋教仁认为英国的土地增价税属于社会主义的国家政策，而其表述也与孙中山平均地权的表述相同。宋教仁认为“社会主义的国家政策将风靡世界之大势，盖又可知矣”。显然“风靡世界”，也包括了中国，这意味宋教仁对“涨价归公”的认同。结合前面所引《二百年来之俄患篇》中的论述，可见他的见解是成熟的，并非偶然而发。

而在宋教仁的文章中，更多的表述为国家社会主义或国家社会政策。换句话说，孙中山的民生主义比较多地关心预防将来的贫富分化以及劳资矛盾，而宋教仁的国家社会政策除了与孙中山同样的关心外，又希望借助此种政策更快发展经济。在宋教仁看来，国家社会主义的基本点有两个方面。

一是以国家的力量直接介入经济、直接经营涉及国民经济命脉的行业，因为有国家的力量，可以较快发展经济。另一方面是用国家权力，适当压抑、调节贫富不均，就是前面所引宋教仁关于民生主义的谈话，不使富者愈富贫者愈贫的现象发生，从而尽量避免劳动者与资本家的冲突。孙中山的民生主义主要是为了解决工业化以后的垄断和贫富悬殊问题，但对较快发展经济似考虑不多，而宋教仁似较多关注此一问题。

宋教仁在1913年初也就是其被刺前夕的《代草国民党之大政见》中，就主张铁路、电信、邮政、海外航运等由国家直接经营：

---

① 《英国之国会革命》，见《宋教仁集》第302页。

中央行政，中央直接行之……曰国营实业；曰国营交通业；曰国营工程。

（七）主张兴办国有交通业……其应兴办者：一曰急办国有铁道……一曰整理电信，一曰扩充邮信……一曰兴办海外航业……此数者，皆本党兴办国有交通业之计划，而本党对于政策所主张者七。①

在另一篇《中央与地方行政分划之大政见》中，关于中央重要行政，宋教仁列出了诸如“国营实业”、“国营交通业”、“国营工程”等项目。可见其主张是一贯的，深思熟虑的。在民国元年短暂的农林总长任期中，宋教仁也曾有过建立国家银行的计划。

我们观察，与政治上希望较为原汁原味的西方式民主不同，宋教仁的经济主张不同于亚当·斯密那只“看不见的手”即强调自由经营自由竞争的主张。事实上进入20世纪以后，落后国家要发展经济，追赶发达国家，仅靠那只“看不见的手”是不够的，必须将政府主导这只“看得见的手”和自由市场经济这只“看不见的手”灵活运用。其实日本经济发展的成功已经提供了某种范例。特别是第二次世界大战以后，许多国家加强了政府对经济的干预，尤其是许多发展中国家，政府直接经营涉及经济命脉的产业，这些措施对经济发展有一定效果。甚至在西方国家中间，自罗斯福新政以后，国家也普遍加强了对经济的宏观调控。不过问题要有一个度，政府干预和包揽过多，会使经济计划性增加，但失去活力。这在宋教仁的时代问题还没有暴露或展开。而另一个问题也许宋教仁并没有意识到，那就是国家包揽经济较多的话，可能导致国家权力过大，甚至权力集中于个人，与实行他理想的民主宪政会

---

① 《代草国民党之大政见》，见《宋教仁集》第491、494页。

有矛盾。1928 年国民党基本统一国家后，国家直接经营诸如银行、交通、电力等产业。1928 年到日本全面侵华的 1937 年，在世界经济危机困境中，中国经济仍有很好的表现，与这种经济政策当有一定关系，但是恐怕也促成了后来的腐败。“二战”后发展中国家由国家干预经济的后果，大都造成国家权力过大，民主政治难行等问题。这恐怕是宋教仁所始料不及的。

余论

如前所述，宋教仁赞同民生主义，但他似乎与孙中山不同，孙中山常常说民生主义就是社会主义，宋教仁却不这样认为，民生主义也好，社会政策也好，在宋教仁眼里，虽然他愿意实行，但都不是真正的社会主义。另外，宋教仁也没有像孙中山那样，希望“举政治革命、社会革命毕其功于一役”，或认为实行了这些社会政策就可以解决一切社会问题。在宋教仁的心目中，国家社会主义、社会政策起不了那么大的作用，民生主义和国家社会主义也还算不上社会革命。

需要注意的是，那个时代的许多人，都对社会主义表现了一定的兴趣和同情，宋教仁也是如此。比如几乎与宋教仁翻译《万国社会党大会略史》及《一千九百零五年露国之革命》同时，朱执信在《民报》上发表了《德意志社会革命家小传》，并介绍了《共产党宣言》和《资本论》两部著作；廖仲恺则翻译《社会主义史大纲》、《无政府主义与社会主义》等文刊登在《民报》。

朱执信与廖仲恺宣传社会主义是学界所熟知的，其他的人如何？这里举两例，即与宋教仁感情深厚的黄兴和谭人凤。黄兴在思想方面的表述不多，但在讨论未来中国国旗式样时，曾提出用井字旗，以象征平均地权[①]，可见黄兴的内心是完全认同平均地权主张的。民国建立以后的一次演说中，黄兴支持成立工人团体："工党。在湖南实为重要……夫劳动家与资本家之冲突，为中国隐患。如欲免此隐患，须使其互相联络，劳动家出力，资本家出钱，合谋利益，则结果必为良好矣。"同一篇演说中还说："社会党与自由党。对于民生政策，极能主张。兄弟可代表其无欧美之无政府主义。惟须谋全国人民幸福，须求政府发达经济，使贫民能无所痛苦，斯为得耳。现在地价税可行，社会党有主张单税者。盖中国土地税如增加起来，则单税本可敷全国之用。因今土地多无税，且房屋未还税，中央政府将来必行此策，只须社会、自由两党促其进行。"[②]从这篇演说的片段语言中，我们可以分析黄兴的理念：（1）希望避免资本家与工人的冲突；（2）经济的发展工业的进步要使全民受益，特别是贫民受益；（3）实行"涨价归公"的地价税。这与孙中山、宋教仁的想法都非常接近。谭人凤在《粤汉铁路说帖》中说："铁路发达，首推英美。然公司势力专横，左右金融，收买政客，抑遏他业，苦累遍氓。我国幸未至此，正宜引为前鉴。况今日讲求民生主义，无非欲全国资财分配于一般人民，而不愿集中于少数团体之手。倘路归商民个人私有，则此主义终难实现，国民必有陷于痛苦之一日。故今日不讲民生主义则已，欲讲民生主义，当先防异日大铁道公司之弊。欲免此弊，须使铁路归国家公有，以杀其势。此国有政策合于民生主义者一也。"[③]谭人凤把民生主义当作前提，并把铁路国有作为实行民生主义，避免大公司垄断的手段之一，可见他的观点。举黄兴和谭人凤作为例子，笔者一要说明宋教仁会与他们互相影响，二要说明革命党人的思想倾向。

---

① 迟云飞《宋教仁与中国民主宪政》第 42 页。

② 刘泱泱、陈珠培、刘云波编《黄兴集外集》，湖南人民出版社 2002 年版，第 229—230 页。

③ 石方勤编《谭人凤集》，湖南人民出版社 1985 年版，第 57 页。

顺便再说一句，开头注释中提到的胡汉民并不反对民生主义，由他撰写的《民报之六大主义》之三即“土地国有”，文中又赞扬社会主义。[1]这些行动，也许预示了中国思想和历史将要走的方向。即便今日，“均富”的观念也为台湾的精英所广泛接受，可见其思想基础。[2]

不过，对于宋教仁来说，社会主义终究不是他的思想主流，他关注最多的还是民主宪政、政党政治这些内容。这就是他会在组织国民党时愿意让步淡化民生主义的原因，因为在他看来，那至少是真正实现了共和以后才能做的事情。

原载《中国文化研究》2010年第3期。

① 汉民:《民报之六大主义》，张枬、王忍之编《辛亥革命前十年间时论选集》上册第二卷，生活读书新知三联书店1963年版，第371—383页。

② 宋楚瑜先生访问大陆，谈话中讲过“均富”，令笔者印象十分深刻。

宋教仁的边疆史地研究

——以《间岛问题》① 为中心

晚清革命党人中，虽传统学问大都有相当根基，但除章太炎等少数人外，论学问做得比较系统、深入的，实在并不算多，宋教仁和他的著作《间岛问题》当是其中的佼佼者。就笔者所能了解和认知到的部分来说，《间岛问题》的研究手段、方法、资料以及论证方法，都有相当特色。边疆史地研究至少是清嘉、道以来的学术传统之一，但宋教仁的研究和论证，由于时代和知识背景的变化，比前人增添了很多东西，并且意味着传统边疆史地研究在新时代的变化和进展。因此，无论就边疆史地研究来说，还是宋教仁研究来说，都值得总结。

1902 年，梁启超发表《新史学》，倡导史学革命，学界多把梁任公此文的发表作为近代史学变革的开端。但史学革命并非一蹴而就，实有一发展过程。如果说史学革命是一首宏大的交响曲的话，当由诸多乐章组成。本文要论述的宋教仁的《间岛问题》，难比一个乐章，但若视为一个生动的音符，则毫不夸张。

---

① 所谓“间岛”，大约在今吉林省延边朝鲜族自治州海兰河以南，图们江以北一带，为今延边的和龙市、安图县管辖。该地原属清朝发祥地，清入关后封禁，以致人口稀少。咸丰以后，朝鲜人越界开垦，并称之为“垦土”，后又混图们江一冲积沙洲“间岛”指称该地。日本占朝鲜，遂别有用心用“间岛”之名。该地本无所谓“间岛”地名，是日本人为夺取中国领土制造出来的，而其范围也不能指实。因此本文对“间岛”二字，除宋教仁《间岛问题》书名用篇名外皆用引号。见宋教仁《间岛问题》，载陈旭麓主编《宋教仁集》上册，湖南人民出版社 1980 年版，第 107—108 页；参见吴禄贞《延吉边务报告》，载李澍田主编《长白丛书》初集，吉林文史出版社 1986 年版，第 125—129 页。

一、学术史

关于宋教仁的研究，据笔者的了解，到目前为止，影响比较大的主要有如下一些论著：

较早的有20世纪六七十年代台湾吴相湘《宋教仁》(台湾传记文学出版社1969年版)，美国刘吉祥《宋教仁与中国革命》(K. S. Liew, *Song Chiao-jen and the 1911 Chinese Revolution*，美国加利福尼亚大学出版社1971年版。)。20世纪末21世纪初有迟云飞《宋教仁与中国民主宪政》(湖南师范大学出版社1997年版)、日本松本英纪《宋教仁の研究》(日本京都晃洋书房2001年版)、片仓芳和《宋教仁研究——清末民初の政治と思想》(日本东京清流出版会社2004年版)、美国普莱斯的一些论文[①]。但这些著作对于宋教仁的边疆史地研究，均未作深入探讨。关于宋教仁到"间岛"地区考察以及撰著《间岛问题》的过程，以日本学者松本英纪的论述最为详尽深入[②]，但松本的论文并没有涉及宋教仁的史地研究问题。

对晚清时期边疆史地研究进行较全面的评述和研究的，据笔者的了解，主要有马大正、刘逖的《二十世纪的中国边疆研究》(黑龙江教育出版社1998年版)，不过该书是评述整个20世纪中国边疆研究的，史地仅为其中的一个部分，因此，该书仅提及宋教仁《间岛问题》并肯定其价值[③]，未能深入展开。

---

① 如《革命与宪法：宋教仁政治策略的发展》，见《纪念辛亥革命七十周年学术讨论会论文集》，中华书局1983年版；《辛亥革命时期孙中山宋教仁与资产阶级民主的困境》，见《孙中山和他的时代》，中华书局1983年版。

② 他的论文《宋教仁与间岛问题》参加武昌1981年辛亥革命七十周年国际学术讨论会，论文收入《纪念辛亥革命七十周年学术讨论会论文集》，在收入他的专著《宋教仁の研究》时，作者又作了补充和修改，题为《宋教仁と'间岛'问题》。

③《二十世纪的中国边疆研究》第81页。

直接论述宋教仁的边疆史地研究的，目前只见到樊明方《宋教仁与中国边疆史地研究》(《西北大学学报》[哲学社会科学版] 1991 年第 4 期）一篇文章。该文简略叙述了宋教仁对“间岛”问题，以及云南片马交涉、澳门划界、中俄修约等问题的研究，由于论文写作年代和资料的限制，作者对宋教仁边疆史地研究的探讨并没有展开，如宋教仁边疆史地研究所运用的理论、方法、资料运用以及学术地位和成就，均未论及。因此，就边疆史地研究史的角度来说，该文最多只是提出了问题。

二、宋教仁研究边疆史地概况

我们应从晚清的边疆史地研究说起。

清嘉、道年间，曾有一批讲求经世致用的学者致力边疆史地研究，如祁韵士《藩部要略》、徐松《西域水道记》和《新疆事略》、张穆《蒙古游牧记》、姚莹《康輶纪行》、何秋涛《朔方备乘》等等。鸦片战争以后，一些学者又转而研究世界史地，如学界熟知的魏源《海国图志》、徐继畬《瀛寰志略》等。

及至 19 世纪末 20 世纪初，因边疆全面危机，激起学者们再度探讨边疆史地的努力，宋教仁对边疆史地的关心，也是在这一段的研究大趋势之中。此段的著作有东三省蒙务局《东三省全图》(1911，刊印年代，下同)、吴廷燮《东三省沿革表》(1911)、姚明辉《蒙古志》(1907)、许景澄《西北边界地名译汉考证》(1902）等[①]。直接与“间岛”问题相关的，吴禄贞主持编撰的《延吉边务报告》成于 1908 年，匡熙民《延吉厅领土问题之解决》成于 1909 年。1909 年地学会及次年

① 参见《二十世纪的中国边疆研究》第 79 页。

《地学杂志》的创刊，进一步推进了边疆史地的研究。《间岛问题》就先在上海印行，后又刊于《地学杂志》。

宋教仁自幼爱好史地，这里有许多回忆可以了解他的兴趣。如他在桃源漳江书院时的老同学文骏之子文思回忆，大约1898年冬，文骏见宋教仁初冬还把玩一把本来用于扇凉风的纸扇，原来这扇上绘了一幅中国地图，宋教仁舍不得丢掉[①]。宋被刺去世时，他漳江书院时代的老师瞿方梅回忆他"专力地理，上下沿革，尤所注意，形势塞厄"[②]。文骏在回忆中也提到漳江书院时期他们"纳凉江滨，坐夜月纵谈中西政治得失，关塞险厄，及古今用兵胜败"[③]。这些不同时期的回忆说明宋教仁在漳江书院求学时代（1899—1903年初）即已喜好史地。

除了天生的喜好外，有两个因素值得注意，一个是湖南学人的讲求实际、经世致用传统；一个是湖南新化邹家世代研究地理历史学，并出版地图。邹代钧生当晚清（1854—1908），算是宋教仁的湖南前辈，邹出过洋，已能吸收西洋现代地理学方法进行研究并绘制地图[④]。相信这两者都能对宋教仁发生一定的影响，并使他关注和研究史地有一定的条件。

宋教仁是革命家，不是专门学者，但确是书生本色，对学问有很大兴趣。他研究史地的做法是平时积累，独立研究，无明显师承。

从宋教仁的日记，我们可以了解到他在日本进一步发展史地兴趣的情况。他一度曾想撰写《太平天国地理志》，并着手搜集资料。遇到有关史地的问题，他会随手记在日记里。比如日俄战争时，他不仅关注

---

① 文思：《宋教仁先生二三事》，《桃源文史资料》第1辑，桃源政协1985年印。

② 《民立报》1913年4月28日瞿方梅祭宋教仁文。

③ 文骏：《我之历史·前序》，见宋教仁《我之历史》，湖南桃源三育忆种农校1920年石印本；台湾文海出版社有影印本。

④ 参见郭双林：《西潮激荡下的晚清地理学》，北京大学出版社2000年版。

战况，而且把自西向东进发的俄国海军舰队每日经过的地方仔细考察，记在日记里。又如1906年1月16日，宋教仁遇到一位来自归化（今呼和浩特）的龚子和，宋便把龚所说的口外行政区域的变动记下："山西口外□厅去岁已改为县，归化改为武川，萨拉齐改为五原，丰镇改为兴和，宁远改为陶林。"①

宋教仁有买书的嗜好，甚至常常超过了他的经济能力，1905年，购史地类书是个高峰，考察他的日记，估计所买的书中，史地方面的占了一半以上（见附录宋教仁购史地书目录）。

1906年宋教仁对伦理道德类书及阳明学发生兴趣，一面在早稻田大学留学生部预科上课，一面读王阳明文集，但他对史地的兴趣仍很浓，注意到有关的信息，就会记在日记里。如1906年2月12日日记："阅报良久。见一报载吉林将军奏清政府改伯都讷厅为新城府，添一县为榆树县；又有山东沿海游历日记，载山东沿海一带形势险要甚详，并考出以前地图许多地名方向误处，余欲记录之，以太多不果。"②

严酷的边疆危机的现实，使宋教仁把他的兴趣或真正的研究活动从一般的历史地理进一步深入到边疆史地，因此，我们今天能见到的宋教仁关于史地的文章，多是关于边疆史地的。而下工夫最多的，一为东北，一为云南。

应该说，直到下决心撰著《间岛问题》之前，宋教仁对边疆史地的关心和兴趣缺乏系统性，各种各样的因素使他没有专门探讨某个问题。不过，平时积累起来的知识有助于后来他在做《民立报》撰稿人时常就边疆史地问题发表评论。

---

① 刘晴波、刘泱泱等校点：《宋教仁日记》，湖南人民出版社1980年版，第120页。空白为原文所有。

② 《宋教仁日记》第135页。

附　宋教仁涉及边疆史地的著述

题 目	撰写或发表时间	发表方式及刊物
间岛问题	1908 年	先送清廷，后出版单行本
滇西之祸源篇	2 月	民立报（1911 年）
二百年来之俄患篇	2—3 月	
承化寺说	3 月	
北方又割地矣	6 月	
东南各省水患论	7 月	
新刊批评——《蒙古志》	7 月	
中葡澳门划界问题	9 月	
新刊批评——《新撰瀛寰全图》	10 月	
故纸堆中滇人泪（注释）	3—4 月	

1907 年，宋教仁到东北试图发动革命，革命没有成功，他却发现日本企图侵吞中国领土的野心。不仅是爱国情怀，更是因为对边疆史地的浓厚兴趣，促使他真正坐下来，写出了《间岛问题》。

宋教仁曾在武昌文普通中学堂学习，以后到日本，又先后进过法政大学速成科、早稻田大学预科，相对于宋以前甚至宋同代的一些研究史地的学者，他的知识结构比较新，这影响到他研究边疆史地时的方法、思路以及史料运用等诸多方面。以下笔者将对宋教仁《间岛问题》的特色作一些评述。

三、以国际法为出发点展开论述

《间岛问题》不是一般的史地研究著作，而是专门论证一地所属的著作。既然“间岛”是个国际交涉的问题，而日本人动辄引用所谓国际法进行“论证”，因此，宋教仁便也从国际法出发来论证。宋教仁受过一定的法律方面的训练，如此展开论证恰好能够展示他的特长。[①]而且以国际法出发来论证，既可以有针对性地驳斥日人制造的所谓“理由”，也使自己的论证有了比较符合逻辑和当时国际习惯的顺序。就边疆史地的研究思路和论证来说，这恐怕也是宋教仁不同于前人的地方。

世界各国领土与边界的划分，情形虽然十分复杂，但还是有一定的规律，也有一些公认的准则，这就是所谓关于国家版图或领土的国际法。宋教仁指出，国家版图之取得，有两种方式，一为本来取得（acquisition originally，英文为宋教仁自注，下同），一为传来取得（acquisition derivative）。本来取得，有增殖、时效、先占三者；传来取得，有交换、赠予、割让、买卖、合并五者。边界的划分，也有天然的境界（如山川、湖海、沙漠、荒原），人为的境界（即条约）。因此，则有三个要素必须考察，即领土主权谁先取得，自然地势何者便利，境界条约如何订立。这三个要素确定，而一地的主权归属就确立了。论文即围绕这三者展开论述。

首先是关于“间岛”领土主权的历史。宋教仁通过大量历史文献，尤其是朝鲜方面的文献，证实“‘间岛’之领土主权，自唐中叶迄于明末，即属通古斯人之传来取得者，不特与朝鲜国家绝无关系，即与朝鲜人民亦无丝毫之关系也”[②]。

相邻两国边界的划分，条约的订立非常重要，但大都依据大山、大河、沙漠等自然的屏障。因为这是两国居民的繁衍迁徙及政府控制逐步延伸自然造成的。宋教仁接着论述“间岛”自然地势。白头山、鸭绿江、图们江为中朝两国边界天然的境界。有关边界的约章也是由此划分

① 宋教仁曾入日本法政大学速成科学习，又翻译过多种各国法律制度文献。

② 陈旭麓主编：《宋教仁集》上册，中华书局 1981 年版，第 80 页。

的。日本人强词夺理，有指海兰河为图们江的，有指松花江发源的一源为图们江的，不一而足，皆为宋教仁驳斥。图们江发源于白头山天池，即为图们江源，这正是日本一些遵守科学规范的探险家、测绘家考察后得出的结论。宋教仁正好据以立论，并辅以韩国、中国的文献。

关于“间岛”境界之条约，宋教仁指出，东方各国国际法不发达，缺少完备形式的境界条约，但是，国与国之间划界之事是常有的，这种划界，具备国际条约的实质。中韩明确划界之事，在康熙五十一年（朝鲜肃宗三十八年）。宋教仁特地选了两种朝鲜方面的记载来说明此事，一为《通文馆志》，一为《东国文献备考》。朝鲜文献明确记载，当时两国官员到达白头山，刻立石碑，上有“西为鸭绿，东为土门，故于分水岭上，勒石为记”[①]等字样。双方除官员共同勘界外，还有文书往返。这实质是一种边界条约。

通过以上三个方面的分析，宋教仁指出，“然则“间岛”当为中国领土，其条件已完全具备矣”[②]。

四、资料特色——日韩资料的运用

充足、完备的资料是进行历史学或史地研究的前提，其实又不仅历史学，所有科学研究都是如此。如果资料不足，或遗漏重要资料，则不仅不能服人，自己的结论也很可能站不住脚。

延边地区南部，原来文化不发达，比较中原地区，文献记载要少得多。但宋教仁还是搜集了非常多的资料，甚至令人惊叹。据笔者粗略统计，宋教仁注出的资料即达 92 种（见附录）。笔者不敢说宋教仁穷

① 《宋教仁集》上册第 82 页。

② 《宋教仁集》上册第 85 页。

尽了关于“间岛”的资料，但6万字的论文，能引证这么多的资料，实在可以当得上“资料丰富”四个字。

与一般考证须尽可能穷尽资料又不同的是，《间岛问题》中大量应用了日本、韩国方面的资料，这是《间岛问题》的一个基本特色。据笔者初步统计，宋教仁提到或注出的日本资料达24种，韩国资料19种。这又与以往边疆史地学者的研究论证撰著有很大不同。客观上，当时日本的公共图书馆已经相当发达，阅览比较方便，这是宋教仁能够运用这么多日、韩资料的条件。

日、韩资料的运用，一方面丰富了可资使用的资料，而更重要的在于收到“以子之矛攻子之盾”的效果。有的资料证据作用十分明显。如宋教仁在日本东京帝国图书馆找到的朝鲜古山子《大东舆地图》，其中清楚地绘有白头山、天池（闼门潭），以及鸭绿江和豆满江（图们江）的源头。该图还标有中韩界标。此图足以证实图们江以北的“间岛”地区为中国领土。此外，上节所说的从国际法的论证，多用日、韩方面的资料，尤其境界条约方面，完全用的韩方资料。这比利用中方资料更能说明问题。

五、语音学的运用

中国传统也有所谓音韵学，但研究发音及标注方法，基本上限于汉语及中国境内各少数民族语音。因此在研究边疆史地时，很少能应用语音学。宋教仁通日语，学过英语，在他的日记里，有了解和研究语音学的记录，在研究“间岛”问题时，他应用了语音学的方法。日本人强辩说豆满、图们（土门）是两条河：豆满是朝鲜境内的河；土门是界河，在松花江源头。宋教仁讨论所谓“豆满”江的源流时，他利用满语（包括女真语）、汉语、朝（韩）语进行对比，又用英语、日语及国际音标的发音做比照，最后指出豆满、图们、徒门、土门、图门，实际都是来源于女真语，即图们江，也即中朝界河。“豆满”完全不是什么另外一条河，译成“豆满”是因为朝（韩）语中缺少某些发音元素所致。图们、图门是正译，其他是不准确的译法。

六、现代科学和学术理念的引入

古人由于时代的关系和研究手段的原始，即便亲临其地，也未必能准确记载。如《大明一统志》记述：“长白山高二百里。”《大清一统志》竟也沿袭其说，宋教仁指出其谬误：“考天下之山，未有高至二百里者，明志所云，殆出于传闻。”[①] 此不过是根据当时的科学知识对传统笼而统之的说法的纠正，属于比较简单的。

宋教仁在第五章《间岛地志》中，对该地区的沿革、面积人口、地势山川、地质、气候、政治、军备、交通、产业、语言、宗教、民俗、村镇等，一一作了介绍。其中地质、气候等部分，吸收现代科学方法。

七、不可克服的缺陷

现在分析《间岛问题》的缺陷。

笔者对边疆史地研究是外行。但就一般史学研究规律来说，我以为有三个要素不可缺少：即文献、实地考察、考古资料。宋教仁的时代，中国的考古还没有发展起来，世界上的考古专业与20世纪以后的发展也

① 《宋教仁集》第96页。

根本不能相比。那么，文献与实地考察，就如车之两轮，鸟之两翼，缺一不可。此外，民族学、文化人类学、民俗学、语言学的应用，都可以作为边疆史地研究的辅助，宋教仁也在尝试应用语言学等方法。

因此，我以为宋教仁的主要缺陷是实地考察不足。有回忆说，宋教仁到过延吉，到过韩登举处，甚至见过任吉林边务帮办的吴禄贞，但都语焉不详[①]。宋教仁在延吉停留的时间到底有多久，目前还不清楚。但是以宋教仁的革命党重要人物身份[②]，以及经费的限制，要做细致的考察是做不到的。这导致宋教仁对一些地理的描述，只能依赖文献资料，甚至是日本人到该地“考察”写下的记述，虽然他常常向来自所要研究的地方的人去了解，但这比亲身考察到底还是不同。比如图们江的初源问题，《延吉边务报告》的描述就更细致、准确。这是因为吴禄贞带随从人员在“间岛”做过细致的考察，并有测绘人员一起考察。

对云南、西北地区、内外蒙地区的了解和研究，宋教仁就更受到局限，因为他从来没去过这些地方。

第二个缺陷是没有办法利用档案资料。清朝建立全国统治后，延吉一带虽然僻远，但该地是清朝发祥地，又是人参等特殊物品的出产地，相信档案中会有一定的记录。但这也是宋教仁所无法做到的。

八、反响及社会评价

宋教仁出生于1882年，1908年他只有26岁，在没有任何老师指导的情况下，能为此资料充实、逻辑严密、论证严谨的著作，实在难

① 有关宋教仁在东北活动的情况，参见松本英纪《宋教仁と‘间岛’问题》，载《宋教仁の研究》；迟云飞《宋教仁与中国民主宪政》第35—36页。

② 实际上，宋教仁组织起义的事情暴露后，清政府方面，东三省总督徐世昌知道革命党的负责人就是宋教仁。

得。那么，《间岛问题》问世以后的反响如何呢？

宋教仁去世后徐血儿所作《宋渔父先生传略》说，宋“精舆地学，曾著《间岛问题》一书，清政府得之，‘间岛’交涉，得以不败。清政府欲请先生任外交，先生不为动”[①]。骚心（于右任）说：“记者（骚心自称）创办《民呼报》时，欲求为文者。时康君宝忠自东京归，记者即求康君于同盟会本部中荐一能文之士，康君以宋教仁对。时正‘间岛’交涉最困难之际，康君曰：‘君试一读《间岛问题》之小册子，即可知宋君之学问与识度矣。此记者知宋先生学问渊博之始也。当‘间岛’问题发生后，交涉者一无把握。宋先生自日本走高丽，搜求高丽之古迹遗史，抵辽沈，又得中国及日本之史迹足以为此案之佐证者。复亲历‘间岛’，考求其地望事实，归而著《间岛问题》。书成，日本东京之有名学者，均欲求先生以此书版权归诸日本。先生不允。时袁督北洋，得此书，电召先生归国。先生……以书付袁，而卒未归。后‘间岛’交涉，因获此书为辅佐，得未失败。袁甚德之，电驻日公使酬先生以金二千元。先生不受。驻日使固强之，先生随散之留东之困乏者，且谓：‘吾著此书，为中国一块土，非为个人之赚几文钱也。’”[②]上述两人都是宋教仁的同志、好友，其文字又是宋教仁刚被刺去世时，可能有夸大的成分，那么郑孝胥的日记应是当时比较客观的评价。

为了扩大《间岛问题》的影响，宋教仁将书写成后，就谋求公开印行。同时，他辗转托孟森请郑孝胥为之题写书名，因此，郑孝胥在印行之前看到了《间岛问题》。郑在光绪三十四年七月初八日（1908年8月4日）的日记中记：“孟莼孙（孟森）来谈，言有宋链著《间岛问题》

① 徐血儿等编：《宋渔父先生传略·遗著·哀诔》（原名《宋渔父》前编）卷首第2页。见沈云龙主编，《近代中国史料丛刊》第82辑，台湾文海出版社排印本。

② 骚心：《宋先生遗事》，载《宋渔父》后编。

一书，求余署其端。”[①] 几天后，郑孝胥看到了书稿，得出这样的评价：“孟莼孙送来《间岛问题》稿本，其书颇有意理秩序。”[②] 郑孝胥为当时名士，任预备立宪公会会长，他的评价，可以代表当时名流的看法。

清政府官方的反应也可作为参考。宋教仁将文稿写好后，便托人转交清政府驻日公使李家驹，李家驹见书即送两份回国内，一给吉林边务督办陈昭常，一给外务部。陈立即两次致电东三省总督徐世昌，希望调宋教仁到吉林襄助边务。其中说“是书详于知彼，颇足补边务报告所不及”[③]。外务部也希望宋教仁回国参加交涉工作，但最后都没有实现[④]。

顺便提一句，包括前面提到的许多回忆说清政府交涉没有失败，保住了延吉这块地方，全赖宋教仁的《间岛问题》，恐有夸张。回忆者只知其一，不知其他，只注意了宋的《间岛问题》，忽略了延吉边务人员包括陈昭常、吴禄贞在内的官、兵的艰苦努力（如《延吉边务报告》的编纂），以及外务部及其直接交涉人员的努力，甚至包括东三省总督徐世昌的努力。

据笔者所知，《间岛问题》自面世后多次印行，也可见其反响。主要版本有两个：一为上海中国图书公司 1908 年印本，郑孝胥为之题写了书名，国家图书馆藏有此版本；一为《地学杂志》第 46—73 号所连载。由于 1908 年中国图书公司版本错误较多，而原稿已不知下落，因此，后来印行都是用的《地学杂志》的版本。陈旭麓先生主编《宋教仁集》，李澍田先生主编《长白丛书》初集所收录的《间岛问题》（吉林文史出版社 1986 年版），用的都是《地学杂志》的版本。

---

① 劳祖德整理：《郑孝胥日记》第二册，中华书局 1993 年版，第 1152 页。

② 《郑孝胥日记》七月十二日（8 月 8 日）第 1153 页。

③ 徐世昌：《退耕堂政书》卷五十一，台湾文海出版社 1968 年影印本。

④ 参见迟云飞《宋教仁与中国民主宪政》第 38—43 页。

附 录

1.《间岛问题》中直接注出的日方资料

序号	章	资料作者	书、刊名
1	第二、三章	小藤文次郎	《韩满境界私考》
2	第二章	国友重章	《间岛探险报告》，东京《报知新闻》明治四十年九月十日
3		稻叶君山	论文，《报知新闻》
4			《每日电报》明治四十年十一月十九日
5			《报知新闻》明治四十年八月二十日
6			《辽东新报》（设于日本租借地大连）明治四十年十一月二十八日
7		日设于间岛非法派出所	大阪《朝日新闻》明治四十年十一月二十三日
8		日政府	致中国外务部文
9		日政府	致中国外务部答辩书，《辽东新闻》明治四十年十月二十四日
10	第三章	吉田东伍	《日韩古史断》
11	第三章 第四章	丸家善七（校刊，著者佚名）	《朝鲜国志》

序号	章	资料作者	书、刊名
12	第三章		《间岛纪行》(16),《朝日新闻》明治四十年九月二日
13		守田利远	《满洲地志》
14		日参谋本部	《满洲地志》
15		矢津昌永	《韩国地理》
16	第四章		《间岛纪事》第十四信，大阪《朝日新闻》明治四十年六月五日（文中亦提及十六信）
17		东亚同文会	《长白山附近图略》
18		小川运平	载《辽东新报》明治四十年十月二十四日
19		日参谋本部	《满洲全图》
20	第四章附录	小藤文次郎	《北韩旅行谈》
21	第四章	林泰辅	《朝鲜史》
22		小藤文次郎	《北韩山脉水系考》
23		近藤守重	《边要分界图说》
24	第四章 P102	鬼谷子①	日本九州《实业新闻》载之《间岛问题论》

① 宋教仁估计为假名。

2.《间岛问题》中直接注出的韩方资料

序号	章		资料作者	书、刊名
1	第二章	韩	丁若镛	《大韩疆域考》
2		朝鲜[①]		《通文馆志》多处引用
3	第三章	韩	金永	《三国史记》
4		朝鲜	韩致渊	《海东绎史》
5		朝鲜	柳希龄	《东国史略》
6	第三章 第四章	朝鲜	郑麟趾	《高丽史》
7	第三章	朝鲜	洪凤汉等	《东国文献备考》多处引用
8		朝鲜	林泰辅	《朝鲜史》
9		朝鲜		《朝野纪闻》
10		朝鲜	无名氏	《山经表》
11		韩	李范允	《北舆要选》
12		朝鲜	古山子	《大东舆地图》(藏日东京帝国图书馆)
13	第四章	高丽		《李穑牧隐集》(李公神道碑铭序)
14		朝鲜	肃宗钦定	《璿源系谱纪略》(朝鲜王家谱序)
15		朝鲜	魏昌祖	《北道陵殿记》
16		朝鲜	南九万	《抚夷堡记》
17		朝鲜	卢思慎	《东国舆地胜览》
18		韩?		《大韩疆域志》考? P96 待查
19		朝鲜	李端夏	《北关志》

① 韩、朝鲜、高丽之别，为《间岛问题》原文。

3.《间岛问题》中直接注出的中方资料

序号	章	资料作者	书、刊名
1	第二章	吉林将军长顺奏折（光绪十六年）	《吉林通志》
2		总理衙门议复折（光绪十六年）	《吉林通志》
3		东三省总督徐世昌	致外务部书
4		外务部	照会日政府文（光绪三十三年七月二十九日）
5	第三章		《唐书》、《辽史》、《金史》、《元史》
6		（宋）徐竞	《宣和奉使高丽图经》
7		顾祖禹	《读史方舆纪要》（有原本今本之分，宋教仁指出今本清廷多删改）
8			《明太祖实录》《大明一统志》《明成祖实录》
9		清高宗	钦定续考?
10		（明）徐日久	《五边典训》
11		陈建	《皇明从信录》
12		叶向高	《苍霞草》
13		天都山人	《建州女真考》
14		马文升	《抚安东夷记》
15			《明神宗实录》
16		周文邦	《边事小记》
17		高拱	《边略》
18		陈仁锡	《皇明世法录》
19		茅元议	《武备志》

序号	章	资料作者	书、刊名
20	第三章	王在晋	《三朝辽事实录》
21		顾炎武	《圣安本纪》《皇明从信录》
22		清太宗	《敕建大金喇嘛注师宝塔记》
23		魏源	《圣武记》《国朝龙兴记》
24		曹廷杰	《东北边防辑要》《明季三卫分建诸国考》
25			《开国方略》
26			《满洲源流考》
27			《东华录》
28			《大清会典》
29		杨宾	《柳边纪略》
30		萨英额	《吉林外纪》
31	第四章	奇召南	《水道提纲》
32			《明史》之《地理志》
33			《盛京通志》
34		清高宗	《御制诗注》《盛京赋》
35		何秋涛	《朔方备乘》《艮维窝集考》
36		方拱乾	《宁古塔志》
37		曹廷杰	《东三省舆地图说》
38			《大清一统志》
39		吴枨臣	《宁古塔纪略》
40			《元一统志》
41		清高宗钦定	《辽金元三史国语解》
42			《东国通鉴》

4. 宋教仁日记中所记研究东北史地事

时间	研究情况
1906 / 05 / 05	读《商业界》杂志上之《鸭绿江源之独立国》，注意“间岛问题”
1906 / 05 / 19	“读报，见有垦岛及南洋比雷岛地理甚详，遂抄录之。”
1906 / 09 / 04	住医院，阅《读卖新闻》，研究“间岛”地区韩登举情况。
1906 / 09 / 15	住院，阅报研究间岛及东北“马贼”事。
1906 / 09 / 20	住院，定购《满洲地志》。
1906 / 09 / 24	住院，阅《满洲地志》，研究“间岛”及韩登举。
1906 / 09 / 25	住院，向黄兴提出运动吉林韩登举三策，黄兴同意。
1906 / 09 / 28	住院，致函《满洲地志》作者守田利远（驻中国旅顺日军军官），讨论其书中自相矛盾之处。
1906 / 10 / 18	住院，收到守田利远回函，但宋对其答复仍未满意，希望能亲历考察。
1906 / 11 / 05	有山东人张肖峰将往“满洲”，宋告以韩边外之历史地理产业交通等，并请张到彼地后，常以信通告当地情形。
1906 / 12 / 04	阅报，见有“间岛问题”记事，抄录之。
1906 / 12 / 28	张继自东北归，与谈东北事。
1907 / 02 / 24	与曾在“满洲马贼”中任头目之日人古河（谷川清）谈韩登举及马贼事，并初拟携古河至东北运动。
1907 / 02 / 28	购《白山黑水录》《满洲地志》
1907 / 03 / 01	阅《大国民杂志》中《间岛游历记》
1907 / 03 / 02	购《地理上发见史》
1907 / 03 / 05	确定往“满洲”
1907 / 03 / 23	出发赴东北。4 月 1 日抵安东（丹东）
1907 / 04 / 06	购“满洲”地图。读守田利远《满洲地志》，以后二日仍读，至日记终。

5. 宋教仁日记中购、阅史地书籍及研究的记录

时间	书籍
1905 / 01 / 25	购《暹罗、老挝、安南三国探险实纪》《地学界》
1905 / 02 / 17	购《浦盐斯德》（即海参崴）
1905 / 02 / 28	购《地文地图》《东洋历史表解》《外国地理表解》
1905 / 03 / 02	购《史学界》（日文）明治三十二年至三十四年一套
1905 / 03 / 15	读《粤军志》，搜集资料，欲著《太平天国地理志》
1905 / 03 / 19	购《万国舆图》
1905 / 05 / 20	购《支那地志》
1905 / 05 / 21	购《日露海战图》
1905 / 05 / 26	购《东洋交通图》
1905 / 05 / 30	购志贺重昂《地理学》
1905 / 06 / 08	欲购历史、地理书不得，购得《史学杂志》
1905 / 06 / 17	购《澎湖岛》
1905 / 06 / 25	购《史学界》二册
1905 / 09 / 15	购《韩国新地理》
1906 / 02 / 28	购《世界读史地图》，借张继《瀛寰志略》
1906 / 03 / 09	索前购《世界读史地图》之《说略》一册
1906 / 05 / 17	托书店在上海代购《西藏全图》《卫藏通志》《中外舆地图》《海道图说》《中国红海险要图志》等

时间	书籍
1906 / 05 / 21	购旧书《史学杂志》数册
1906 / 05 / 23	“（杨）勉卿拟将六盟馆所编《普通学表解丛书》译去，以饷学界，邀余同译。余思其中有《世界史表》一种，若能译出，于自己研究历史之功不无少益，遂许勉卿任译《世界史表解》，且取其书而回。下午，即着手译之，觉其间不完全者太多，又不免错误，乃拟为之增减改译；且其名曰《世界史》，而表中所列则仅西洋事，于名不符，拟改其题曰《西洋历史表》焉。是日，译成埃及史表。”
1906 / 09 / 02	住医院，阅《世界杂志》载《箕子ノ古朝鲜ヲ李氏之朝鲜半岛ト混同スルノ误解》一文，研究朝鲜历史地理。次日致函该杂志，指出该文的错误。
1906 / 09 / 03	住医院，阅《时报》，研究云南边境及被英国吞并土地情况。
1906 / 11 / 11	访云南干崖土司郗沛生，了解云南历史地理。以后多次谈。

陈天华、宋教仁留日史事新探

关于陈天华和宋教仁，学术界已经作了大量的研究，但还是有很多问题不清楚，他们在日本的学习活动就是其中之一。已有的研究，大都语焉不详。比如，他们到底进了哪些学校？学了些什么课程？成绩如何？了解这一点，对于理解他们的思想、行为乃至当时整个留日学生界的思想行为，都有重要的意义。2004 年，笔者有机会在日本作了 70 余天的研究，接触到了一些新资料，虽仍远远不够充分，但相信对于了解陈天华、宋教仁的活动以及当时留日学生的情况，会有一定的帮助，现提供给学术界。

一、陈天华与弘文学院

1903 年 3 月，陈天华赴日留学，于当月底抵东京。①

以前，根据中文资料，我们只知道陈天华到日本后入弘文学院②，但是时间及学习内容都不详。弘文学院成立于 1902 年③，为日本教育

① 参见迟云飞：《关于陈天华几件史实的考订和纠误》，《近代史研究》1984 年第 5 期。

② 杨源浚：《陈君天华行状》，见《陈君天华绝命书》，新化自治会 1906 年刊（不著编者）。

③ 为避乾隆皇帝名讳，该校后改名“宏文学院”。关于弘文学院的研究，还可参见（日）北冈正子：《鲁迅という異文化のなかで：弘文学院入学から“退学”事件まで》，日本大阪关西大学出版部 2001 年版。

家、体育家（柔道）嘉纳治五郎创办，专为中国留学生进行初级的语言及各学科教育，毕业后可升入日本的大学或专门学校，如鲁迅在该校毕业后到仙台医学专门学校学习。弘文学院的档案，现保存在东京讲道馆里[①]。从现存的弘文学院档案，我们知道，陈天华是1903年4月进的弘文学院，也就是他刚到日本的时候。弘文学院设普通科、普通速成科、速成师范科、夜学速成理化科、夜学速成警务科、夜学日语科等科，陈天华到日本留学属于官费的"游学师范生"，所以他应在师范科。陈天华入学以前，杨度、鲁迅、黄兴、杨毓麐等已在该校学习，胡汉民、胡元倓也曾在该校学习。档案明确记载有陈天华入学时间，同时入学的还有与陈天华一同赴日的杨昌济（即杨开慧之父）、朱德裳、石陶钧等[②]。当年8月末的学生名单上仍有陈天华[③]。此后由于陈天华两次回国[④]，终止了在弘文学院的学习，而且综合各种情况看，他在弘文学院上课不多。在陈天华退学之前，黄兴、杨毓麐也已经退学[⑤]。

弘文学院的课程大致有日语、体操、地理历史、算术、理科示教、修身、代数、几何、图画、动物、植物、英语等，其中日语占大部分。这是典型的中学课程。1905年农历五月到弘文学院学习的湖南人黄尊三记校长嘉纳治五郎在开学典礼上的演说也可印证："宏文学院，专为培育中国留学生而设，有普通中学之性质。学科除日文日语外，并注重普通，为将来考入高等大学之预备。因中国学生，大抵缺乏普通科

---

① 讲道馆又名国际柔道中心，其创始人也是嘉纳治五郎。嘉纳先生既是教育家，也是柔道家和体育教育家。弘文学院结束后，资料档案就留在了讲道馆。

② 日本东京讲道馆藏"宏文学院"档案资料，第一函，《学生异动报告书》。

③ 见讲道馆藏《学生异动报告书》，8月以后名单保留不全。

④ 一次作为军国民教育会的运动员，一次筹划华兴会起义。参见杨源浚《陈君天华行状》。

⑤ 黄兴、杨毓麐退学有明确记录，杨退学在1903年4月，黄退学在是年5月；陈天华退学档案中无明确记录。

学，非补习之，不能求高等专门学问。普通中学外，另有师范班，为年长之留学生，及中国官吏短期学习而设云云。”[①] 由此可以了解陈天华以及黄兴等在弘文学院的学习内容和学习情况。

二、陈天华、宋教仁与法政大学“清国留学生法政速成科”

1904 年开始，应中国留学生、后来成为中国教育家范源廉的建议，经日本法政大学总理（校长）梅谦次郎与清政府驻日公使商议，法政大学专为中国留学生举办了“清国留学生法政速成科”。学习时间最初定为一年，后来延长至一年半。主要课程有：法学通论、民法、商法、国法学、行政法、刑法、国际公法、国际私法、裁判所（即法院）构成法、民刑诉讼法、经济学、财政学、监狱学、地方制度、警察学等。陈天华、宋教仁、汪精卫、胡汉民、朱执信、沈钧儒、汤化龙、居正等都曾在该速成科学习。该速成科的特别之处是由日本教师用日语讲授，同时在课堂上由专人口译为汉语，所以不懂日语的学生仍可照常学习，当然，因为口译耗费时间，所以一年半的学习时间，真正的授课时间应该去掉一半。范源廉、曹汝霖等都曾担任过翻译。法政大学总共举办了五期速成科，前后有近 2000 人入学，1200 余人毕业[②]。

1904 年，陈天华再到日本，入法政大学。过去，我们仅知道他入法政大学，但实际上陈天华进的是法政速成科，不是本科。法政速成科第一班（即第一期）于 1904 年 5 月 7 日正式开学，1905 年 6 月 4 日毕业。按照陈天华的入学时间，他应该在第一班（即第一期），晚清

① 黄尊三:《三十年日记》，湖南印书馆 1933 年 11 月印行，第 11 页。

② 统计数字有小的差别。

政坛上活跃的湖南人罗杰、雷光宇，都是这一期的学生。但现存的第一班毕业生名册上（1905 年 6 月）无陈天华，现存的第一班考试成绩册（1905 年 4 月，按各种名册不全）也没有陈天华，想是因为从事政治活动，没有参加考试，也没能毕业。陈天华在此学习直至 1905 年 12 月蹈海①。

宋教仁 1904 年 12 月 13 日到东京。据宋教仁的日记记载，1905 年 6 月 12 日，他到法政大学报名，6 月 15 日正式上课。由于宋教仁的日记并没有写明是法政速成科，所以我在写《宋教仁与中国民主宪政》②时，以为他是正式的法政大学本科学生，中国学界其他学者也大体如此。实际上，在法政大学学习的中国学生都在速成科③。那么，宋教仁是在哪一期呢？法政大学速成科保存的名单不全，现存的名单没有宋教仁，法政大学所编《法政大学百年史》说，宋教仁在第二班（期），即与汪精卫、胡汉民、朱执信同一期④。速成科第二班（期）于 1904 年 10 月开学，1906 年 6 月毕业，照此情况看，宋教仁是中途插班的。

1905 年 11 月，日本文部省颁布“清国留学生取缔规则”，留学生群起反对，12 月 8 日，陈天华蹈海殉国，以后宋教仁成为反取缔规则的激进派首领之一。日本外务省档案列有反取缔规则活跃分子名单，名单记载，此时宋教仁仍是法政大学学生，惟将宋教仁列为直隶人，可能日本方面情报有误，也可能作为革命党人的宋教仁为避清政府注意故意

---

① 法政大学史资料委员会编：《法政大学史资料集・第十一集・法政大学清国留学生法政速成科特集》，日本东京法政大学 1988 年版；参见杨源浚《陈君天华行状》。

② 湖南师范大学出版社 1997 年版。

③ 据 1905 年 8 月 7 日《朝日新闻》报导，在法政大学学习的中国留学生有 295 人在速成科，本科只有 1 人。转引自《法政大学清国留学生法政速成科特集》第 198 页。

④ 法政大学百年史编纂委员会编：《法政大学百年史》，日本东京法政大学 1980 年版；参见安冈昭男：《解题清国人留日学生与法政速成科》，见《法政大学清国留学生法政速成科特集》第 251 页。

登记了假籍贯[①]。1906 年 1 月，反取缔规则风潮渐渐平息，中国留学生恢复上课。据宋教仁日记，宋教仁于 1906 年 2 月 1 日入早稻田大学留学生部预科学习，而他在早稻田登记的名字为“宋錬”。宋教仁为什么不仍去法政大学而入早稻田并且改名？日本外交史料馆藏有清政府驻日公使杨枢致日本外务大臣西园寺公望的照会，照会列了一个组织反取缔规则的留学生名单，中有宋教仁、胡瑛、田桐等 19 人，杨枢要求日方不准这 19 人入日本学校[②]。杨枢的照会在光绪三十二年二月十一日，即西历 1906 年 3 月 5 日，时间虽在宋教仁入早稻田大学之后，但我估计杨枢应已先向法政大学打过招呼，宋教仁也可能听到风声[③]。这应是宋教仁退出法政大学、入早稻田大学并改用“宋錬”的化名的根本原因。

关于宋教仁在早稻田大学的学习情况，日本学者片仓芳和已经做过研究，这里就不多谈了[④]。

三、对留日学生专业水平的评估

20 世纪的头几年，为近代中国少见的留日高潮期，而留日学生到底学了些什么？他们的专业水平如何？这是值得我们重视的问题。

按照法政大学总理梅谦次郎博士的估计，日本各大学学习法政的日

---

① 日本外交史料馆藏《外务省记录》3-10-5-3-7，《在本邦清国留学生关系杂纂——取缔规则制度及对该规则学生纷扰之件》。

② 日本外交史料馆藏《外务省记录》3-10-5-3-7，《在本邦清国留学生关系杂纂——取缔规则制度及对该规则学生纷扰之件》。

③ 时“考察政治”大臣之一的载泽到日本，日本政府顾虑留日学生中革命党人行暗杀手段，派警察日日监视宋教仁。

④ 参见片仓芳和：《日本滞在中の宋教仁》、《宋教仁年谱稿》，载片仓芳和《宋教仁研究——清末民初の政治と思想》，日本东京清流出版会社 2004 年版。

本学生，一般需要学习三至四年；中国学生如何呢？“清国学生之有志于斯者，不得不先从事于本邦语言（即日语——引者），从而入专门各学校。综计前后须得六七年。夫以六七年岁月之久，是非立志坚定者，鲜克见厥成功。即成矣，而其数必又居于最少”[①]。作为有经验的教育家的梅谦次郎，此一估计是有道理的，这也与我们现在的留学经验符合。但是绝大多数留日的中国学生都是短期的、速成的，达不到真正的本科毕业水平。鲁迅回忆日本留学生活时，首先想到的便是与日本人一样凑热闹赏樱的“清国留学生的速成班”的学生[②]，便是反映的这一情况。据《朝日新闻》1905年对2731名中国留学生所在学校的统计，其中人数较多的学校为：弘文学院1100名、振武学校305名、法政大学速成科295名、成城学校151名、同文书院148名、经纬学堂139名。以上这些多是速成或预备学校性质。而最著名的学校东京帝国大学只有5名、京都帝国大学只有2名、早稻田大学有23名、庆应义塾大学只有1名[③]。可见中国留学生的学习情况。此种情形，清政府学部的奏报中也有反映。

我们举陈天华为例。资料显示，陈天华的日语不好。与陈天华同时去日本，又同在弘文学院学习的石陶钧回忆：“他（陈天华——引者）因口吃，半年还不能说一句倭话。也正因如此，他的工作全用在写《敬告湖南人》、《混沌图》、《猛回头》……一类的小册子上。”[④]宫崎寅藏的回忆也这样说：“我们曾多次见面并一起喝酒，但是，他寡言少语，再加上语言不通，终于很少交谈，在‘干杯干杯’之间领会万事，就

---

① 《法政大学清国留学生法政速成科特集》第2页。

② 鲁迅：《藤野先生》，见《朝花夕拾》，人民文学出版社1973年版，第61页。

③ 转引自《法政大学清国留学生法政速成科特集》第198—199页。

④ 石陶钧（醉六）：《六十年的我》，见湖南历史资料编辑委员会编《湖南历史资料》1981年第2期（总第14辑），湖南人民出版社1981年版。

这样一直到永远别离了的时候。”直到陈天华蹈海之前的两天，宫崎寅藏的回忆还是这样说的：“陈君招待晚餐，我参加了那次宴会，他用秘藏的螺壳杯争着干杯，醉得不知东南西北。不用说，此时也是‘干杯’以外一句话也没交谈。而这就是最后的诀别之杯，陈君是否知道？并非神仙的我，无论如何也无法知道。两天后，他投身大森海。”[①]显然，这样的日语水平，会妨碍陈天华从日文著作中学习知识。

陈天华的口头语言表达能力不强，可能是个特例，但是一般中国学生，如果在国内没有学习日语，在日本至少须一年时间，才能过语言关，也就是能够听懂授课。也是湖南人的黄尊三 1905 年农历五月到日本，第二年七月，他在日记中写道：“余虽学日语一年，然程度颇低，不能听讲，以后非力学不可。”[②]可以印证。

宋教仁的情况与陈天华不同，宋教仁善交际，他的语言能力也较强。但是我写《宋教仁与中国民主宪政》时，以为他 1905 年 6 月入法政大学便是能听懂日本教师授课，实为误解，因为那时还不知道法政速成科的事。不过，同盟会成立前后，也就是宋教仁到日本八个月后，他确能与日本人交谈并经常阅读日本报纸。到日本一年以后，宋教仁翻译了大量的关于宪法类的日文资料，说明他的日文水平已相当不错。但是从现在所掌握的资料看，宋教仁在日本的学校上课并不多，他的法政知识，更多的是得力于他自行的研究，除了学术界熟知的他翻译各国宪法的事情外，他还翻译了日本学者小林丑三郎所著《比较财政学》一书。但是晚清像宋教仁那样长期逗留日本并进行研究的中国学生并不多，绝大多数人在日本只是一二年甚至几个月。

综合以上的情况，我们可以得出结论，即晚清时留日学生虽多，但

---

① 宫崎寅藏：《亡友录・陈天华君》，载《宫崎滔天全集》第二卷，日本东京平凡社 1971 版，第 583 页。

② 黄尊三《三十年日记》第 67 页。

专业方面普遍学得并不深，其知识水平带有“速成”的性质，即只学得了比较浅显的初步的知识，而不够系统不够深入。或者说，绝大多数留学生是在日本“感受世界潮流”而已。当然，这些留学生绝大多数像陈天华、宋教仁一样有较深的传统文化的教养，在社会风潮的感染下，他们思想转变快而专业知识（或新知识）不够系统也不够丰富。留日学生如此，当时中国创办的大量新学堂的具体情况如何呢？学术界还需深入研究。而鉴于留日学生在清末和民国初年在中国政界、知识界的重要地位，这对近代中国人如何认识西方的各学科理论、如何认识西方以及如何建立中国自己的现代知识体系，会有很大的影响。

原载《近代史研究》2005 年第 6 期

关于宋教仁研究的几点意见

——在宋教仁研究会成立会上的讲话（2011年6月9日）

各位领导、各位专家学者、各位朋友：

大家好！

首先感谢宋教仁常德研究会邀请我来参加今天的成立会，我对研究会的成立表示衷心的祝贺！这是一件大好事。刚才谢会长对宋教仁在民主革命中所作的贡献作了很多阐释，如果研究会成立后能在两个方面做一些工作我觉得非常好：

一是推进宋教仁的研究。晚清革命党的主要领导人一般叫“孙黄宋章”，孙是孙中山、黄是黄兴、宋是宋教仁、章是章太炎。孙黄章的研究比较多，也比较充分，相对而言，对宋教仁的研究可以讲是远远不够的，需要花大气力。宋教仁研究会对宋教仁的研究做些推动工作，是非常好的事情。

二是要让社会上更多的人知道宋教仁。近代中国，我们饱受列强的欺凌，我们的国家所以没有灭亡，全靠一代代先辈的艰苦奋斗和流血牺牲。要让人们知道宋教仁为我们国家的进步、为了挽救我们民族的危机所作的卓越贡献和艰苦的努力。不单是宋教仁，还有宋教仁那一代人，包括我们湖南的黄兴、陈天华、蔡锷等等，他那一代人在艰苦的条件下，为我们中国的振兴、为了挽救民族危亡所作的贡献是非常非常大的。

刚才谢会长讲话里有个故事，就在桃源的一个小学里，有很多学生都不知道宋教仁。我也看到网上的资料，学生们一说起明星了如指掌，一讲宋教仁都不知道，这在我们国家生活中是不正常的，要让更多的人知道宋教仁。研究会的成立非常好，可以说，谢会长和湖南省常德地区的领导们和热心的人们办了一件好事。这是第一个意思。

第二个意思，宋教仁的业绩刚才谢会长说了很多，我再补充两个宋教仁的活动特点。

一个特点，宋教仁是中国第一代现代知识分子的优秀代表。中国传统的知识分子历史很久，但现代知识分子产生于清末和民国初年。那个阶段是由于新的教育，各地办新学堂和留学教育，产生了一批新的知识分子。湖南的革命人士有黄兴、宋教仁、陈天华、蔡锷等，都是那一代新知识分子，现代知识分子，他们和传统的知识分子有很大的不同。宋教仁就是其中一位杰出的代表，他们脑子里那个知识体系，他们的追求，他们的国家观念跟传统的知识分子有很大的区别。可以讲，现代中国的革命、现代中国文化、社会的进步和建设很大程度上可以说是从宋教仁那一代人开始的，而宋教仁是其中杰出的优秀代表，这是我要补充的第一点。

第二个特点，宋教仁是20世纪初年爱国主义的、民族主义的非常杰出的优秀代表。

湖南的陈天华，在20世纪初写了两本非常有影响的小册子，一个是《猛回头》，一个是《警世钟》，陈天华用酣畅淋漓而又通俗的语言，给大家介绍了帝国主义对中国的侵略，中国面临瓜分的危急形势，号召人民团结起来，不惜流血牺牲，挽救中国。而陈天华1905年就去世了，我认为，后来继承陈天华反对帝国主义侵略的宣传、反对帝国主义事业的是宋教仁，是始终如一的一位爱国志士。大家知道比较多的是他写作的《间岛问题》，其实宋教仁在20世纪初年还写了很多文章，并且进行了许多具体的活动，揭露了帝国主义的侵略。宋教仁的文章和陈天华比较起来，有不同的风格，陈天华的文章特别流畅，充满年轻人的激情，但宋教仁学问做得比较好，他的文章理性的分析比较多，特别是对日本、对俄国的侵略揭露得非常多，而且宋教仁不光是大声疾呼地号召我们反对侵略，而且他从理性上提出具体的应对的办法，这是宋教仁非常突出的地方。这两点补充我就说到这里。

下面，我重点谈一谈宋教仁的研究可以进一步推进的地方。说来惭愧，谢会长聘请我做研究会的顾问，我虽然写了一点宋教仁的东西，但实在不敢说有很深的研究。比如在座的刘泱泱老师，这是我熟悉的，不熟悉的还很多。刘泱泱老师、李元灿老师他们对宋教仁有很深的研究，尤其刘泱泱老师也是我的老师。我想说这样一句，湖南省近现代史的研究，刘泱泱老师是首屈一指的，可以坐第一把交椅。我学习作宋教仁的研究，是在刘泱泱老师，还有我的导师林增平先生的启发下进行的。下面一点不成熟的看法，我来稍微谈一谈。我觉得宋教仁的研究已经是相当多了，对宋教仁的评价比较高了，但是缺点是社会上很多人不太知道宋教仁。还有个问题是宋教仁为宪法牺牲比较早，留下的著述相对来说也不是特别多，他死的时候还不满 31 周岁，所以要研究他有一定的难度。我的不成熟的意见，以后对宋教仁有兴趣的朋友可以在以下方面做一些工作。

第一要好好研究早年的宋教仁。昨天晚上我和刘泱泱、李元灿老师，还有桃源的一些朋友，看了诗墙，我们感受非常深。我们常德，包括桃源，真是人杰地灵。一个成年人都会有这样的感受，一个人，他的性格的形成，习惯的形成，大多是在 20 岁以前打下基础，以后他一生的思想可能有变化，但性格、行为方式在 20 岁以前形成了。宋教仁在 20 多岁以前一直生活在常德、桃源，宋教仁的家族、他的朋友会给他非常大的影响。再大一点，整个湖南省、湖湘文化对他有很大的影响。现在这个方面的研究还是不够，在座的李元灿老师写了很好的关于宋教仁家世的文章，但总的看来还是不够。宋教仁早年有哪些朋友，读哪些书，他的老师和漳江书院的学生，风格怎么样，漳江书院有些什么样的藏书，在漳江书院与老师、朋友们的交往，这些都很重要，对宋教仁后来的革命活动、宋教仁的性格、甚至宋教仁的思想非常有影响。我们知道，宋教仁有一个非常出色的才能，这个才能就是组织能力，他能把各种各样、各行各业的人组织在一起，为了一个目标，革命的目标，或者说他追求的民主宪政的目标，大家一起奋斗，有时他也会作些妥协。那么，这种能力、这个性格是什么时候形成的？我认为，应该是他早年生活里面形成的。不仅如此，他早年生活的地方、早年生活的家族、团体、早年生活的朋友和老师，对他的思想的形成也会有相当的影响。1903 年他到武昌去读文普通中学堂，恰恰就在这一年，他就参与组织华兴会，很多的思想、很多的理念看来在湖南、在常德、在桃源，其实就已经形成了。这一点，我们研究得很不够，还有待挖掘。比如说，宋教仁家族的族谱、桃源的县志、常德桃源的风土人情、人文传统，我觉得都值得研究，这是我想说的第一个要研究的。

第二，要研究宋教仁在日本的活动。宋教仁思想的成长，包括他进行民主宪政的实践，包括他组建国民党，一个 30 岁的人，那么年轻，就把国民党给组织起来了。你想国民党里面，才能出众的人，桀骜不驯的人，各种各色的人都有啊，他们就能够服从宋教仁的领导，服从宋教仁的组织，这个除了早年生活给他的能力，在日本生活和学习好多年，都与他的学识以及对世界知识的了解相关，我觉得非常有影响。但是遗憾的是宋教仁的日记到 1907 年以后，他因为担心被捕危及革命党人而中断了记日记。对他这一时期的历史，日本的学者片仓芳和、松本英纪作了一些挖掘，但是还不够。当年日本警察常常跟踪包括宋教仁在内的中国革命党的重要人物，为的是获取第一手资料。还有不少日本各色人物与中国革命党人有交往。所以我觉得要到日本的外务档案，日本的警事厅的档案，还有一些宋教仁交往过的日本人比如说宫崎寅藏、北一辉等等人，从这些人的文集里头和他们留下的各种资料里头来挖掘资料。北一辉的《支那革命外史》民国年间曾译成中文，但他的著作集包括记录他在中国活动的电文还没有翻译，宫崎寅藏的著作也没有翻译。这样挖掘以后，对宋教仁的思想的成长历程，可以作更清楚的描述，当然这需要付出很大的努力，需要中国的、日本的学者共同的努力。

第三，要进一步研究宋教仁的爱国主义和民族主义。刚才我说过，宋教仁是继陈天华去世以后爱国主义和民族主义最有影响的，是新知识分子的代表人物。他不光是这些。咱们现在看来很简单的一些事，但是在清末民国初年是非常大的事，什么简单的事呢？就是对国家和民族的认同。现在大家都知道，我是中国人，我爱我自己的祖国，到了必要的时候，我为了我们的国家抛头颅洒热血都可以。但是在宋教仁以前那个时代，传统的知识人没有这个观念，在他们心中是传统的大而化之的天下观念，那真正认识到我中国是一个国，我是世界民族之林的一个国，我要爱我自己的国，我爱的这个国，和清朝的朝廷、历代的王朝是明确地分开的。这是从宋教仁这一代人开始的，宋教仁就是其中非常重要的一位。还有他的著作里对日本和沙俄的侵略做了深刻的揭露。他的这些东西非常值得挖掘和研究，大家都可以作出努力。

第四，搞好宋教仁轶文的搜集、整理。宋教仁是位学者型的、读书人型的革命家和政治家，他的一生虽然短暂，但是读书非常多，可以说是手不释卷，写作也非常多。现在他的文章虽然收集起来了，但是还不够，我知道应该还有很多散失的，包括有些文章甚至发表在日本人办的报刊上。我们还要花大气力做这些搜集工作。比如说长沙的报纸、武汉的报刊、北京的报刊、上海的报刊、南京的报刊、杭州的报刊，这些都是他民国初年活动的地方，这些报刊有待我们要花大气力搜集他的轶文。当然，看这些报刊需要花的工夫会比较多，有的东西，像大海里捞针一样，但是，我们为了更深入地了解宋教仁的思想，了解宋教仁在民国初年为了民主宪政、为了中国的进步和发展所作的努力，这也是必须要做的一项工作。

第五，要把宋教仁和他的同时代的人进行比较。我们研究宋教仁，要把他放在当时的历史大环境中，放到这个历史大环境中可以看到宋教仁的思想特点，也可以看到他的思想和行动非常杰出的方面。他的同时代人，比如说孙中山、黄兴、章太炎，还有湖南的比如陈天华等等这些人，甚至和他不是一个政见的，比如说，也是咱们湖南的杨度；还有范源濂，是个教育家；范旭东，是个企业家，这都是当时湖南比较著名的。还有其他人，在比较中更能显示宋教仁的思想特点，这也是我们需要进一步做的工作。

第六，好好总结一下对宋教仁的研究。对宋教仁的研究学术界已经作得不少，从宋教仁去世以后到现在，文章不少、著作也有。但是有一点，宋教仁研究的历史还没有作很好的总结，从前有学者作了一点总结，但这个总结还不够，我觉得这个总结要从宋教仁过世以后开始。宋教仁过世以后，各个方面，无论是政界还是学术界，对他的评价非常高，但是到了 20 世纪 20 年代以后，国民党的一些人士对宋教仁有比较多的批评，包括孙中山，包括戴季陶，包括胡汉民，他们都是过去跟宋教仁一起流血奋战的革命党人，他们对他的批评，有当时的历史背景。现在看来，孙中山、戴季陶、胡汉民对宋教仁的批评不太公允，带有那个时代的特点。再往后，对宋教仁的研究评价比较沉寂，一直到 20 世纪的六七十年代，台湾开始有些研究，国外也有些研究。中国大陆的研究基本上是改革开放以后才真正开始，有不少学者作研究。不同时代的研究能体现我们时代的变化。不同的时代，大家对宋教仁的认识，对宋教仁的评价，对宋教仁思想的评价是不同的。可以感受不同时代人心目中的宋教仁，这也是宋教仁研究中非常重要的一个问题，我觉得这也是非常重要的一项工作。

总的来说，我觉得对宋教仁虽然已经有了一些研究，还是非常不够，特别是我觉得要让社会上更多的人知道宋教仁，了解宋教仁，了解宋教仁的革命业绩，也了解宋教仁那一代人为了中国社会的进步所作的伟大贡献。这个我又重复了一遍，我的发言就到这里。谢谢各位！